AF534462

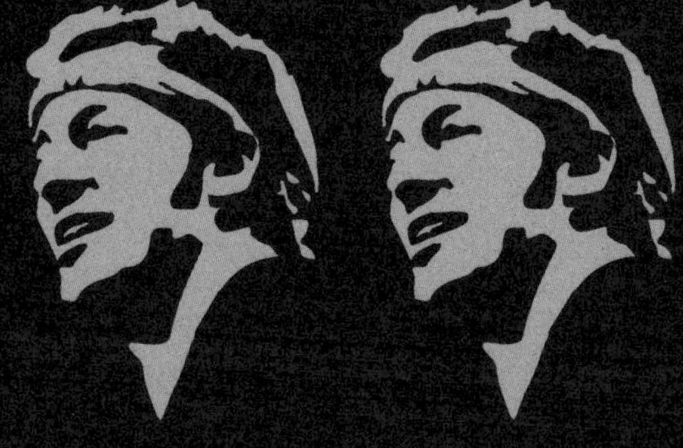

BRUCE SPRINGSTEEN

50 JAHRE ROCK 'N' ROLL

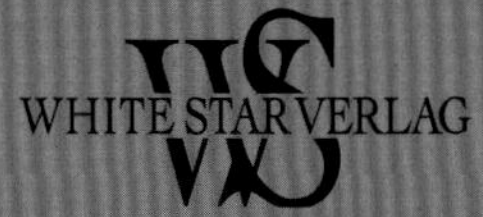

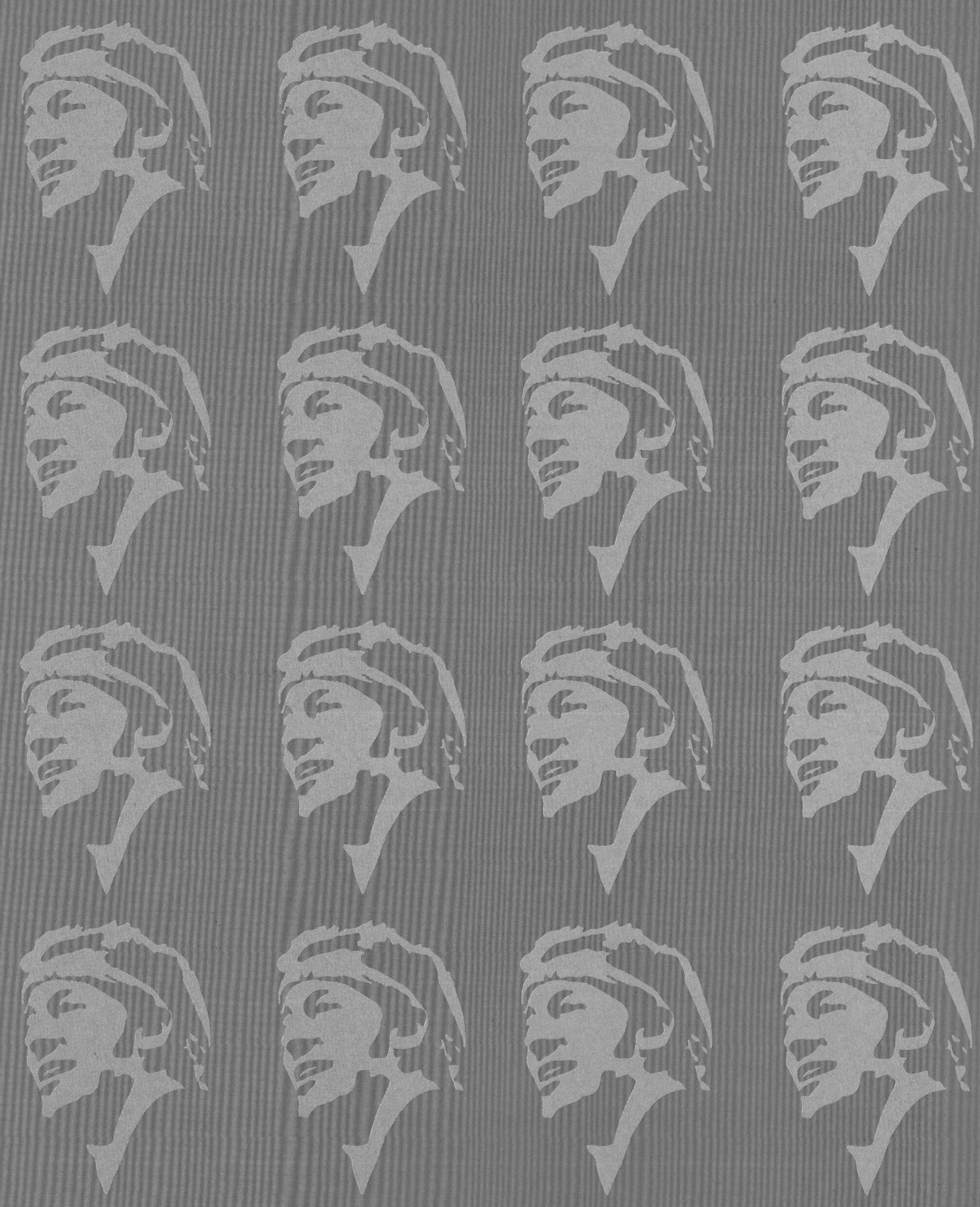

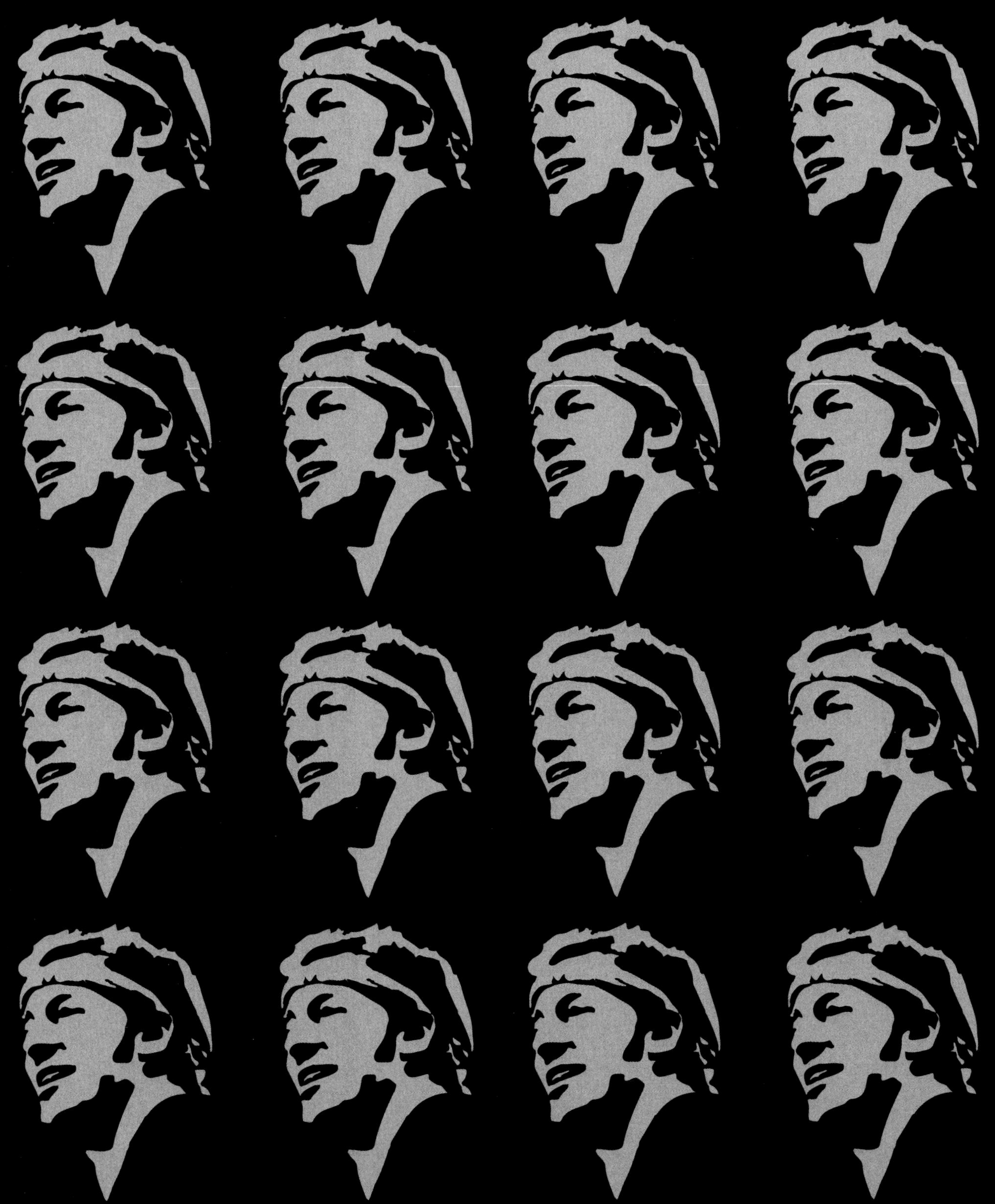

INHALT

VORWORT
S. 6

EINFÜHRUNG
S. 8

1
1949 -1973
GRÜSSE AUS ASBURY PARK
S. 16

2
1974 - 1984
ZUM LAUFEN GEBOREN
S. 46

3
1984-1991
BORN IN THE U.S.A. IST DER WELTERFOLG
S. 90

4
1992-2012
VON DER KRISE ZUR WIEDERGEBURT
S. 124

5
2012-2023
GROSSE TRÄUME, GROSSE HOFFNUNGEN
S. 164

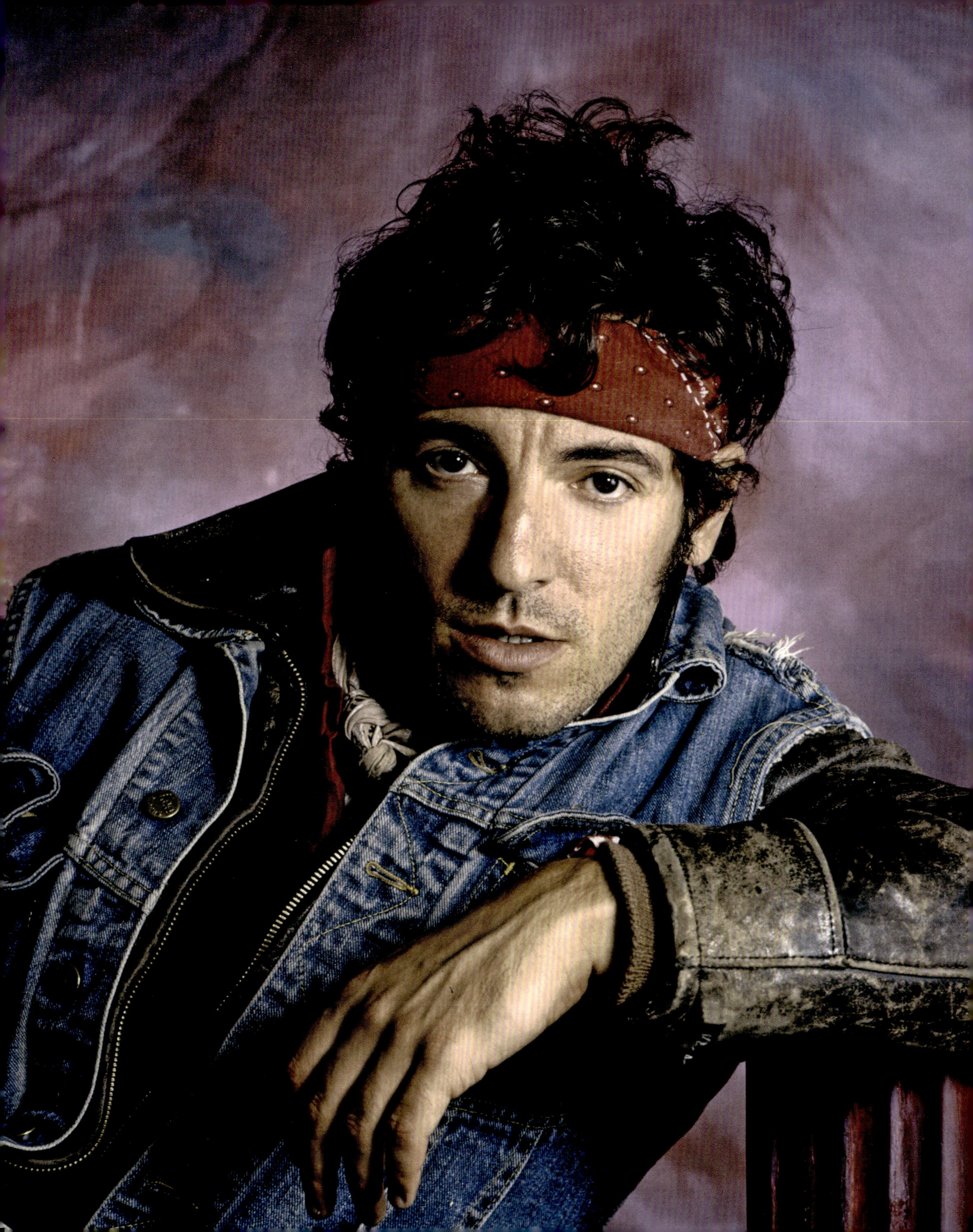

ALLES ENDET MIT EIN PAAR LIEDERN

VORWORT von Leonardo Colombati

In seinen Memoiren *Mein Leben: Memoiren und Reflexionen* schreibt Aleksandr Herzen: „Ich weiß nicht, warum den Erinnerungen an die erste Liebe eine Art Monopol auf die Erinnerungen an eine Beziehung zwischen Jugendlichen zugestanden wird. [...] Gesegnet sei das Schicksal, wenn man eine wirkliche Jugend erlebt hat (weshalb es nicht ausreicht, jung zu sein). Und wenn man damals einen Freund hatte, sei es doppelt gesegnet." Das stimmt: Letztendlich vergibt man den ersten Kuss ein wenig zufällig, nicht wahr? Der erste Freund hingegen ist eine sehr bewusste Wahl und bedeutet das Ende der Einsamkeit, die Erleichterung, sich – endlich – nicht mehr allein zu fühlen. Wenn man dann seine Jugend während der 40 Jahre von „That's All Right (Mama)" bis „Smells Like Teen Spirit" erlebt hat, kann man dem Schicksal gleich dreimal danken, wenn man auf seinem Weg als Teenager Menschen wie Elvis Presley und Kurt Cobain und all den magischen Menschen begegnet ist, die mindestens einmal auf irgendeine Weise in das jugendliche und sensible Ohr „Gib mir drei Minuten, nur drei Minuten deiner Zeit, und ich verändere dein Leben" geflüstert haben. Die Rede ist von Chuck Berry und Ray Charles, von Bob Dylan und Paul Simon, von Lennon & McCartney und Jagger & Richards, von Lou Reed und Jimi Hendrix, von Janis Joplin und Stevie Wonder, von Tom Waits und Patti Smith, von Joni Mitchell und Jackson Browne, von Joe Strummer und Bob Marley, von Prince und Kate Bush, von Morrissey und Michael Stipe ...

Ganz zu schweigen von Bruce Springsteen.

Wer Bruce Springsteen begegnet ist – das musikalische Äquivalent zu Winston Churchill, John Wayne und Albert Schweitzer –, nun, der hat Glück gehabt. Oder ein gutes Gespür. Denn bei Springsteen hat man in drei Minuten nicht nur mehr gelernt, als in der Schule nachgeplappert. Wer ihn live gesehen hat, der hat in diesen drei Stunden (aus denen manchmal auch vier wurden) mit Sicherheit den heimlichen, aber tiefen Eindruck gewonnen, dass diese Welt, wie Louis Armstrong und Sam Cooke (apropos magische Persönlichkeiten) sangen, eine wunderbare Welt ist. Trotz globaler Erwärmung, sozialer Ungerechtigkeit und dem faden Brei von Ed Sheeran.

Ist der Rock gestorben? Ja. Aber es war wunderschön. Vierzig Jahre lang dienten Rocksongs nicht nur zum Pfeifen unter der Dusche oder einem Ständchen am Fenster, sondern um zu erzählen, zu protestieren, und sie regten sogar zum Nachdenken an! Und in diesem Sinne kenne ich keinen größeren Schriftsteller als Bruce Springsteen, der mich vor der Bühne mehr ins Schwitzen bringt. Von ihm habe ich gelernt, dass, wenn man den Zylinder eines Chevy von '69 mit einem 396er Motor verändert, man alle Lackaffen von Los Angeles überholt; dass man den Broadway erhobenen Hauptes entlang spaziert oder lieber gar nicht; dass man NIEMALS Tanqueray und Wein mischen sollte (man beachte, was Johnny 99 passierte ...); dass es in letztendlich jeder Bar eine junge Frau gibt, die nicht ALLZU verheiratet scheint; dass es sich nicht lohnt, bei der Johnstown Company angestellt zu werden; und dass in Reno eine Prostituierte „zweihundert Dollar für den Fick, zweihundertfünfzig für den Arsch" verlangt. Ein Buch von Ernesto Assante, das ich im Alter von 14 Jahren kaufte, hieß *Il rock e altre storie* (Rock und andere Geschichten). Ich kenne kein anderes musikalisches, literarisches oder filmisches Genre mit so vielen Geschichten wie der Rock, die unterschiedlicher nicht sei könnten: Was haben Aretha Franklin und Amy Winehouse, Johnny Cash und Boy George, Ian Curtis und Michael Jackson gemeinsam? Zunächst einmal können Sie sich an der Geschichte auf den nachfolgenden Seiten erfreuen, denn sie sie ist eine jener Geschichten, in der von allem etwas zu finden ist: Homer und West Side Story, Marlon Brando und Roy Orbison, Steinbeck und *Der Schwarze Falke*, Nebraska und Vietnam, *Happy Days* und *Die Sopranos*, Elvis und Bob Dylan, kaputte Buicks und rosa Cadillacs, Zuhälter und Serienkiller, menschenleere Straßen und überfüllte Stadien, Gangster, die in Philadelphia in die Luft springen, und junge Frauen, die auf der Motorhaube im sanften Sommerregen warmes Bier trinken. Und denken Sie daran: Fühlen Sie sich nicht schlecht, wenn es eine Geschichte ist, die Ihnen mehr im Gedächtnis bleibt als die meisten aus „ernsthafteren" Büchern. Denn wie bereits das komische Genie Beaumarchais vor 250 Jahren festgestellt hat: „*Tout finit par des chansons.*" Alles endet mit ein paar Liedern.

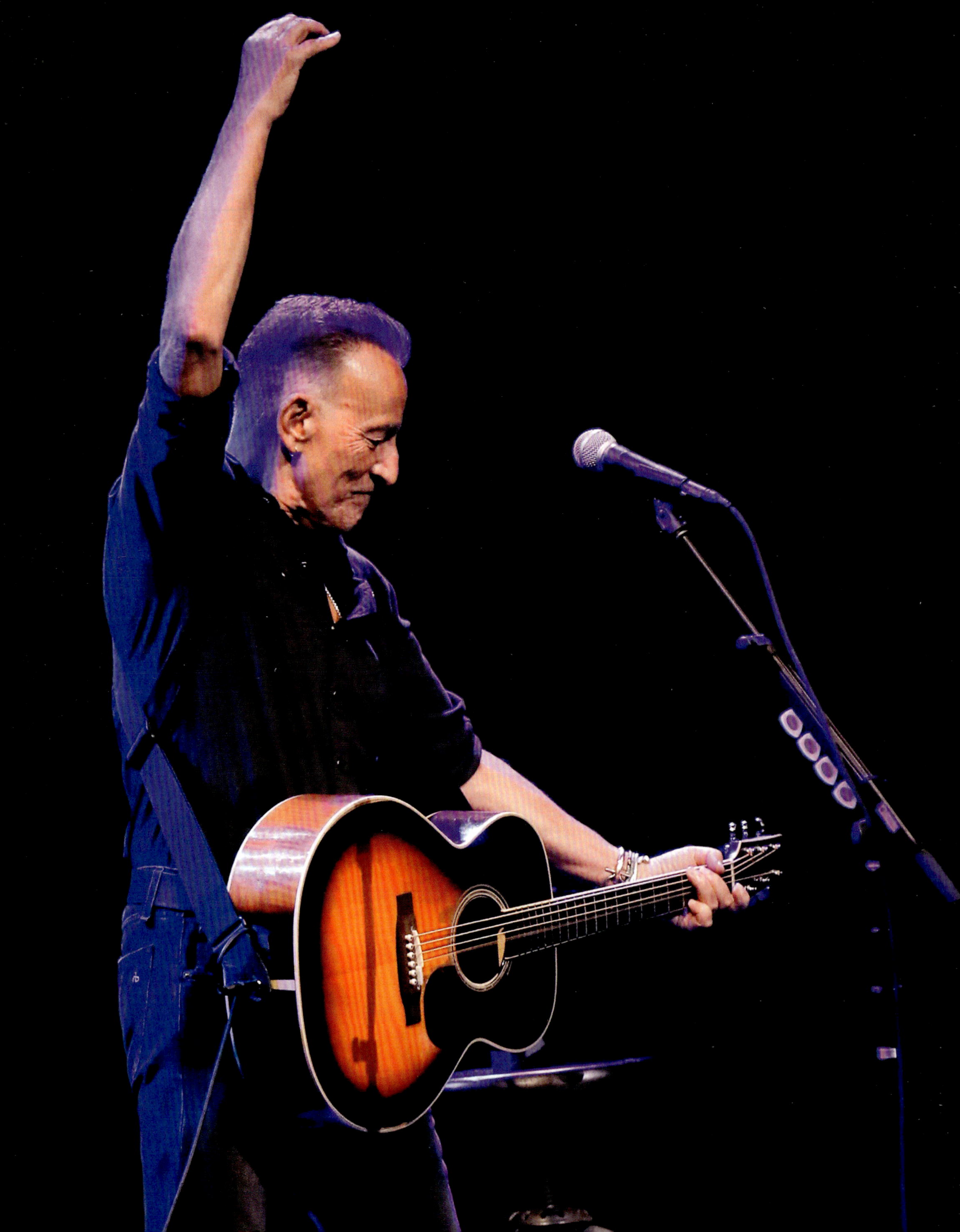

EINFÜHRUNG

„Rock hat keine einheitliche Bedeutung, denn jede gute Kultur spiegelt die stets unterschiedlichen Facetten der menschlichen Lage wider. Jeder von uns versucht, einer Welt einen Sinn zu verleihen, die sonst unverständlich bleibt. Wenn man jung ist, versucht man das zu erreichen, indem man entscheidet, wie man sich kleidet oder welchen Haarschnitt man wählt. Und indem man Rock hört. Wenn man 14 oder 15 ist, bietet die Rockmusik Struktur, aber das kann auch im Alter von 48, 49 oder 50 Jahren gut gehen. Rock ist eine Musikrichtung, die

ROCK HAT KEINE EINHEITLICHE BEDEUTUNG,
DENN JEDE GUTE KULTUR SPIEGELT DIE STETS UNTERSCHIEDLICHEN FACETTEN
DER MENSCHLICHEN LAGE WIDER

komplizierte Konzepte auf einfache Weise vermittelt, die auf direkte Weise Herz und Geist anspricht. Sie ist ein kleines, aber mächtiges Werkzeug. Sie versucht, die Welt zu gestalten: Elvis, Dylan, die Public Enemy und die Sex Pistols haben das alle mit großartiger Musik gemacht. Die Rockmusik kam in den 50er-Jahren auf, um jungen Menschen, die die traditionelle Welt, die ihnen keinen Platz bot, ablehnten, eine kulturelle und spirituelle Anlaufstelle zu bieten. Ich denke, das ist auch heute noch so. Und ich? Ich bin nur der Gefangene des Rock 'n' Roll ..."

5 *Ein Porträt des Künstlers als junger Mann am Anfang seiner Karriere, aufgenommen anlässlich einer Werbekampagne.*

8 *Springsteen bei einem Konzert von „Springsteen on Broadway" im St. James Theatre in New York am 26. Juni 2021.*

Springsteen steht für Rock 'n' Roll, etwas Unbegreifliches und Grundlegendes, etwas, das das Leben belebt und das Leben selbst belebt, für Sex, Schweiß, Tränen, Leidenschaft, Liebe, Energie, Rebellion, Hoffnung. Aber Bruce Frederick Joseph Springsteen, der am 23. September 1949 in Freehold, New Jersey, geboren wurde, ist nicht nur der letzte große Held des Rock 'n' Roll,

Seine Auftritte sind keine Konzerte, sondern ein Fest des Lebens.

sondern viel mehr. So ist er auch der letzte Sohn einer großartigen literarischen Tradition, die vom Primitivismus der Pioniere über Walt Whitman, Ralph Waldo Emerson, Mark Twain und über die Beat Generation bis in die Gegenwart reicht und eine Reihe von Poeten hervorbrachte, die die großen Weiten der Prärien und des Landesinneren besungen haben, die kleine Straßen mit großen Highways vermischt haben, die den Geist des Grenzlandes und die ewige Jugend der USA gefeiert haben, ohne sich von ihren Lichtern blenden zu lassen. Und er ist auch der letzte der großen Sänger der Freiheit: jener Freiheit, die viele Folk-, Rock-, Popsongs gefeiert haben und feiern, die er aber mit Kraft und Gefühl verkörpert.

11 *Der Boss und seine Gitarre bei einem Konzert in Providence am 24. Januar 1985.*

12-13 *Zwei Momentaufnahmen vom Konzert in Oakland auf der Tour „Born in the U.S.A." 1984.*

14-15 *Springsteen backstage im Madison Square Garden 2018.*

Und dann ist er auch ein Publikumsmagnet, ein Messias, „eine lang ersehnte Person, der Protagonist einer wunderbaren Erneuerung", der Retter unserer Seelen durch Musik, mit Liedern, mit der Kraft des Klangs, mit der Elektrizität einer Gitarre. Wer ihn in einem Konzert erlebt hat, weiß, dass es so ist, dass seine Auftritte keine „Shows" sind, sondern weltliche Messen, in denen der kollektive Traum von einem besseren und gerechteren Leben für alle plötzlich greifbar erscheint. Eine Feier des Lebens, die eine Gemeinschaft dazu antreibt, sich etwa vier Stunden lang in einen Zustand der Verbundenheit zu erheben, der sonst nicht erreicht werden kann. Und auch wenn die Katharsis, der „magische Ritus der Reinigung, der Körper und Geist von allen Verunreinigungen befreien soll" ausbleibt, hat man doch eine Show erlebt, die eine unbändige Energie, einen Überschwang und eine Kraft besitzt, die andere nicht bieten. Es ist eine „Wahrheit", die andere nicht besitzen. Die Authentizität seiner Konzerte ist das wahre Siegel der Übereinkunft zwischen ihm und dem Publikum, der Ort, an dem die Musik wirklich „wahr" wird, als ob seine Songs nur für diesen einen Moment geschrieben worden seien – für genau diesen Ort, den magischen Raum, den er während seiner Konzerte erschafft. Ein zeitloser Ort, an dem alle in eine gemeinschaftliche, kollektive und einmalige Dimension eintauchen. Genau das ist es, was in dieser schon tausendmal erzählten Geschichte, die noch tausendmal erzählt werden wird, vermittelt werden soll. Die Geschichte eines Jungen aus der Provinz, der sich aufmacht, um das Herz der Welt zu erobern, es mit anderen zu teilen, es aus vollem Hals zu besingen, es in „One, Two, Three, Four" zu packen und es mit einer Gitarrensaite an sein und unser Herz zu binden.

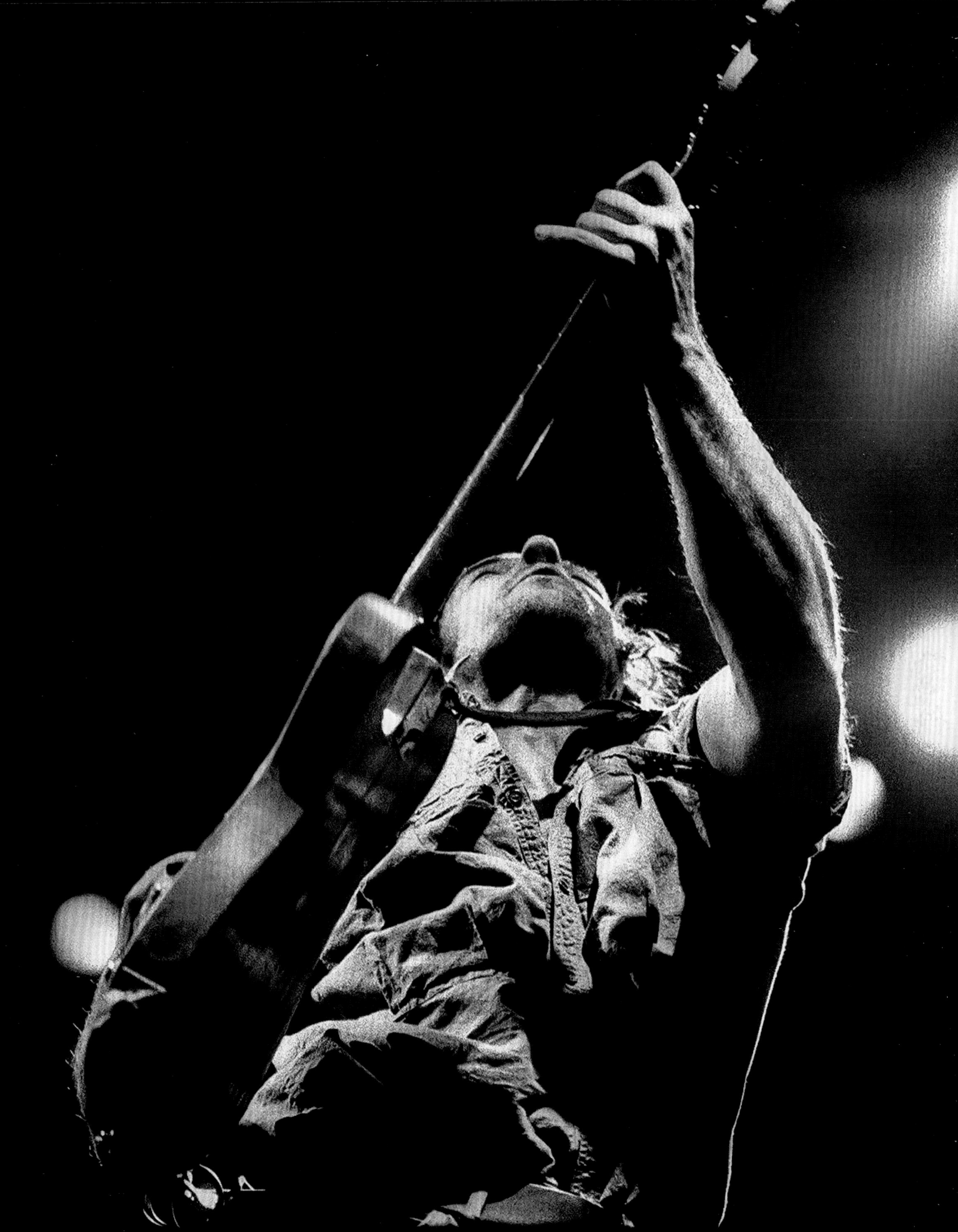

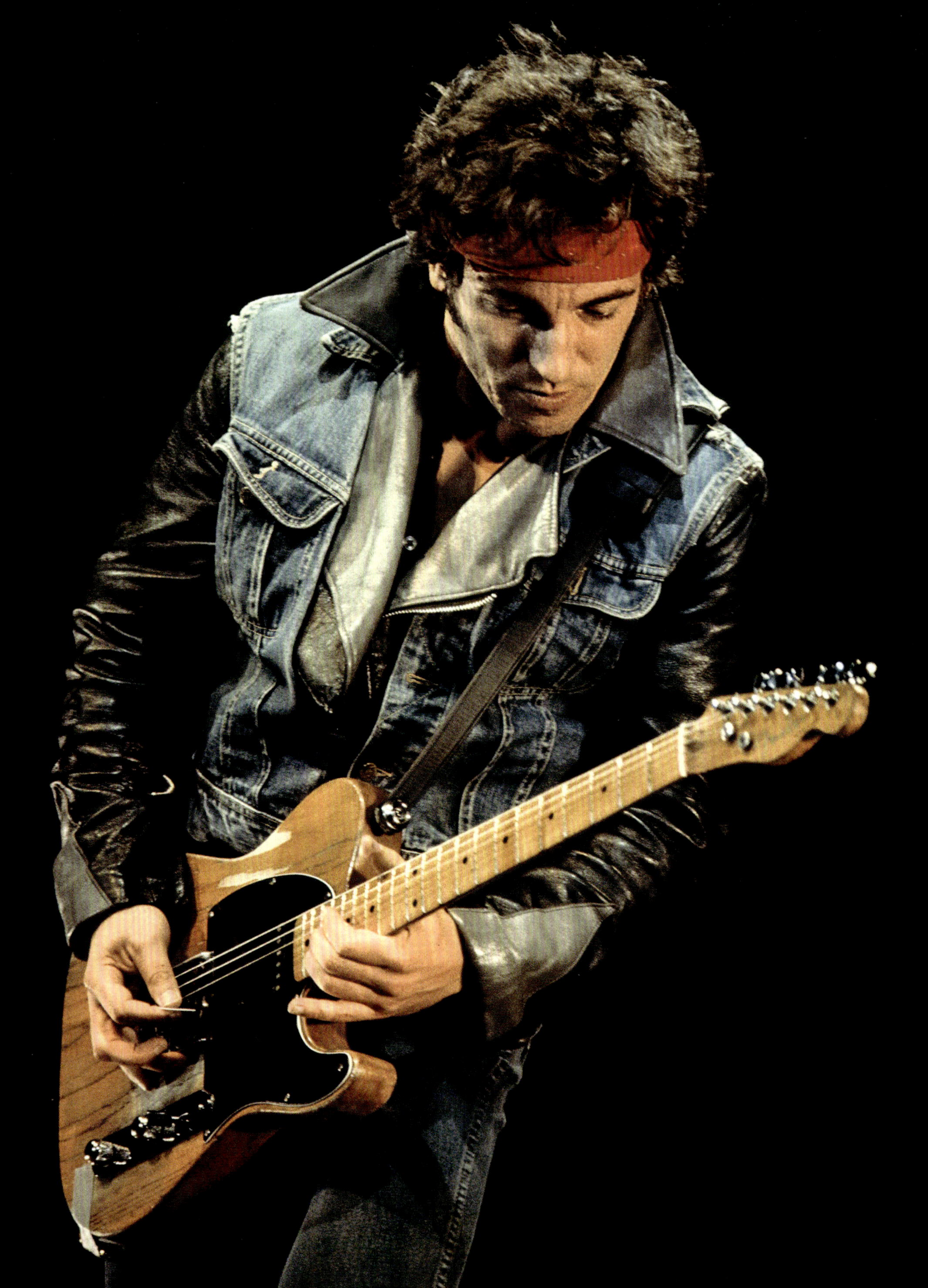

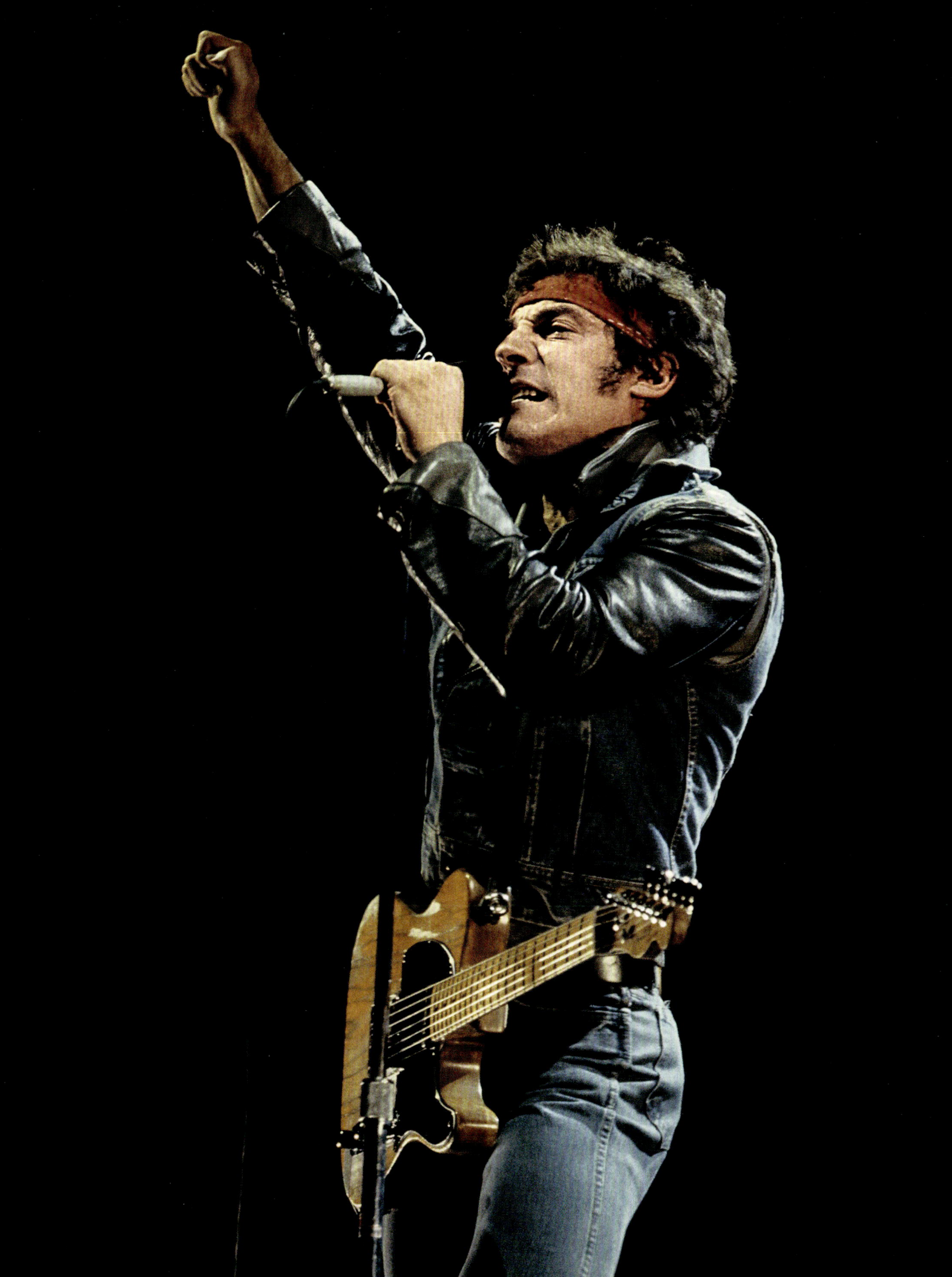

DER ROCK 'N' ROLL HAT VIELE SEELEN UND LEBEN. ABER SPRINGSTEEN VERKÖRPERT WIRKLICH ALLE

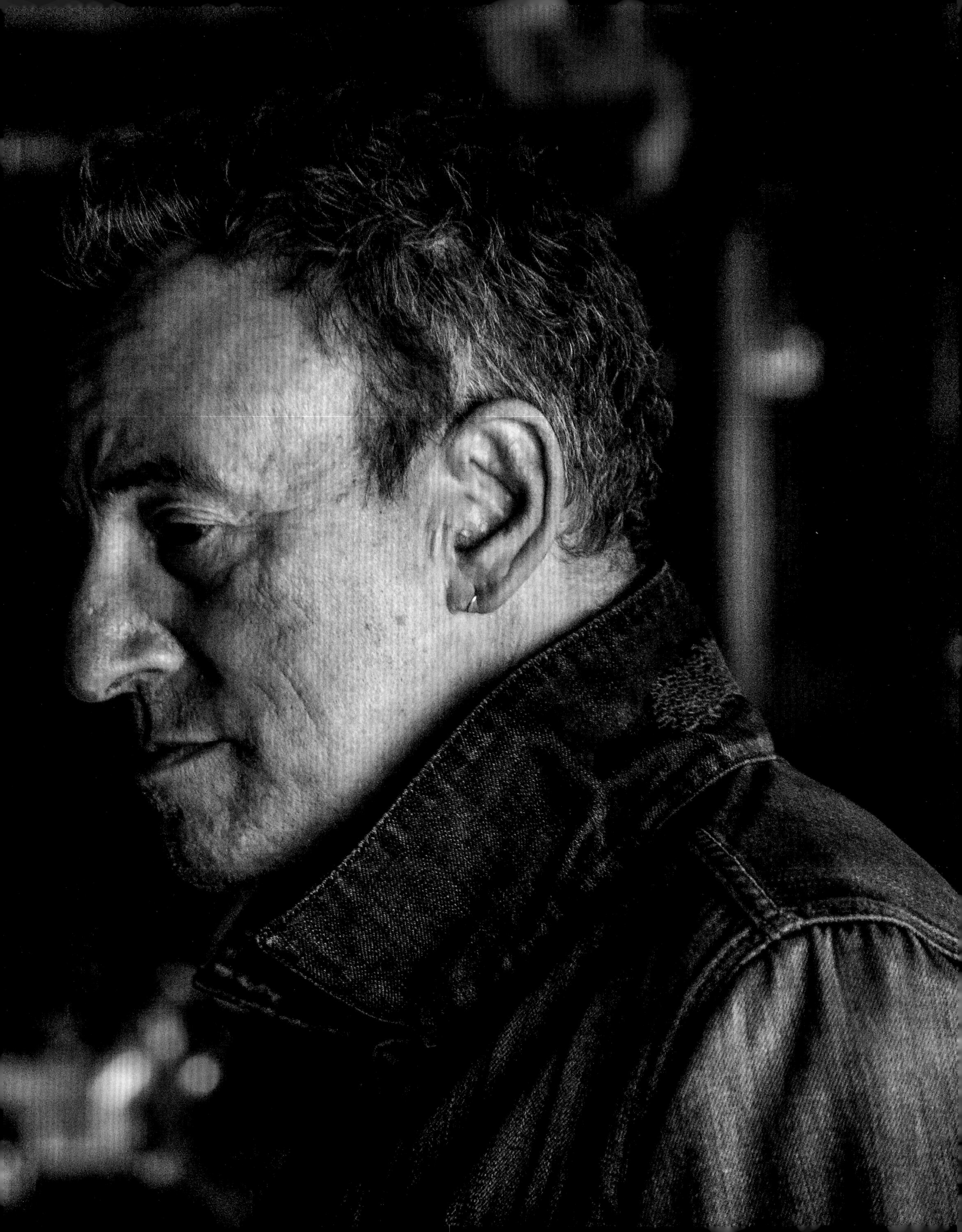

1

1949 - 1973
GRÜSSE AUS ASBURY PARK

EIN AUTO,
EINE E-GITARRE,
UND SEHR VIELE TRÄUME

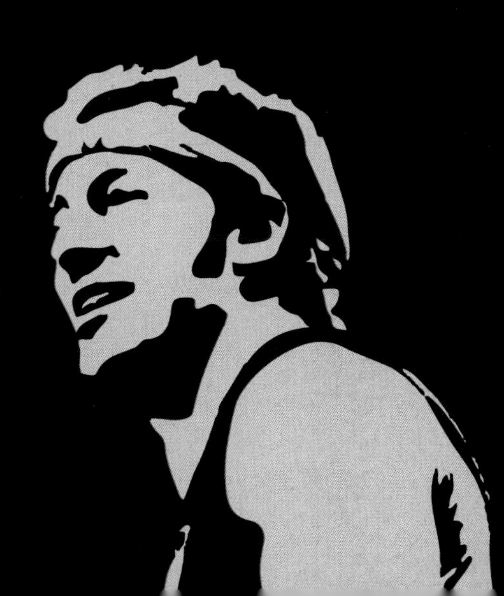

Bruce Springsteen wurde in der Kleinstadt Freehold im US-Bundesstaat New Jersey geboren, 60 km von Manhattan entfernt. Bei der letzten Zählung waren es dort 35.000 Einwohner – als die Familien Springsteen und Zerilli sich dort niederließen jedoch deutlich weniger. Freehold war so klein, erinnert sich Springsteen in seiner Autobiografie, dass die erste Messe und die erste Trauerfeier der Stadt im Wohnzimmer seines Hauses in der Randolph Street 87 abgehalten wurden. Er wuchs in den Straßen von Freehold auf, legte für sich fest, welche Grenzen er überwinden wollte, knüpfte Freundschaften, von denen einige sehr lange hielten, und verstand die Bedeutung der Straßen: die der großen Straßen, die anderswohin führen, und der Gassen, die nirgendwohin führen; die Bedeutung der Seitenstraßen, über die man, ohne gesehen zu werden, das Zentrum erreicht, und die jener Wege, die man sich hingegen

ER WÄCHST IN DEN STRASSEN VON FREEHOLD AUF, DUNKLE SEITENGASSEN, GROSSE UND LANGE HIGHWAYS.

einsam bahnt. Mit irischem Vater und italienischer Mutter und einer Familie in bescheidenen Verhältnissen, ist Bruce als Kind alles andere als ein „Boss". Besser gesagt, ist er im Hause der Großeltern von klein auf ein „Boss": verwöhnt, gehätschelt und frei. Zu Hause hingegen hat sein Vater Douglas Springsteen das Sagen und da spielt eine andere Musik. „Ich war nicht gerade Papas Liebling", erklärt Bruce in seiner Autobiografie. „Für ihn war ich ein Schwächling und das ertrug er nicht. Es ist unnötig zu erwähnen, dass er als Kind selbst ein verweichlichtes Muttersöhnchen gewesen war, genau wie ich." Aber der kleine Bruce hatte einen Ort, an dem er Zuflucht, Trost, Freiheit und Wärme fand: Im Haus seiner Großeltern väterlicherseits, die irische Seite der Familie, die sich nur wenig mit der italienischen Seite zusammentat, obwohl sie nur wenige Meter voneinander entfernt wohnten, und deren Einfluss aber bedeutend war, weil Bruce als Kind in diesem Haus ein „kleiner König" war, der tun und lassen konnte, was er wollte, und völlig frei war. Das Zepter wurde ihm entrissen, als er eingeschult wurde und sich alles änderte.

Es war aber weder die Familie noch das Viertel noch der Freundeskreis noch das Radio oder gar die damals typische Musik, sondern die katholische Schule – besser gesagt die St. Rose Of Lima in Freehold, seine Art Kleinstadt –, die mehr als alles andere seine Musik beeinflusste. Es war eine von Nonnen geführte Schule, das klassische Sammelbecken für mit religiöser Rhetorik getarnte militärische Regeln, wörtlich angewandten Katechismus, Gottesdienste zu klaren Zeiten, kiloweise Hostien, einzuhaltende Reihen, Befehle und Hierarchie, und zwar unter den Nonnen wie unter den Schülern. Eine Art Kaserne, in der es anstelle von Waffen Kirchenlieder und einheitliche Uniformen gibt und man betet, anstatt zu schießen. Ansonsten war alles gleich. Am dem autoritärsten Ort überhaupt, den ein Kind hätte besuchen können, fühlte sich Bruce Springsteen nicht wohl. Oder anders gesagt: Nie war es leichter für ihn gewesen, sein Naturell zu entfalten. Denn genau dort zementierte sich seine Autoritätsverweigerung, seine Leidenschaft für Rebellion und das Durchbrechen von Strukturen.

Allgemein sollte er sein ganzes akademisches Leben lang (selbstverständlich so knapp wie möglich gehalten) das Lernen nicht mögen und insbesondere mit den Nonnen immer im Konflikt stehen. Und dennoch war er aufgrund der Macht der Ehrfurcht über ein Kind gläubig und ein Katholik. Er war so katholisch, dass er später eine ganze Reihe Probleme rund um seine ersten sexuellen Erfahrungen entwickelte. Er glaubte an Gott, den Heiligen Geist, die Muttergottes und das Christuskind. „Der Katholizismus war poetisch, riskant und geheimnisvoll", schreibt er in seiner Autobiografie. „All diese Facetten nahmen meine Vorstellungskraft und mein Innerstes ein. Es war eine schroffe und zugleich wunderschöne Welt, voller fantastischer Geschichten, unvorstellbarer Bestrafungen und unendlicher Belohnungen. Ein wunderbarer und bewegender Ort, der mich geformt hatte oder an den gezwungen worden war. Ein Tagtraum, der mich mein ganzes Leben lang begleitet. Als Kind versuchte ich, ihn zu verstehen und die Herausforderung anzunehmen. Denn es stimmt, dass wir die Seele verlieren oder in ein Reich der Liebe aufgenommen werden können." Um es kurz zu sagen: Er war klein, besaß aber bereits das, was jene die sie besitzen, als „eiserne Werte" bezeichnen. Woran er nicht glaubte, war die Autorität. Nie hätte er daran geglaubt. So sehr nicht, dass er ein ganzes Leben die Freude über die Flucht aus diesen Strukturen besingen sollte.

Er ist nicht der „coolste" Junge der Schule. Aber er ist aufmerksam, lebhaft, neugierig.

Er ist nicht der „Coolste" der Schule, ohnehin nicht der Umgänglichste, aber er ist aufmerksam, beobachtet, versteht, weiß. Aber Einfluss ist eine Sache und Offenbarung eine andere. Der einzige Moment, in dem sich alles ändert und in dem es Bruce Springsteen wie ein Blitz durchfährt, wie seine Zukunft aussehen könnte, erlebt er, als er im Alter von sieben Jahren den Auftritt von Elvis Presley in der Ed Sullivan Show im Fernsehen sieht. Die Show war für jeden ein fester Termin im Kalender, der eine bestimmte Art von Musik, Auftritten, Ironie und Show im amerikanischen Stil mochte oder sich dafür interessierte. Ed Sullivan präsentierte Rockmusiker und so war es keine Neuigkeit, dass jemand im Fernsehen auftrat. Die Neuheit war, wenn überhaupt, der Auftritt von Elvis. Es war der 9. September 1956 und der Auftritt (der erste von insgesamt drei zwischen 1956 und 1957) auf einem der beliebtesten Sender Amerikas erzielte eine Quote von 82 %. Das heißt, acht von zehn Zuschauern im ganzen Land hatten ihn gesehen. „Die Revolution ist im Fernsehen übertragen worden (The revolution HAS been televised)", sollte Springsteen Jahre später sagen, wobei er Gil Scott-Heron korrigierte und dann hinzufügte, dass dieser Auftritt aussagte, dass „wenn du in Amerika geboren bist, diese Freiheit und dieses Vergnügen dein Geburtsrecht waren". Elvis ist der Funke, die klare und leuchtende Vision einer möglichen anderen Existenz, die nicht an der Kreuzung zwischen der Randolph und der McLean vonstattengeht, den beiden Straßen, die das Zentrum des Universums des kleinen Bruce bedeuteten. Elvis sagt klar und deutlich, dass diese kleine, verschlossene, unveränderliche Welt vorüber ist, eine Welt, die es zu vergessen gilt. Er sagt, dass es noch anderes gibt, dass Träume und Sehnsüchte Wirklichkeit werden können. Er sagt, dass es Rock 'n' Roll gibt und der Rest egal ist.

Hinsichtlich seiner Idee, Musiker zu werden, spielte Elvis eine solch bedeutende Rolle, dass Bruce Springsteen 30 Jahre nach diesem Auftritt in das Anwesen von Elvis Presley einbrechen sollte. Aber nicht genug damit, dass er zu dem Zeitpunkt keineswegs mehr ein kleiner Junge war, sondern 36 Jahre alt: *Born to Run* war schon erschienen, das heißt Springsteen war bereits im Land bekannt und er war sogar auf der Titelseite der *Newsweek* erschienen. Die Gelegenheit hatte sich ihm fast zufällig geboten, wohingegen er sie aber alles andere als zufällig ergriffen hatte. Er war 1975 gemeinsam mit Steve Van Zandt in einem Taxi in Memphis unterwegs. Es war Nacht und sie waren auf der Suche nach einem Lokal, um etwas essen zu gehen. Der Taxifahrer empfahl ihnen ein Lokal in der Nähe von Elvis' Haus. Die Worte „Elvis' Haus", besser die Tatsache, dass die Möglichkeit bestand, in dessen Nähe zu kommen, hatten ausgereicht, um seine Fantasie anzuregen. Sie ließen sich dort hinbringen. Die Mauern waren hoch, das Tor verschlossen, aber in der Ferne leuchteten die Lichter im Haus. Die beiden im Taxi begannen, den Einbruch zu planen, während der Taxifahrer, der längst in den Plan eingeweiht war, sie warnte: „Es wird Hunde geben. Große Hunde." Der zu der Zeit bekannteste und am meisten diskutierte aufsteigende Musiker Amerikas kletterte über die Mauer, rannte blitzschnell, um den imaginären Hunden zu entkommen, bis zur Haustür, wie irgendein von einer unlogischen Sucht besessener Fan. Die Security hielt ihn nur einen Schritt vor dem Anklopfen auf. Elvis war nicht zu Hause, er war in Lake Tahoe: „Können Sie ihm sagen, dass Bruce Springsteen hier war? Ich bin auch auf dem Cover der *Newsweek*". „Alles klar, werde ich ihm sagen." Ende der Geschichte. Noch heute machen einige Fans dasselbe mit ihm und klettern über die Mauer auf sein Anwesen und versuchen ihn zu treffen, um ihm dann unter die Nase zu reiben, dass er dasselbe mit Elvis gemacht hat.

1956

EINE GITARRE MIT GERADE EINMAL SIEBEN JAHREN

Und Elvis ist der Schlüssel zu einer Welt aus großer Unzufriedenheit

Unduldsamkeit gegenüber den Regeln der katholischen Erziehung, die zur Glut der Leidenschaft für Elvis wird. Auf diese Nonnenschule hatten ihn sein Vater Douglas Springsteen und seine Mutter Adele Ann Zerilli geschickt. Er hatte niederländische und irische Wurzeln, sie war Neapolitanerin, natürlich katholisch und der Pfeiler, der die Familie erdete. Douglas hatte sein ganzes Leben lang mit vielen psychischen Problemen gekämpft, die zu der Zeit selbstverständlich niemand diagnostiziert hatte, wechselte von einem Job zum nächsten und arbeitete vorwiegend als Taxi-, Busfahrer oder Fabrikarbeiter. Adele Ann hingegen war Sekretärin und sorgte mit ihrem festen Einkommen für das tägliche Brot. Die Springsteens waren nicht wirklich Not leidend im Sinne von Hunger oder tatsächlicher Armut, wie man sie aus Geschichten von sehr verwahrlosten Musikern kannte, aber sie befanden sich am unteren Ende des Spektrums des Pro-Kopf-Einkommens. Die von Nonnen geführte Schule bedeutete ein beträchtliches Opfer, das die Mutter auf sich nahm, auch wenn die Schule Bruce keinerlei Vergnügen bereitete, er sehr introvertiert war, und das auch zumindest bis zum Ende der Schulzeit blieb. Er hasste diesen Ort und wünschte sich jeden Tag woandershin. Im Alter von 6 Jahren schließlich wurde der Wunsch erfüllt, als der Vater den x-ten Job verlor und die Familie in die Nähe der Großeltern mütterlicherseits umziehen musste, zumindest bis Douglas den nächsten Job in einem Bezirksgefängnis fand. Die ständigen Schulwechsel waren nicht ideal für das Kind, das an sich bereits introvertiert war und Bruce Springsteen sollte nie wirklich mit der Schule warm werden und dort auch keine entscheidenden Beziehungen für sein Leben aufbauen. Die nachhaltige Wirkung jenes TV-Auftritts sorgt für einen klaren Wunsch: eine Gitarre. Eine Gitarre gegen jegliche Logik, denn er war sieben und die Hände noch viel zu klein für die Kent, die ihm seine Mutter ausleiht. Die Unzufriedenheit ist groß, das Instrument bereitet ihm keine Freude. Sie macht ihn Elvis nicht ähnlich. Der Gitarrenunterricht verbessert diese Wahrnehmung gar nicht. Die Stunden sind langweilig und repetitiv. Es dauert zwei Wochen, dann gibt er auf und die Leihgitarre wird folglich zurückgegeben. Vor der Rückgabe jedoch gibt er eine Show, die erste seines Lebens: hinter dem Haus für ein Publikum aus Kindern und Nachbarn. Er spielt nicht, weil er es nicht kann, aber er mimt die Bewegungen und die richtigen Posen. Natürlich ist es ein Desaster, aber eine Kostprobe. In den folgenden Jahren bedarf es viel Konsequenz und Beharrlichkeit, um auf irgendeine Weise weiter zu spielen und sich trotz allem den ersten einer Reihe von Spitznamen zu sichern: Billy. Genau so nannte man im lokalen Jargon Menschen, die auf einem Schaukelstuhl sitzend auf der Veranda klimperten. Denn auch wenn er es nicht absichtlich machte, so spielte Bruce Springsteen, wenn er spielte, alleine.

1963 ist Bruce 14 Jahre alt und nichts hat sich in seinem Leben verändert. Der Vater ist weiterhin wenig mitteilsam, die Mutter sorgt für das Einkommen der Familie und er geht auf die High School, hat weiterhin ein schlechtes Verhältnis zu seinen Lehrern und ist so introvertiert, dass er fast als Zombie gilt. Für eine wirkliche Veränderung sorgt die erste eigene E-Gitarre, die 69 Dollar gekostet hat (das entsprach ca. 580 Dollar heute), eine erhebliche Ausgabe. „Es war die schlechteste Gitarre, die man sich vorstellen konnte", erinnert er sich, „aber im Vergleich zu dem Schrott, auf dem ich bis dahin gespielt hatte, war sie geradezu ein Cadillac." Es ist eine Fender. Sie ist gelb. Und er besitzt sie noch heute.

1963 HAT SICH DIE MUSIK VERÄNDERT: KEIN SINATRA MEHR ODER ROCK 'N' ROLL, SONDERN DIE BEATLES MIT IHRER GANZEN LEBENDIGKEIT.

1963 ändert sich auch die Musik, die er hört. Kein Rock 'n' Roll oder Frank Sinatra wie in den 50er-Jahren (ein weiterer Musiker, der aus New Jersey kam wie er), Phil Spector, Doo Wop und natürlich zahlreiche Soul-Platten von Motown und Stax mit ihrem Bläser-Sound. All das war bedeutend, aber nicht vergleichbar mit der Begegnung mit den Beatles – wieder in der Ed Sullivan Show im Fernsehen. Es ist der berühmte Auftritt von 1964: „Ich saß vor dem Fernseher, mein Herz raste und ich wartete auf die ersten befreienden Töne des Höfner-Basses und der Rickenbauer- und Gibson-Gitarren."

Mit der im Caiazzo Music Store in der Center Street gekauften Gitarre mit einem kleinen Verstärker werden auch die ersten eigenen Bands gegründet. Sie tragen Namen wie Rogues oder später die bedeutendere Band Castiles, in der er die Leadgitarre spielt und sich wie die anderen Bandmitglieder die Haare glatt gekämmt und im Beatles-Stil trägt. Es sind Jugendgruppen, aber sie meinen es ernst. Sie spielen für 35 Dollar pro Abend in Pizzerien und auf den Eislaufbahnen und erreichen auch eine gewisse lokale Bekanntheit. Das Repertoire besteht vor allem aus Cover-Stücken, den Klassikern von Motown, aber es werden natürlich auch die Stücke der Bands „British Invasion", insbesondere der Beatles sowie auch der Rolling Stones und der Who gespielt und sogar für eine Beatband kuriosere Stücke wie *In the Mood* von Glenn Miller. Ein paar eigene Songs waren schon dabei. Sie stammten aber nicht von Springsteen, der im Übrigen nicht einmal als Bandleader galt. Aber eines steht fest: Er lebt die Musik anders als alle anderen. Nein, da ist noch jemand, der sie genauso lebt und sieht wie er. Er heißt Steven Van Zandt, spielt mit den Shadows und an einem von vielen Abenden freunden sich die beiden an.

Und sie sind bis heute Freunde – mehr noch, Brüder.

25 *Bruce Springsteen im Altern von 17 Jahren im Schuljahrbuch.*

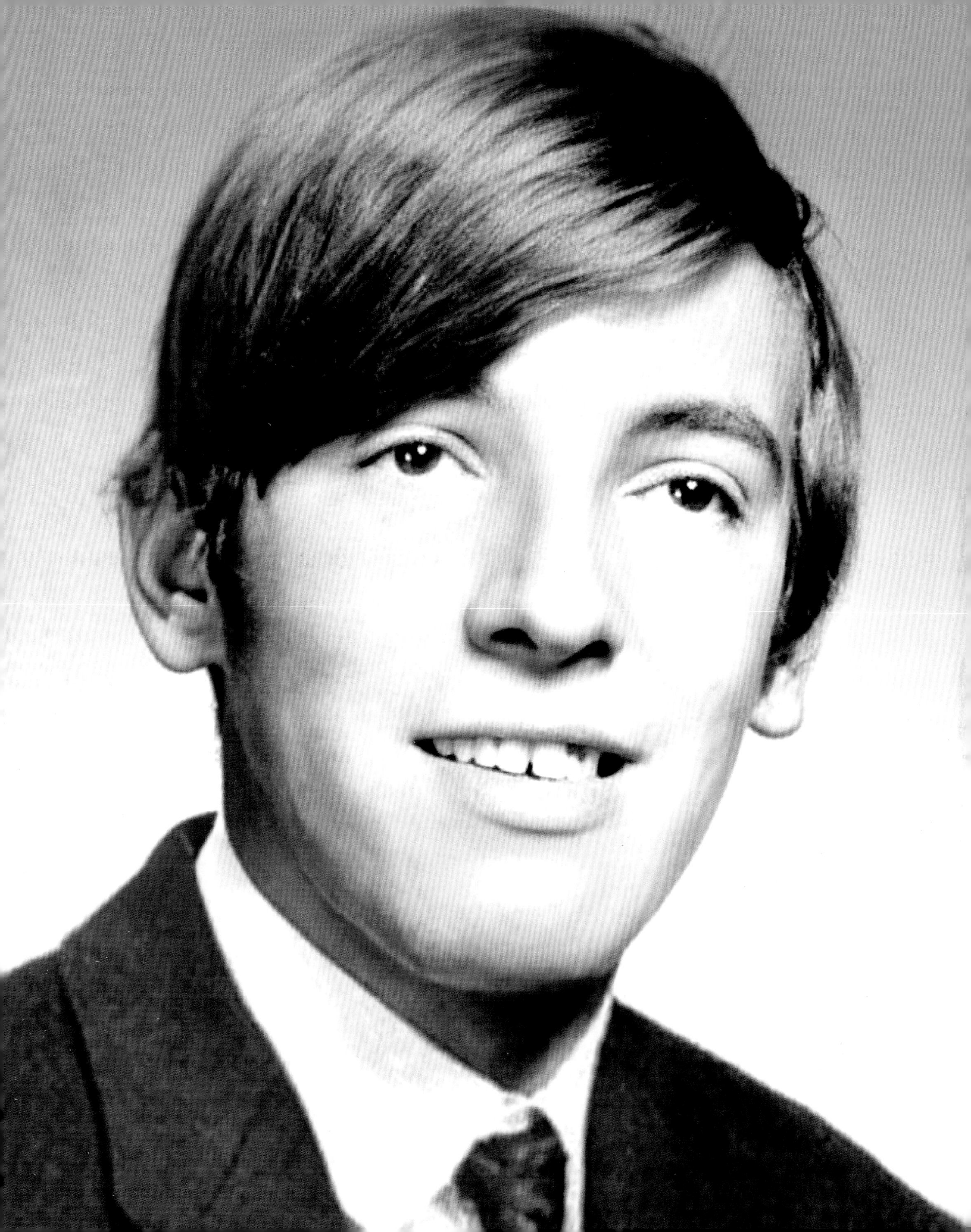

Zu den Castiles gehört auch Gordon Vinyard, genannt *Tex*, der Bandmanager. Er organisiert ihnen die Abendauftritte (und hat auch den Namen gewählt). Vinyard arbeitet hart und verschafft der Band sogar einen Monat Auftritte am Stück im Stadtteil Greenwich Village von Manhattan im Café Wha. Es ist das Jahr 1967, Bruce Springsteen ist 18 Jahre alt und mit seinem einmonatigen Aufenthalt in New York, weit weg von Freehold, riskiert er fast, dass er sitzen bleibt. Wie durch ein Wunder kann er dem entrinnen. Sein Verdienst ist es aber ganz sicher nicht. Er hat seine Neigung, keine Freundschaften zu knüpfen, nicht überwunden, geht nicht mit den anderen aus, und wenn er nicht gerade Musik macht, bastelt er an Autos herum. So schreibt er sich zur großen Überraschung aller ein Jahr später umgehend an der Universität ein, dem Ocean County College. Er macht nicht den Eindruck, einer zu sein, der nach der High School an die Uni geht, aber die Uni ist eine von vielen Möglichkeiten, nicht nach Vietnam gehen zu müssen. Nachdem es an der Schule schlecht lief, läuft es an der Universität natürlich noch schlechter. Er gilt nicht mehr als introvertiert, sondern direkt als Psychopath, eine „Null". Es dauert ein Jahr, nicht länger. Übrigens bleibt er immer eine Person, die in ihrem Leben nur zwei Bücher gelesen hat (*Der Pate* von Mario Puzo und die Biografie von Bob Dylan), und wenn er ins Kino geht, schaut er Western an, vor allem die von Roy Rogers (in der Kindheit) und später die von Leone und Ford (als Erwachsener).

Der Abschluss mit dem Kapitel Universität führt unerbittlich zur Einberufung ins Heer. Ein Leben lang hatte sein Vater Douglas ihm wiederholt gedroht, dass mit diesem angeberischen Verhalten, den langen Haaren und der rebellischen Haltung Schluss sei, wenn er endlich vom Militär einberufen werden und aus ihm ein richtiger Mann würde. Allerdings wurden in diesen Jahren viele seiner Altersgenossen einberufen und nur wenige, sehr wenige, kehrten zurück. Insbesondere Bart Haynes war nicht zurückgekehrt, der erste Schlagzeuger und wirkliche Freund, mit dem Springsteen nie wieder spielen würde. Er hatte sich freiwillig für die Marines gemeldet und starb 1967. Sie waren Freunde und Mitglieder der Band Castiles und er war der erste Junge aus Freehold, der in Vietnam starb, wenngleich nicht der letzte. Ein Jahr späte starb im Krieg auch Walter Chicon, ein echter Mythos für Bruce Springsteen, ein Rockstar aus der Provinz, der nie eine Platte aufgenommen oder eine Tour gemacht hat. Aber an der Küste von New Jersey war er der

27 *Generalprobe für den Ruhm, mit langen Haaren 1968.*

Größte, der Gott des Rocks. Chicon hatte es im Übrigen gar nicht nötig gehabt, Platten zu verkaufen oder Touren zu machen, um innerlich ein Rockstar zu sein. Er hatte die richtige Einstellung und für Springsteen war er der erste Rockstar, den er je gesehen hatte. Springsteen wollte wie er sein und schaute sich alles von seinen Auftritten ab.
Er vermittelte ihm den Eindruck, dass man auf der Bühne sinnlich sein konnte, gefährlich, natürlich und frei; dass es niemanden gab, der einem erklärte, wie man sein Leben zu leben hatte. Es war ein furchtbarer Schlag, als Walter Chicon im Krieg ums Leben kam. Es gab Menschen, die absolute Angst vor dem Anruf des Militärs hatten, und Bruce Springsteen war definitiv einer von ihnen. Als die Einberufung erfolgte, haute er von zu Hause ab, schlief eine Nacht aushäusig und am Morgen danach wurde er gemeinsam mit Mad Dog Lopez und einem anderen Freund, die allesamt am selben Tag einberufen worden waren, vorstellig: Alle drei wurden ausgemustert. Seine Haltung war als untragbar beurteilt worden und das hatte ihn in Kombination mit einer schweren Gehirnerschütterung, die er bei einem Motorradunfall im Alter von 17 Jahren erlitten hatte, gerettet. Er wäre nicht angetreten. Seine rebellische Art hatte ihn gerettet. Er war glücklich, wusste aber, dass zu Hause sein Vater auf ihn wartete. Zwei Tage lang war er weg geblieben, ohne eine Nachricht zu hinterlassen, und obendrein war er ausgemustert worden. Als er abends heimkehrte, traf er ihn noch im Dunkeln in der Küche an. Er sagt zu ihm: „Sie haben mich ausgemustert." Der Vater antwortete: „Gut so." Und sie sprachen nie wieder darüber.

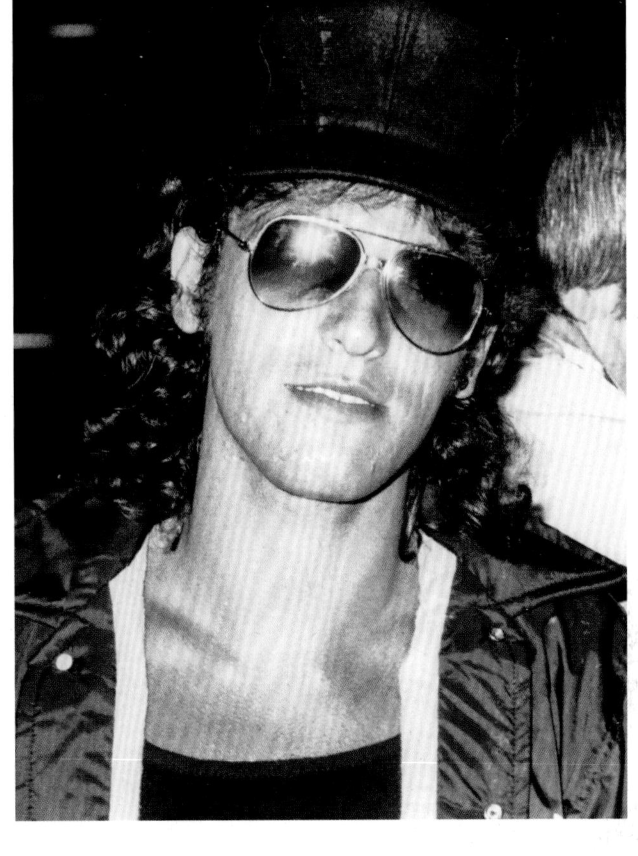

DER VIETNAM-KRIEG KLOPFTE AN SEINE HAUSTÜR. ABER ER SELBST UND SEINE FREUNDE WERDEN AUSGEMUSTERT.

1969 spielt er bei Abendauftritten dank Vinyard (der auch Manager einer anderen Gruppe Springsteens ist, The Legends), bricht die Universität ab, kann der Rekrutierung entkommen, erlebt das Erscheinen von *Spiel mir das Lied vom Tod* von Sergio Leone und schließlich eine Wende.

Die Familie zieht mit der kleinen Schwester Pam an die Ostküste, während die große Schwester Virginia, die mit 18 geheiratet hatte und schwanger ist, nun in einer anderen Stadt in New Jersey lebt. Bruce ist 19 Jahre alt, allein, hat kein Geld, keine Familie und keine vorgezeichnete Zukunft. Er versucht mit Dani Federici und Vini Lopez im Haus der Eltern weiter zu leben. Nach nur einem Monat aber wirft der Besitzer sie raus. Springsteen lädt alles, was er besitzt, auf einen Pick-up und bricht mit einigen Bandmitgliedern auf. Er verlässt Freehold in einer Sommernacht und erzählt später sehr oft von diesem Moment, als er ausgestreckt auf einem Sofa hinten auf dem Pick-up lag und auf dem Weg woandershin die Stadt durchquerte. Er beschreibt diesen Moment als einen vollkommen glücklichen Moment, als er liegend in die Baumwipfel und den Sternenhimmel blickte, die an ihm vorüberzogen. Ein Moment wie ein „weißes Blatt Papier, dass dich auffordert, beschrieben zu werden". Es ist seine *Thunder Road*. Das Ziel ist gar nicht so weit entfernt und so geht es von Freehold nach Asbury Park, circa 24 Minuten Fahrt auf der Bundesstraße. Es ist ebenfalls eine Kleinstadt in New Jersey, mit dem Unterschied, dass sie am Meer liegt. Hier lebt er im ersten Stock einer Surfbrettwerkstatt, deren Besitzer sein neuer Manager ist, Carl Virgil West, genannt Tinker. Man muss nicht mehr erwähnen, dass sein Leben von da an zu einer Art einzigen langen Nacht in den Clubs der Gegend wird. Der einst introvertierte Schuljunge lernt alle kennen. Alle aus der Musikszene New Jerseys gehören zu seinem Freundeskreis, darunter natürlich auch einige Mitglieder der künftigen E Street Band. Die Bands, in denen er spielt und die er gründet, aus denen er austritt und die er auflöst, heißen jetzt Earth (ein Power-Trio) und Child, aus der später die Steel Mill werden. Es ist die Zeit der bedeutendsten Freundschaften.

Als er Freehold verlässt, sieht er vor sich ein weißes Blatt Papier, dass es zu beschreiben gilt.

In der Band Steel Mill spielen nämlich bereits Danny Federici, Vini Lopez und Vinnie Roslin. Die Clubs hingegen, in denen sie meist auftreten, haben Namen wie Stone Pony oder Upstage. Die Betreiber von Upstage erinnern sich insbesondere noch sehr gut daran, was beim ersten Mal passierte, als Springsteen zur Tür hereinkam: Am Tresen fragte er sehr höflich nach einer Gitarre und fing an, Blues-Stücke zu spielen. Für Bruce Springsteen scheint das normal, aber tatsächlich war die Musik, die er zu der Zeit noch mit den Steel Mill spielte, anders, sehr angespannter Rock und voller Soli (außerdem waren es die Jahre um 1970, jene des Progressive Rock). In dem Moment hingegen nahm er bereits die typischsten Töne seiner Solokarriere vorweg und – so die Version der Betreiber – allen war klar, dass hier jemand wirklich spielen konnte. Das war der Unterschied zum Durchschnitt, und er war nicht angeboren, sondern beruhte auf einer Erfahrung, die im Vergleich zu allen anderen überdurchschnittlich war. Laut Springsteen selbst hatte er zu diesem Zeitpunkt seines Lebens bereits unglaublich viele und unterschiedliche Auftritte absolviert, angefangen bei Feuerwehrfesten, nächtlichen Supermarkteröffnungen, Strandpartys, Polizeivereinen, in Drive-ins, Pizzerien, Bars, Cafés, bis hin zu Bowlingbahnen, Wohnmobil-Stellplätzen und Eislaufbahnen. Er hatte in Museen gespielt, bei Armentafeln, in Turnhallen, auf Country-Messen, in Vergnügungsparks, bei Schulbällen, aber auch bei Hochzeiten und zu Bar-Mizwas, ausgenommen einiger besonderer Abende – darunter einer im Gefängnis von Sing Sing und ein Auftritt in einer psychiatrischen Klinik in Marlboro. Und all das bereits vor seinem 23. Geburtstag. Es verwundert nicht, dass er zu diesem Zeitpunkt frustriert war, voller Groll und Neid auf die Musiker, die im Radio zu hören waren. Er war der Ansicht, dass er besser war als sie, und verstand nicht, warum niemand ihn entdeckte. Schuld daran sein musste New Jersey, „das Arschloch der Welt". Und so beschließt er, mit Tinker West und den Steel Mill nach Kalifornien auf große Tour zu gehen. Sie legen 1000 Dollar zusammen und reisen drei Tage lang im Auto durch die USA, um rechtzeitig zu einem Silvester-Gig in Big Sur zu kommen. Drei Tage lang müssen sie sich ohne Zwischenstopp als Fahrer von zwei Autos abwechseln, um rechtzeitig anzukommen: 72 Stunden ununterbrochene Fahrt!

Die zwei Autos, in denen die Band Steel Mill fährt, verlieren sich nach den ersten 12 Stunden in der Gegend von Nashville in Tennessee praktisch sofort aus den Augen. Springsteen bleibt im Auto mit Tinker West und dessen Hund, aber er hat keinen Führerschein und kann nicht Auto fahren: An einem bestimmten Punkt muss er es aber tun, um West abzulösen und um es pünktlich zum Auftritt zu schaffen, und fährt 3500 km, ohne je zuvor auf den unendlichen amerikanischen Highways gefahren zu sein. Es ist das erste Mal, dass Bruce Springsteen wirklich die Vereinigten Staaten sieht. Alle Staaten. Im Unterschied zu seinen vorherigen Bands sind die Steel Mill strukturierter, haben live ein eigenes und gut zusammengestelltes Repertoire, haben Erfolg auf der Bühne, sorgen für Aufsehen, und so wird ihnen die Aufnahme ihrer ersten Demo in den Studios von Bill Graham angeboten, dem „Gott" der Rock-Manager Kaliforniens. Es passiert aber nichts, ihnen wurde eine „Art Vorbandengagement" angeboten, aber „nichts Ernsthaftes", und die Träume zerplatzten ebenso schnell, wie sie Form angenommen hatten. Die Band hat sich inzwischen verändert. Nun ist Springsteen der Leader, der die Band antreibt, der die Songs und vor allem die Texte schreibt. Er ist noch unreif und versucht natürlich das zu tun, was alle machen. Songs schreiben, die sofort Wirkung erzielen, die jeden unterhalten, der sie hört. Sein Publikum ist das auf seinen Konzerten und in den Sälen, wo er ein Engagement bekommt (tatsächlich sehr wenige, sodass der kalifornische Traum zerplatzt und die Band nach New Jersey zurückkehrt). Aber er verbessert seine Technik: Man scherzte in der Zeit, dass es niemandem gelang, so viele Worte in einen Song zu packen wie ihm. Dennoch war Springsteen auch das Problem der Band. Ständige Diskussionen, die in Streit ausarteten und manchmal sogar in Schlägereien. Es sind zwei höllische Jahre, die 1971 mit der Auflösung der Steel Mill und der Gründung einer anderen Band enden, Dr. Zoom and The Sonic Boom. Gemeinsam mit Springsteen gehören auch die Freunde Federici und Lopez der Band an, zu denen Steve Van Zandt dauerhaft stößt. Unzertrennlich. Dieses Mal jedoch hat Bruce Springsteen einen klaren Plan im Kopf. Er möchte keine einfache Band, sondern eine große Band und versucht, so viele Musiker wie möglich zu rekrutieren. Die Zusammenstellungen seiner Bands in diesen Jahren sind recht flexibel und es herrscht ein Kommen und Gehen der Mitglieder. Sein Traum ist eine richtig große Band mit 10 Bläsern und Frauenstimmen, eine Zusammenstellung wie bei einer Swing-Band, aber für Rock- und Soul-Musik und einem vollständig eigenen Repertoire. Aber wenn es ihm schon nicht gelungen war, die Power-Trios oder die mittelgroßen Bands zusammenzuhalten, so gelang es erst recht nicht, weitere neun Personen zu finden, mit denen er zurechtkam! Die Suche nach der perfekten Band ist ein ständiges Scheitern.

31 *Bruce Springsteen 1978 im Haus in Haddonfield, New Jersey.*

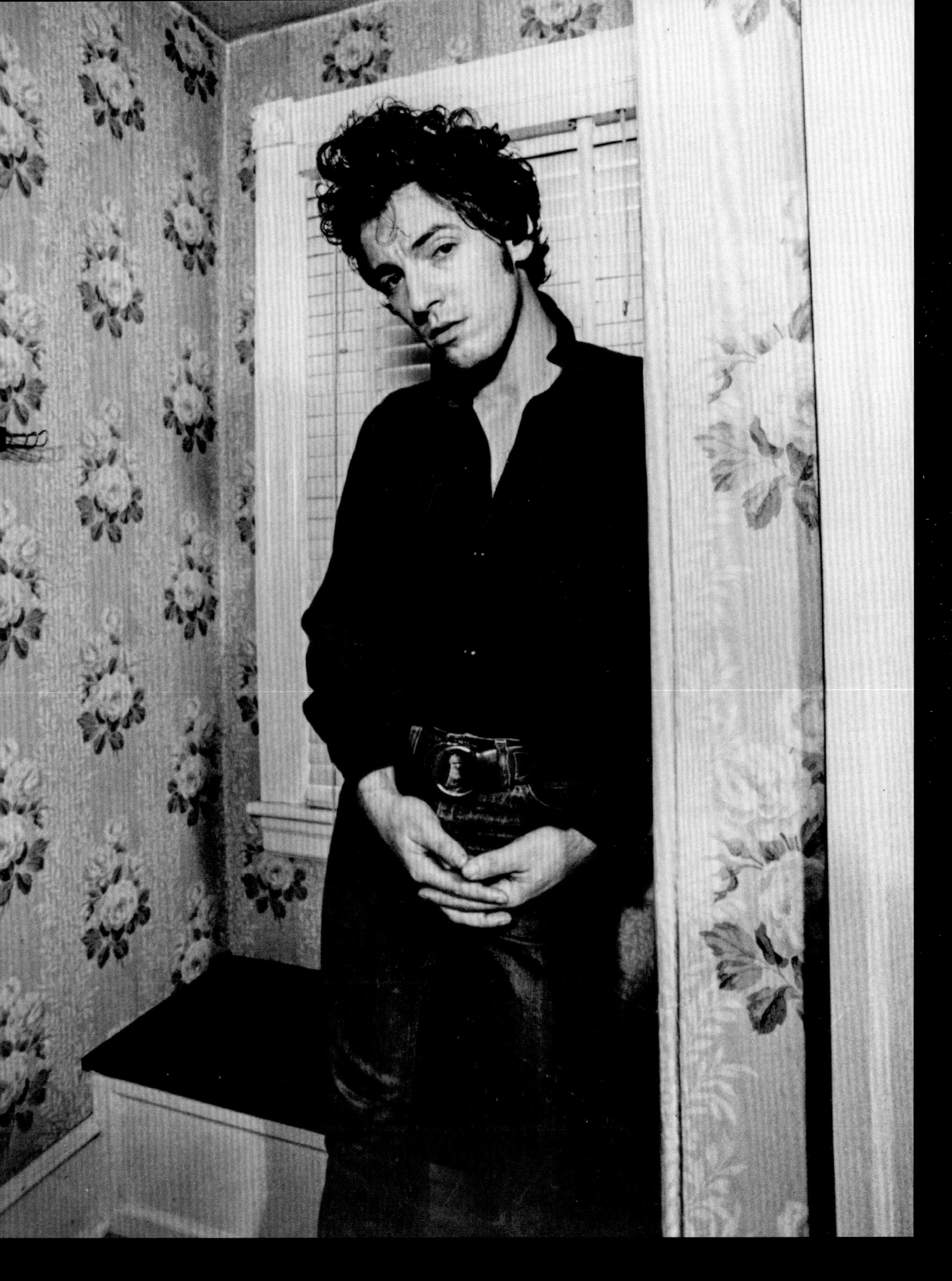

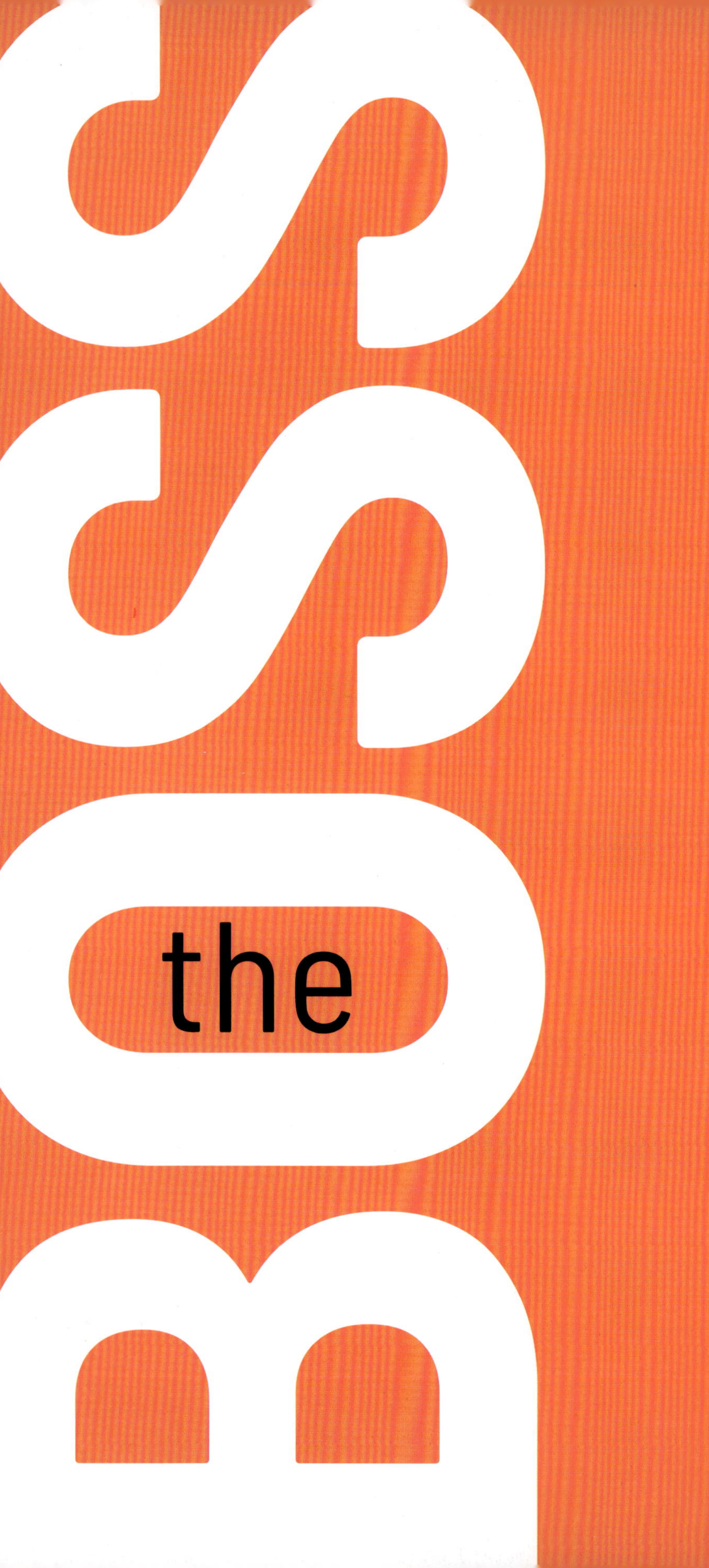
the
BOSS

1970

Aber das ist bereits zu weit vorgegriffen: Inzwischen ist der Jahrzehntwechsel von 1969 auf 1970 vollzogen. Die Steel Mill haben zunächst mäßigen Erfolg in der Gegend von Asbury Park, gehen dann schnell in die Brüche und Bruce entscheidet sich, eine neue Band zu gründen – mit dem entscheidenden Zugang durch Gerry Tallent und Davi Sancious. Die Idee ist eine Band, die seinen Namen trägt, die Bruce Springsteen Band, „eine der klügsten Entscheidungen in meiner Anfangszeit", sagt er. Im Übrigen war er Bandleader, Musiker, Sänger und Autor des gesamten Repertoires, sodass der Rest kurzgehalten werden kann: „Schluss mit Gezänk zu jeder Kleinigkeit, Schluss mit Verwirrung darüber, wer die kreative Linie vorgibt", erinnert er sich in seiner Autobiografie: „Ich wollte frei sein, meiner „Muse" ohne überflüssige Diskussionen folgen." Das ist also Bruce Springsteen. Er ist der *Boss*.

Ursprünglich war er *The Doc*, aber bald wird er *The Boss*. Es gibt viele Erzählungen dazu, aber nur eines ist ganz sicher – dass es Springsteen nicht gefiel, nie gefallen hat und nicht gefällt, aber er hat aufgegeben. Er erzählt gerne, dass es daher rührt, dass immer er am Ende eines Abends das Geld vom Clubbesitzer einsammeln und unter den Bandmitgliedern aufteilen musste, die ihn folglich ironischerweise „Boss" nannten. Tatsächlich erzählen diese eine andere Version. Laut ihnen begann alles im Esszimmer von Steve Van Zandts stets ungeheizter Wohnung am Stadtrand von Asbury Park und mit gewalttätigen und blutigen Monopoli-Partien (natürlich mit den Bandmitgliedern, denn von Freunden außerhalb der Band war nie wirklich die Rede), bei denen Springsteen dominierte und zwischen einem Wurf und dem nächsten Allianzen schmiedete. Er bestach, schmierte und verhandelte und setzte dabei seine ganze Überzeugungskraft ein, um Gefälligkeiten oder die besten Grundstücke zu erhalten. Seine bevorzugten Bestechungswaffen waren Lutscher und Pepsi, die ihm zunächst den Spitznamen *Gut Bomb King* bescherten, aus dem schließlich *The Boss* wurde.

BANDLEADER, MUSIKER, SÄNGER SEINER BAND. BRUCE WIRD GEGEN SEINEN WILLEN THE BOSS.

Es ist ein Spitzname, der im Gegensatz zu den vielen anderen, die sie sich gegenseitig gaben, nicht verschwindet, sondern bleibt. Anstatt mit der Zeit zu verblassen und zu verschwinden, nennen ihn alle so, und immer mehr Leute hören ihn und fangen an, ihn zu benutzen. Sich aufzulehnen und darum zu bitten, es nicht zu tun, war natürlich sinnlos, sodass der Boss, der tatsächlich einer war, mindestens drei Jahre lang diktiert, dass der Spitzname im Kreis der Band bleiben sollte. Dann beschließt er, dass *Roadies*, Mitglieder anderer Bands oder Freunde, die ihm wiederum einen Spitznamen gegeben hatten, ihn so nennen können. All das bricht 1974 zusammen, als ein Journalist im Backstagebereich hört, wie ein Bühnenarbeiter ihn *Boss* nennt, den Spitznamen aufschreibt und die Versuche, ihn loszuwerden oder zumindest einzudämmen, damit enden. Er wird für immer *The Boss* sein.

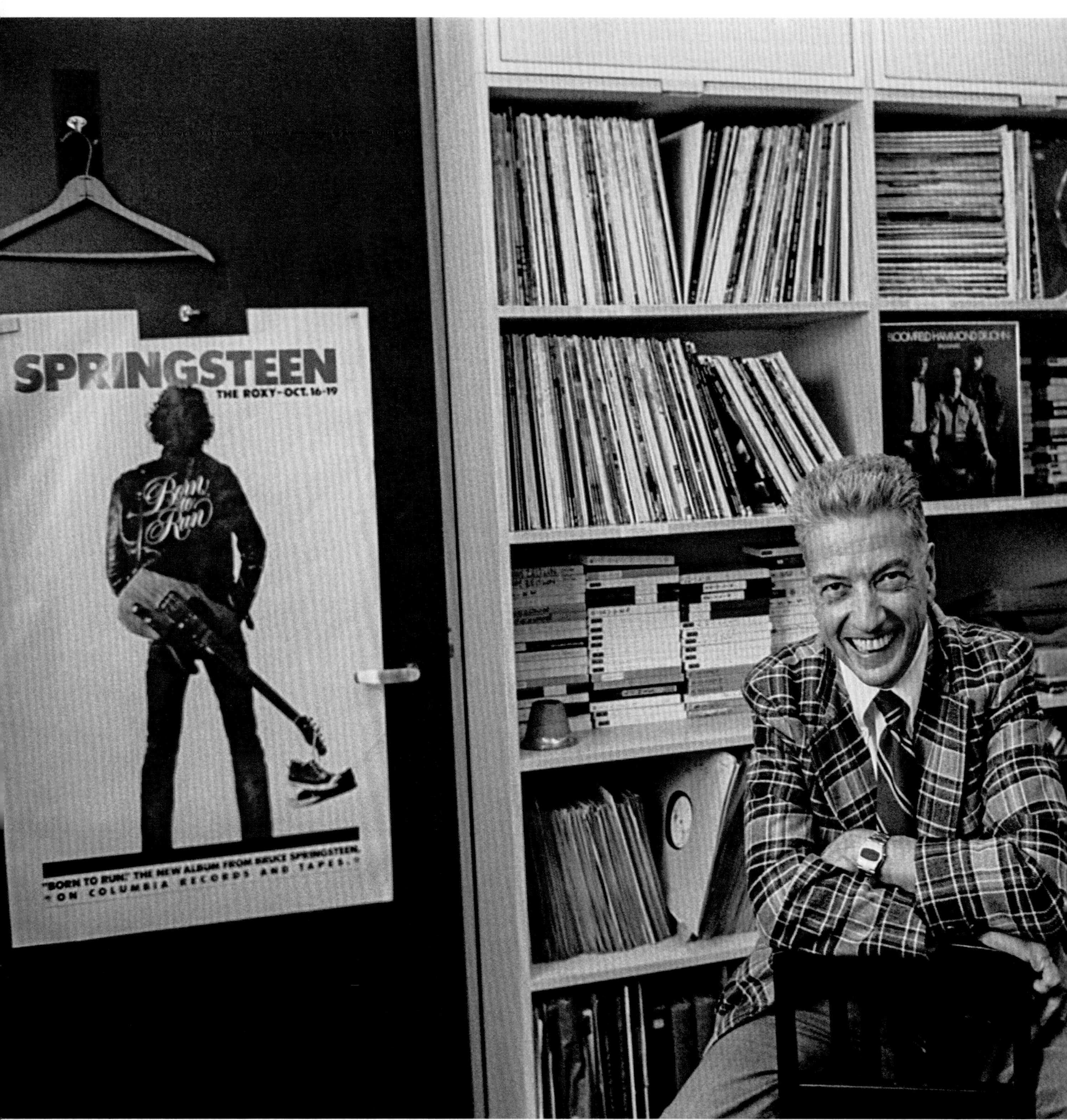
SPRINGSTEEN
THE ROXY-OCT. 16-19
Born to Run
"BORN TO RUN" THE NEW ALBUM FROM BRUCE SPRINGSTEEN.
"ON COLUMBIA RECORDS AND TAPES."

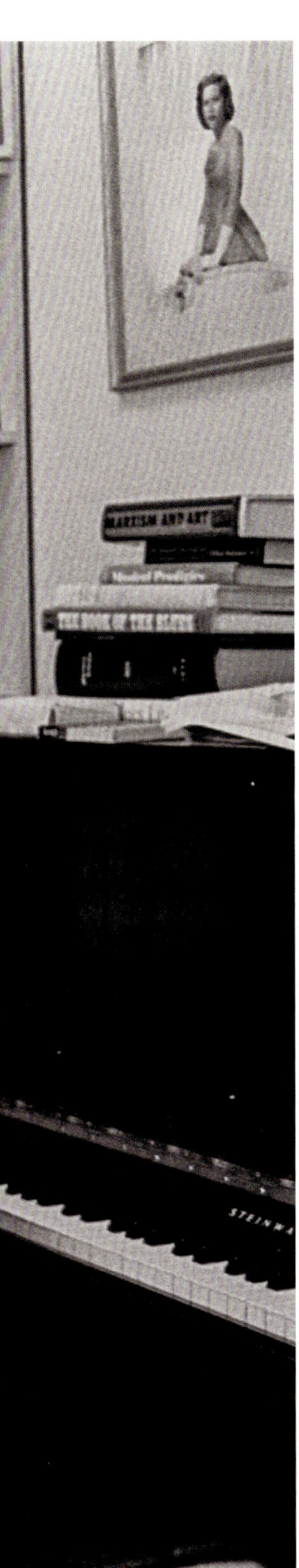

Zwischen 1971 und 1972 wird Bruce wirklich Bruce Springsteen. Bruce Springsteen zu sein bedeutet jedenfalls, ein neues Leben zu beginnen, und Bruce tut das in Gedanken an Bob Dylan, „der Polarstern, ein Leuchtturm, der uns dabei half, uns von diesem Dschungel, zu dem Amerika geworden war, zu befreien". Songwriter also, nicht nur Rocker oder Soulman. Er schreibt unterschiedliche, intimere Songs, nicht nur die großen Aufhänger oder Stücke, die dem Publikum einheizten, sondern persönliche, amerikanische Geschichten; Momente, die er gesehen und erlebt hat, Songwriting eben. Springsteen wird zu einem Songwriter, lässt die Bands und zeigt sich als Solokünstler mit seiner Gitarre – wenig Rock 'n' Roll und sehr viel Leidenschaft. Rückblickend betrachtet sind diese Auftritte bereits echte Perlen. Alles ist bereits vorhanden, auch wenn um ihn herum nichts ist, nur seine Stimme, seine Worte, seine Art, sie auszusprechen und zu singen. Es ist Authentizität, pure und schlichte Wahrheit, die jeder, der zuhört, spürt und versteht. Es gibt also einen neuen Bruce, dessen Verwandlung von Mike Appel, seinem neuen Manager, unterstützt und gefördert wird und der tatsächlich an ihn, seine Fähigkeiten und seine Gabe glaubt. Appel ist ein Geschäftsmann im Showbusiness, eine hyperaktive und forsche Person, die sich so sehr für ihn einsetzt, dass Bruce eine Audition bei Columbia Records bekommt. Am 2. Mai vor dem Mann, der zahlreiche Stars wie Billie Holiday, Bessie Smith, Benny Goodman zur Columbia gebracht und Bob Dylan „entdeckt" hatte. Die Audition läuft so gut, dass Hammond Bruce am Abend um einen Live-Auftritt vor den anderen Managern des Musiklabels bittet und für ihn das Gaslight reserviert. Am Tag danach terminiert er auf 10:30 Uhr die Aufnahme seiner ersten Demoaufnahme mit 12 Stücken. Clive Davis, der Chef von Columbia, hört ihn und entscheidet sich für Springsteen. Am 9. Juni unterzeichnet er seinen ersten Plattenvertrag. Dass Springsteen ein echter Vollblutmusiker ist, bestätigt selbiger John Hammond am 30. September 1972, als er von *Record World* interviewt wird: „Vor wenigen Monaten habe ich einen jungen Folksinger aufgetan und ich glaube, dass er absolut gigantisch wird. Er heißt Bruce Springsteen, ein anständiger katholischer Junge aus New Jersey. Er ist eines der größten Talente, die ich je getroffen habe." Der Vertrag wird zwischen CBS und der Laurel Canyon Production von Mike Appel und Jim Cretecos geschlossen, denen Springsteen unbedacht im Grunde die vollständige Kontrolle über alles überlassen hatte: Songs, Aufnahmen, Rechte aller Art. Ein Knebelvertrag, der seinen Managern das dreifache (in Tantiemen) von dem zuspielte, was er selbst verdiente.

34-35 John Hammond, der legendäre Produzent von Billie Holiday und Bob Dylan, in seinem Büro.

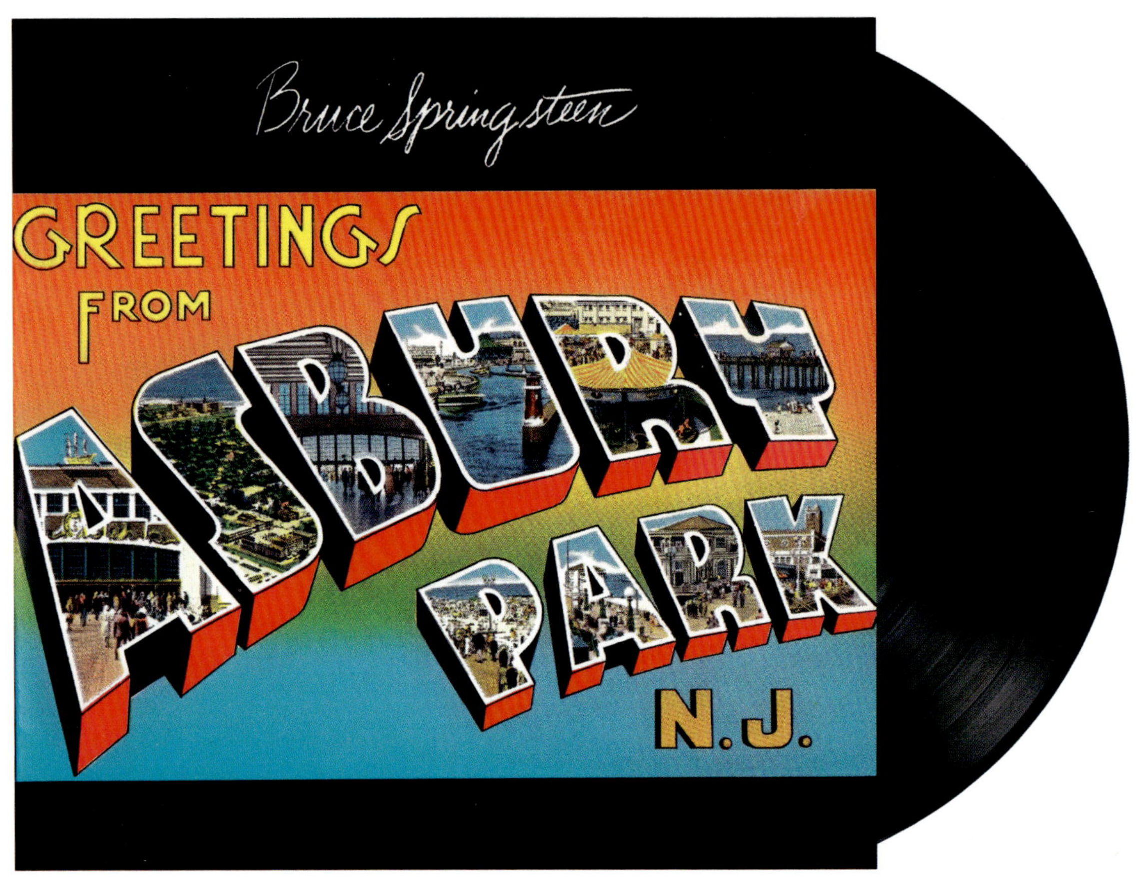

NEW JERSEY IST FÜR IHN ASBURY PARK. UND VON HIER NIMMT ALLES SEINEN LAUF.

1973

36 *Cover von Greetings From Asbury Park.*

37 *Springsteen 1974 mit einem T-Shirt der Triumph-Motorräder.*

Aber dem Geld galten seine Gedanken zuletzt. Bruce hatte den Schlüsselmoment erreicht, den Wendepunkt: die Aufnahme seines ersten richtigen Albums. Von Juni bis Oktober wird *Greetings From Asbury Park NJ* aufgenommen, das erste Album von Bruce Springsteen mit einer von ihm für diesen Anlass zusammengestellten Band, bestehend aus Musikern, mit denen er am besten vertraut war, einschließlich Clarence Clemons am Saxofon. Natürlich ist das noch nicht die E Street Band, aber es ist bereits ein Vorgeschmack.

Die Aufnahmen werden in den 914 Sound Studios in der letzten Juniwoche gemacht. Nach Aufnahmeende beginnen die Diskussionen: Appel und Hammond haben Springsteen als Solisten kennengelernt. Sie bevorzugen die Songwriter-Seite und Solo-Aufnahmen. Bruce kennt sich, seine Geschichte und seine Träume und liebt Song-Versionen mit Band. Man schließt einen Kompromiss: fünf Songs mit und fünf ohne Band. Als Clive Davis sie hört, ist er jedoch nicht überzeugt, und meint, es fehle eine schlagkräftige Single. Bruce verliert nicht den Mut und schreibt innerhalb weniger Wochen zwei neue Songs, *Blinded by the Light* und *Spirit in the Night*. Sie werden am 11. September 1972 aufgenommen, nur zu dritt, mit Vini Lopez am Schlagzeug und Bruce am Bass, an der Gitarre und am Klavier und schließlich Clarence Clemons am Saxofon. Davis nimmt die neuen Songs begeistert auf und gibt grünes Licht. Das Album ist eine besonders feine Kostprobe dessen, was noch kommen wird: Es enthält Songs, die für die Geschichte bestimmt sind, die beiden Songs, die im letzten Moment entstanden sind, die am besten erzählen, was passiert, wie Springsteen sich verändert, wie er eine neue Formel gefunden hat, die Rock, Soul und Songwriting verbindet, mit einer raffinierten, aber leidenschaftlichen Klangwirkung. Auf der Platte sind auch die Songs *For You*, *Growin'Up*, *Lost in the Flood*, der legendäre Song *It's Hard to Be a Saint in the City* – alle mit Band – sowie die intimen Songs *Mary Queen of Arkansas* und *The Angel*. Das Cover der Platte lässt keine Zweifel an Spingsteens Zugehörigkeitsgefühl, das er nicht nur mit dem Titel, sondern auch mit dem Layout vermitteln will. Es ist New Jersey, Asbury Park – sein Zuhause, sein Zentrum, sein Leben. Die Songs sind immer noch Teil des Springsteen-Marathon-Repertoires und das Album erfährt im Laufe der Jahre eine große Aufwertung, aber nicht alles ist perfekt, nicht alles ist ausgewogen.

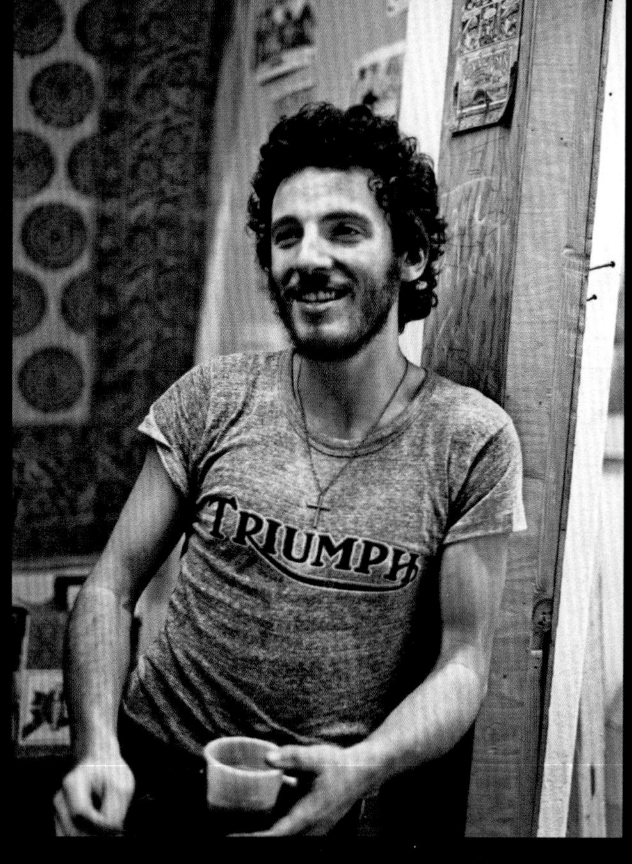

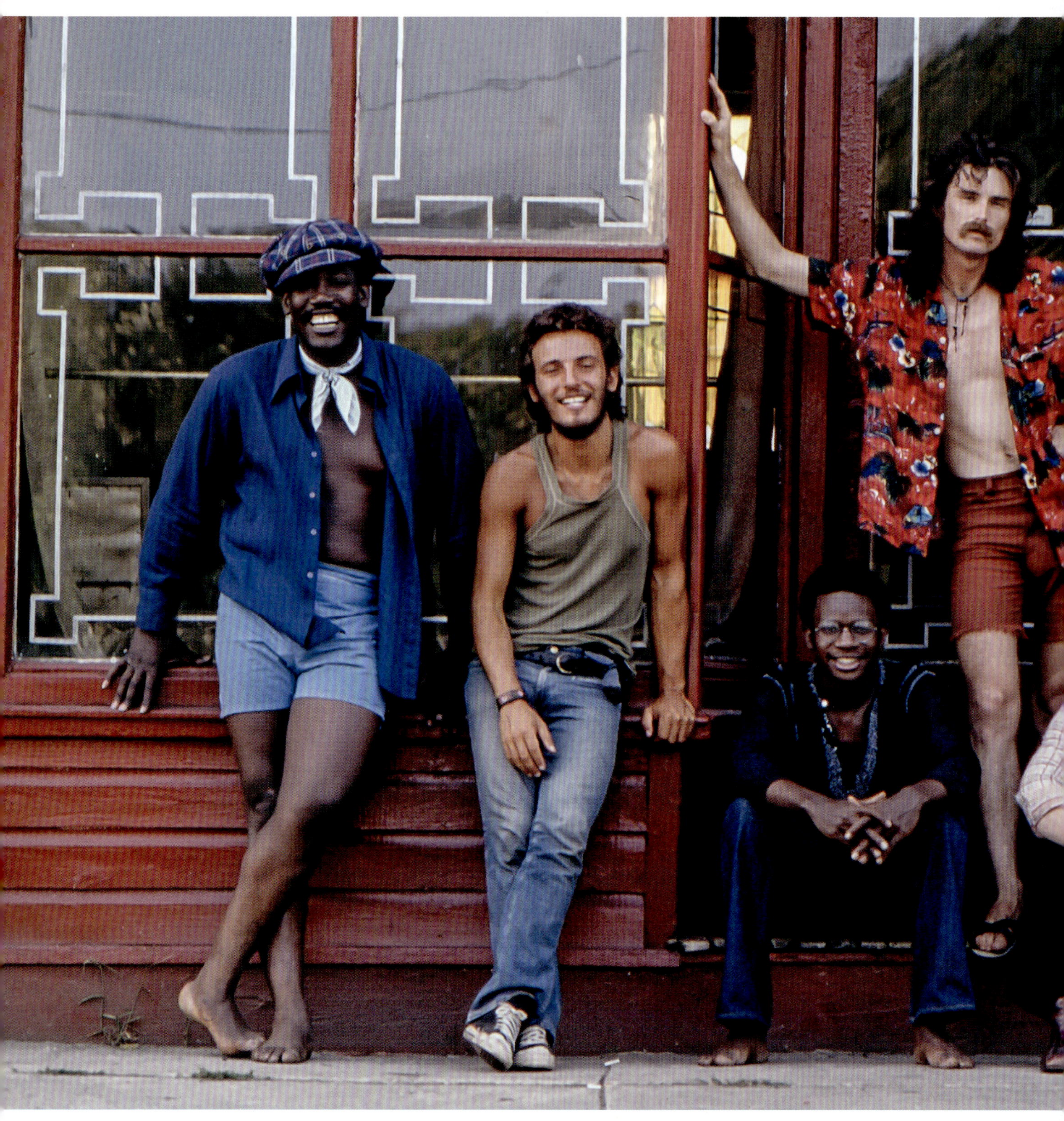

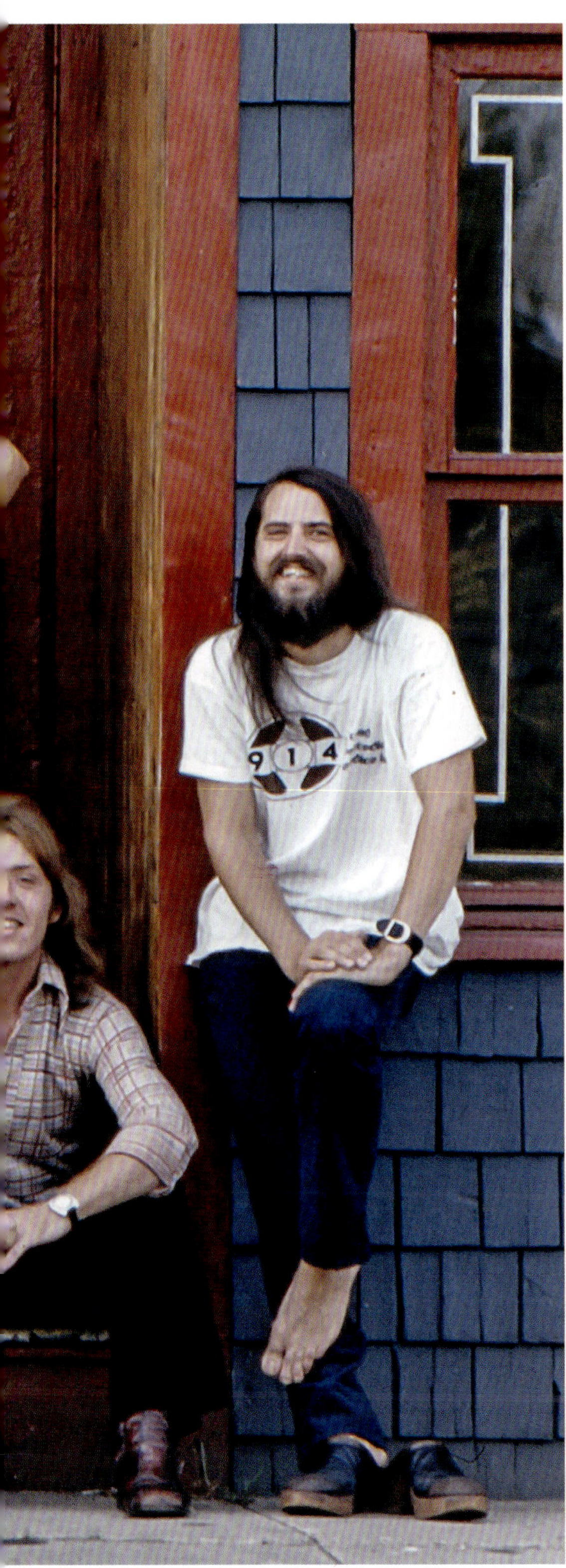

Zunächst einmal ist es ein Album, das zu sehr auf seine Folksingerseite setzt anstatt seine Rockseite. Außerdem wird die Aufnahme von Appel und Cretecos nicht der Wirkung einer Live-Band gerecht und alles scheint etwas gedämpfter, als es sollte. Dennoch ist es eine großartige Platte.
Das glaubt man zumindest bei Columbia, wo zwischen Oktober 1972 und Januar 1973 die Veröffentlichung und der Vertrieb im Handel geplant werden. Die Platte erscheint und ist ein Flop. Nur wenige zehntausend Stück werden verkauft. Die Rezensionen sind gut, aber sie bewirken nicht wirklich etwas. Lester Bangs selbst stuft sie auf einen Mix aus Texten wie von Bob Dylan und einer Band und Stimme wie Van Morrison herab.
Die besten Ergebnisse, die Bruce aus der Veröffentlichung erzielt, sind die Gründung der E Street Band und eine Harley Davidson, die er von dem Geld von Columbia kauft. Der Rest wird für Alkohol ausgegeben.
Es war kein wirklich fulminantes Debüt, im Gegenteil.
Noch schlechter verlief die erste Tour. Columbia setzt sie als Vorgruppe der Chicago ein, und die Erfahrung ist so schlecht, dass er sich schwört, überhaupt nicht mehr als Vorgruppe aufzutreten.

38-39 *Springsteens vollständige Band: von links nach rechts Clarence Clemons, Bruce Springsteen, David Sancious, Vini Lopez, Danny Federici, Garry Tallent, an der Jersey Shore im August 1973.*

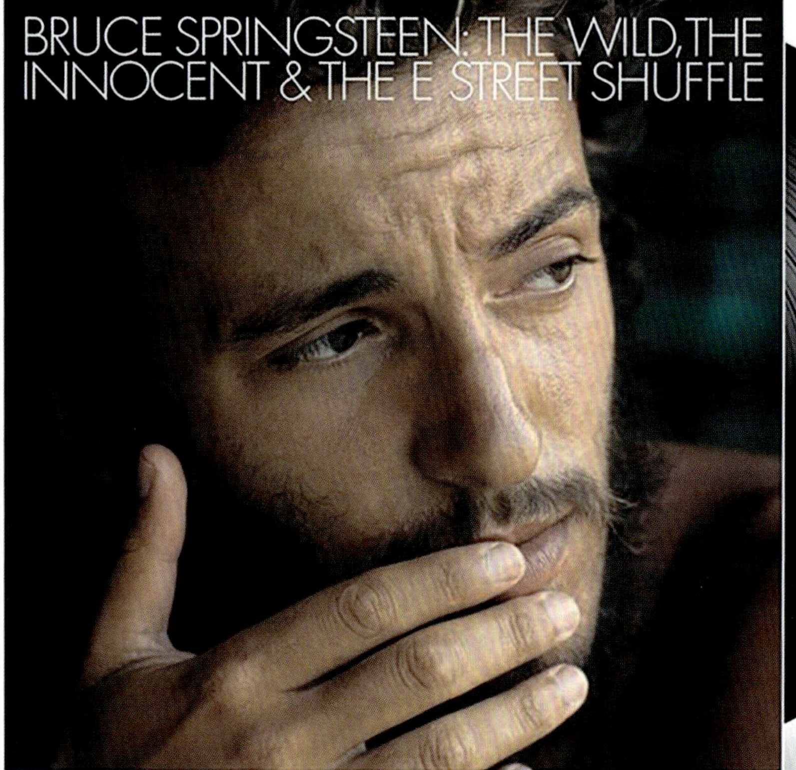

So perfekt das Jahr 1972 verlaufen war, so wenig schien das Jahr 1973 Springsteen zu geben. Nach Abschluss der Tour mit den Chicago will Columbia es aufs Neue probieren und in rekordverdächtiger Zeit erscheint im November 1973, nur wenige Monate nach der ersten Platte, die zweite. *The Wild, The Innocent & The E Street Shuffle*. Es ist das Album, das Springsteen braucht, um die Dinge klarzustellen: Schluss mit Folksänger und Akustikgitarren, der Rock übernimmt mit seiner souligen Seele. Es ist eine romantische Platte, auf der es zwar einige wunderbare Balladen gibt, aber das „Storytelling" auf eine besonders originelle textliche und klangliche Weise übernimmt. Es sind Geschichten, die wie Clarence Clemons sagte, „endlose" Geschichten waren, weil Bruce sie unaufhörlich weiterentwickelte und sie außerdem wunderschön waren. Hier und da ließ er ein introspektiveres Element einfließen oder eine Nuance, die diese Figuren wirklich glaubwürdig machte." Und es sind nicht nur ‚ endlose' Geschichten, sondern auch viele, denn Springsteen und die Band hatten nach Abschluss der Tour mit den Chicago ab Juni 1973 wieder angefangen, im Studio zu spielen, und Bruce schrieb pausenlos. Das Album ist konsequent in seinen Themen und Klängen und mit seiner natürlichen Abfolge als Platte konzipiert. Springsteen, Clemons, Tallent, Federici, Vini Lopez und der bedeutende David Sancious verleihen dem Sound E Street Band, deren Namen Sancious vorgeschlagen hatte, Volumen, sorgen aber auch für eine freundschaftliche Beziehung, für Zusammengehörigkeitsgefühl, Brüderschaft, was alles leidenschaftlicher macht. Absolute Meisterstücke machen das Album zu einem echten Juwel, allen voran der Titel *Rosalita (Come out tonight)*, eine Art gesungene Autobiografie, der mit ganzen sieben Minuten schnell zum Herzstück der Konzerte wird und live auch deutlich länger geht: eine theatralische Darbietung, ein Rockstück, ein schnell

40 und 41 *Oben: Das Cover von „The Wild, The Innocent & The E Street Shuffle"; auf der anderen Seite: ein Schnappschuss aus derselben Fotosession.*

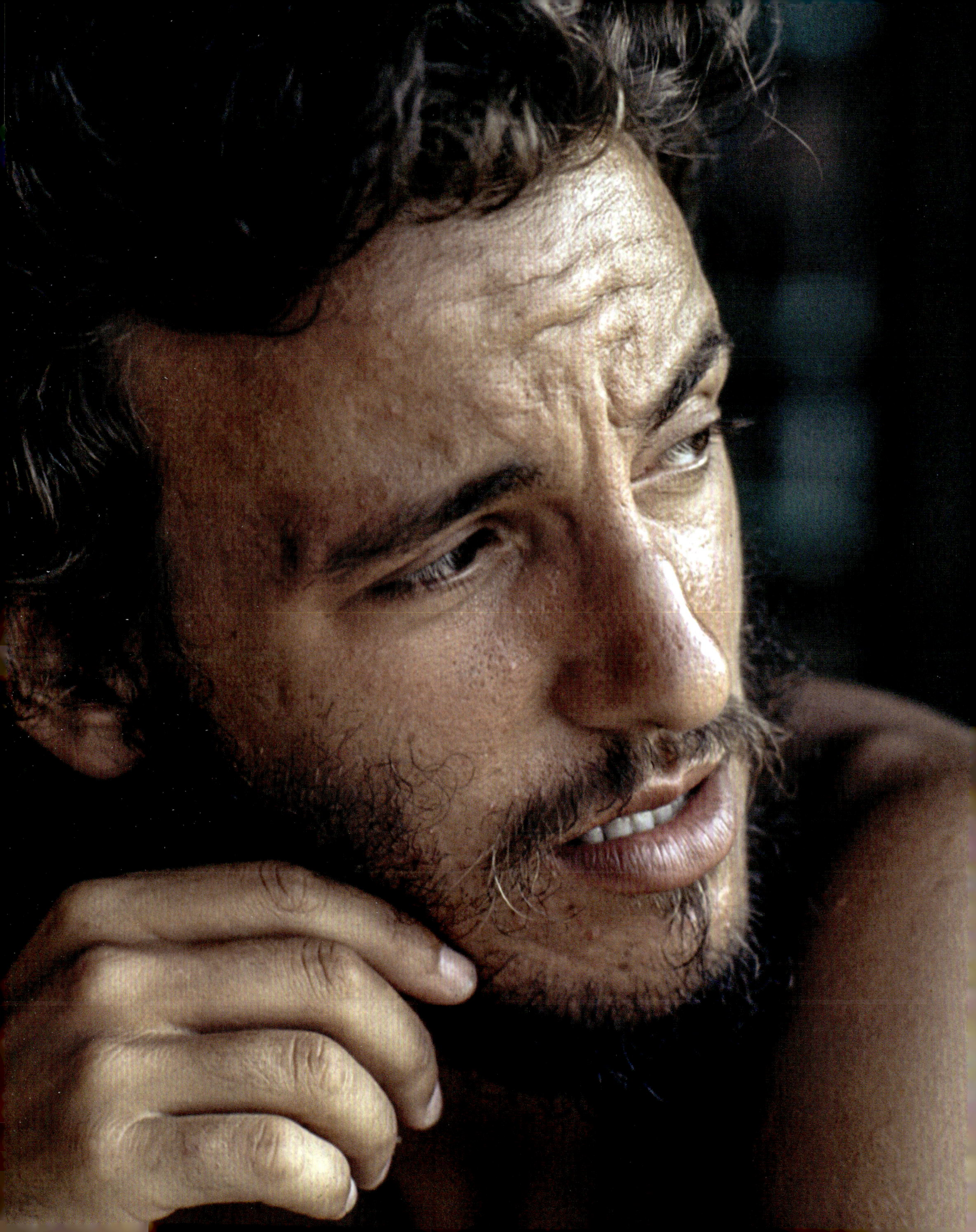

vorbeiziehender Film, ein komplettes Musical von Anfang bis Ende, mit einem Sinn für Humor, der das Ganze sensationell macht. Und dann ist da noch der sehr romantische Song *4th of July, Asbury Park (Sandy)*, der vom Musiklabel wie eine Liebesballade präsentiert wird, „welche die Straßenromantik neu definiert und wesentlich zur Entstehung einer idealisierten Vision der Jersey Shore beiträgt". Springsteen schreibt die Ballade in einem Apartment, das ursprünglich eine Garage war und das er mit seiner Freundin teilt, und so konzipiert er den Song wie folgt: „Ein Abschied von meiner Adoptivstadt und von dem Leben, das ich dort gelebt habe, bevor ich angefangen habe, Platten aufzunehmen. Die Figur der Sandy versammelte in sich einige Frauen, die ich an der Küste kennengelernt habe. Ich nutze die Metapher des langsamen Todes der Stadt, um das Ende der Geschichte einer Sommerliebe zu schildern sowie die Veränderungen, die ich in meinem eigenen Leben erlebte." Und dann sind da noch die Erzählformeln von *Kitty's Back* und *Wild Billy's Circus Story*, weiterhin Songwriting, und weitere zwei Meisterstücke wie *New York City Serenade*, eine Hommage an New York, und *Incident on 57th Street*, mit vielen faszinierenden und gut gezeichneten Charakteren: Billy und seine Geliebte Diamond Jackie, der Vibrafonist, oder der elegante Trödler, bis hin zu „Fish Lady", die der Protagonist zu erlösen versucht: „Ich sprach ein Thema an, das ich auch später immer wieder aufnahm", so Springsteen, „und zwar die Suche nach Erlösung. In den zwanzig Jahren danach habe ich mich so sehr mit dem Thema auseinandergesetzt, wie es vielleicht nur ein guter katholischer Junge es tun kann." Sehr zufriedenstellende Kritik, enttäuschende Verkaufszahlen. Schon wieder. Für ein Label wie Columbia sind zwei erfolglose Alben ein mehr als ausreichendes Signal, um aus dem anfänglichen Enthusiasmus, in Rekordzeit den neuen Bob Dylan unter Vertrag genommen zu haben, halbherzige Duldung werden zu lassen. Und zwar so halbherzig, dass für *The Wild, The Innocent & The E Street Shuffle* keine Singles rauskommen. Gar nichts. Die Antwort ist dieselbe wie immer, wenn es Unentschlossenheit und Probleme gibt: mehr Live-Konzerte.

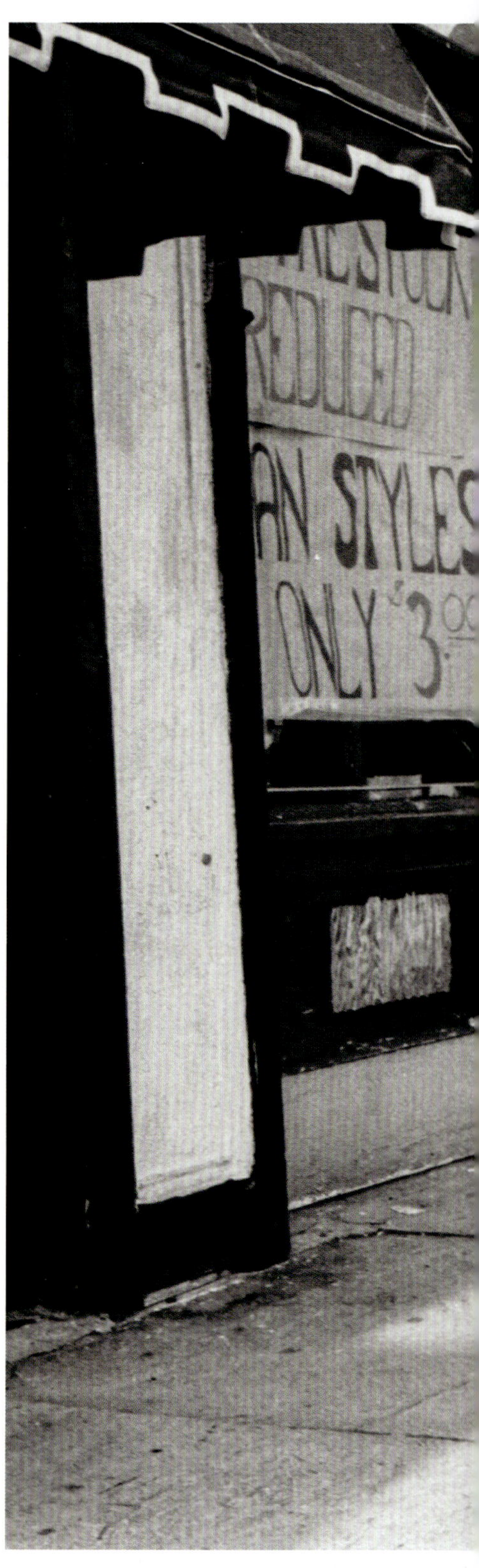

42-43 *Der heitere Künstler: Springsteen posiert an der Jersey Shore im August 1973.*

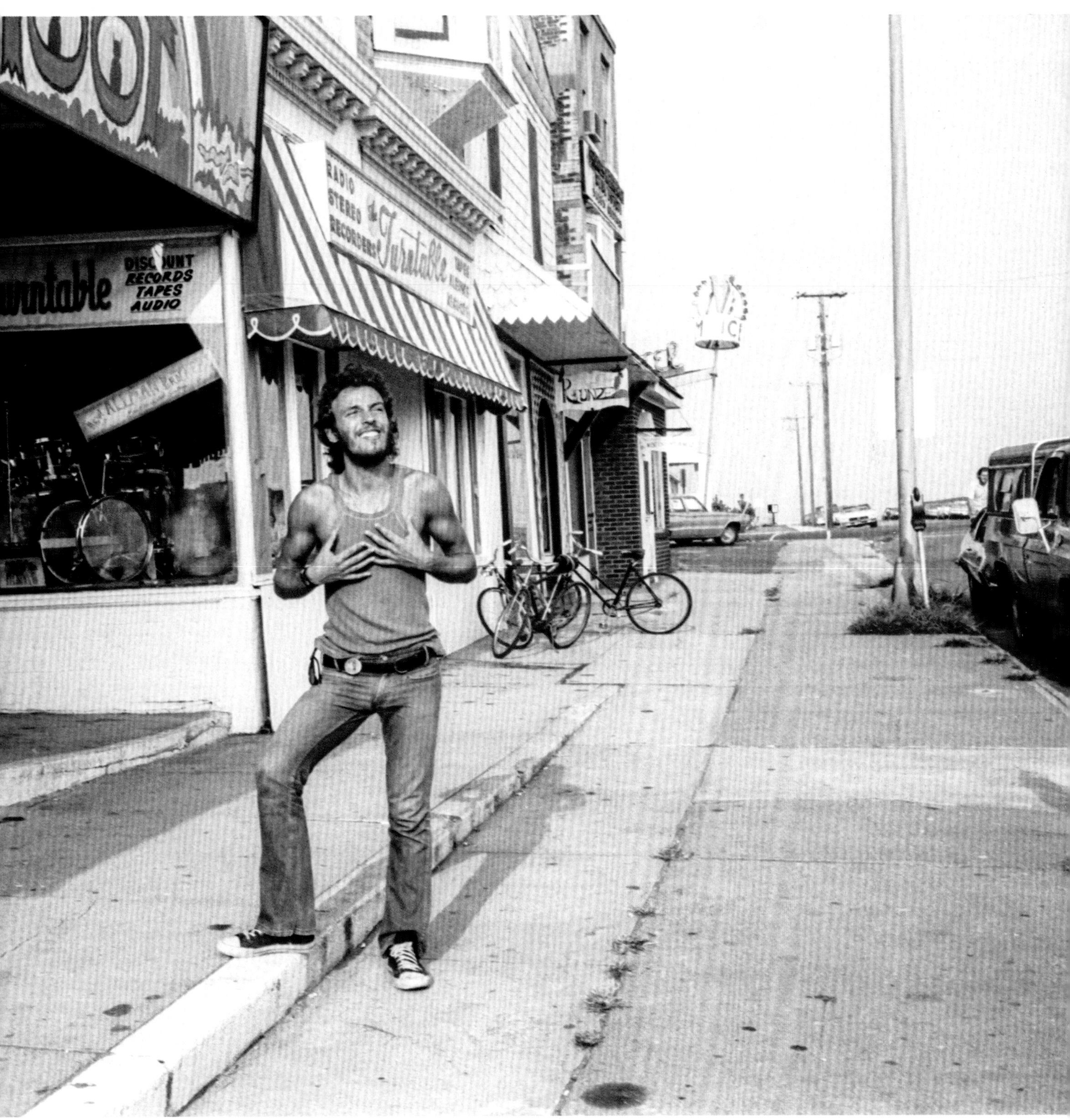
DISCOUNT
RECORDS
TAPES
AUDIO
RADIO
STEREO
RECORDERS
the Turntable

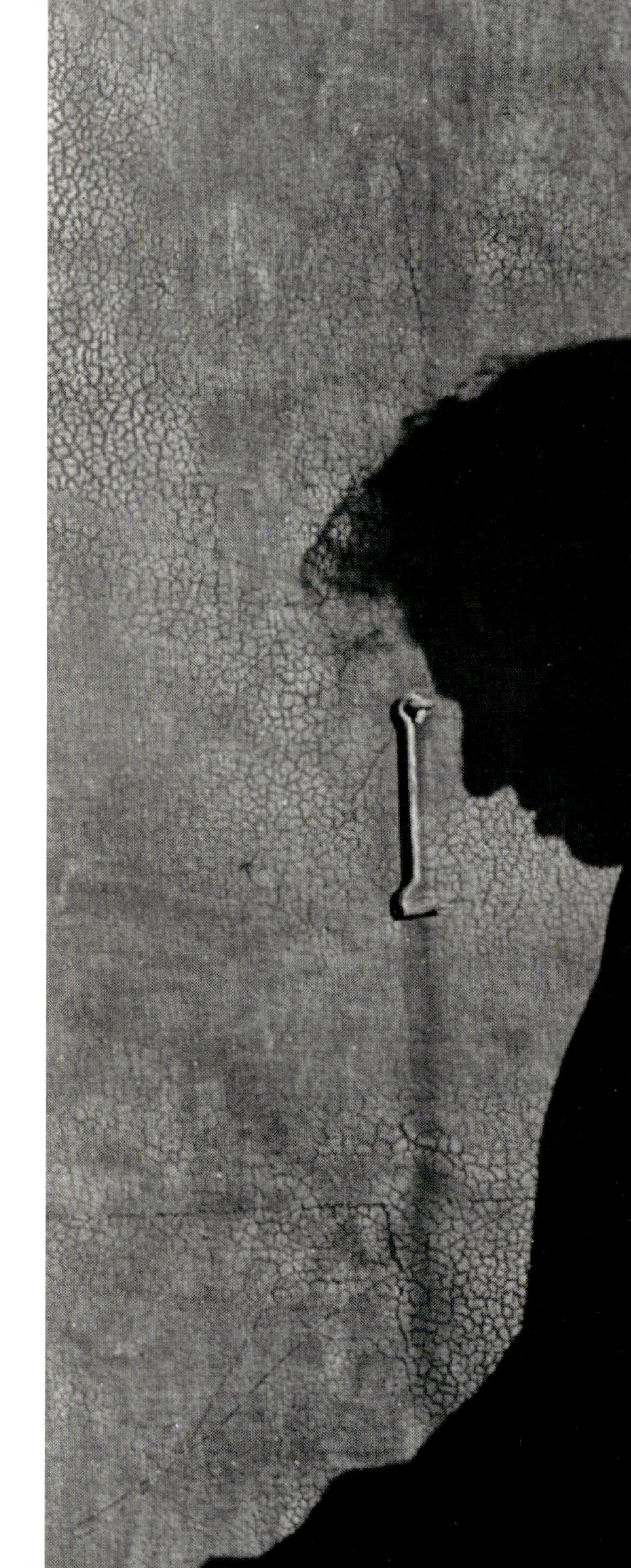

44-45 Eines der typischsten Porträts von Bruce Springsteen, fotografiert von Michael Ochs 1978.

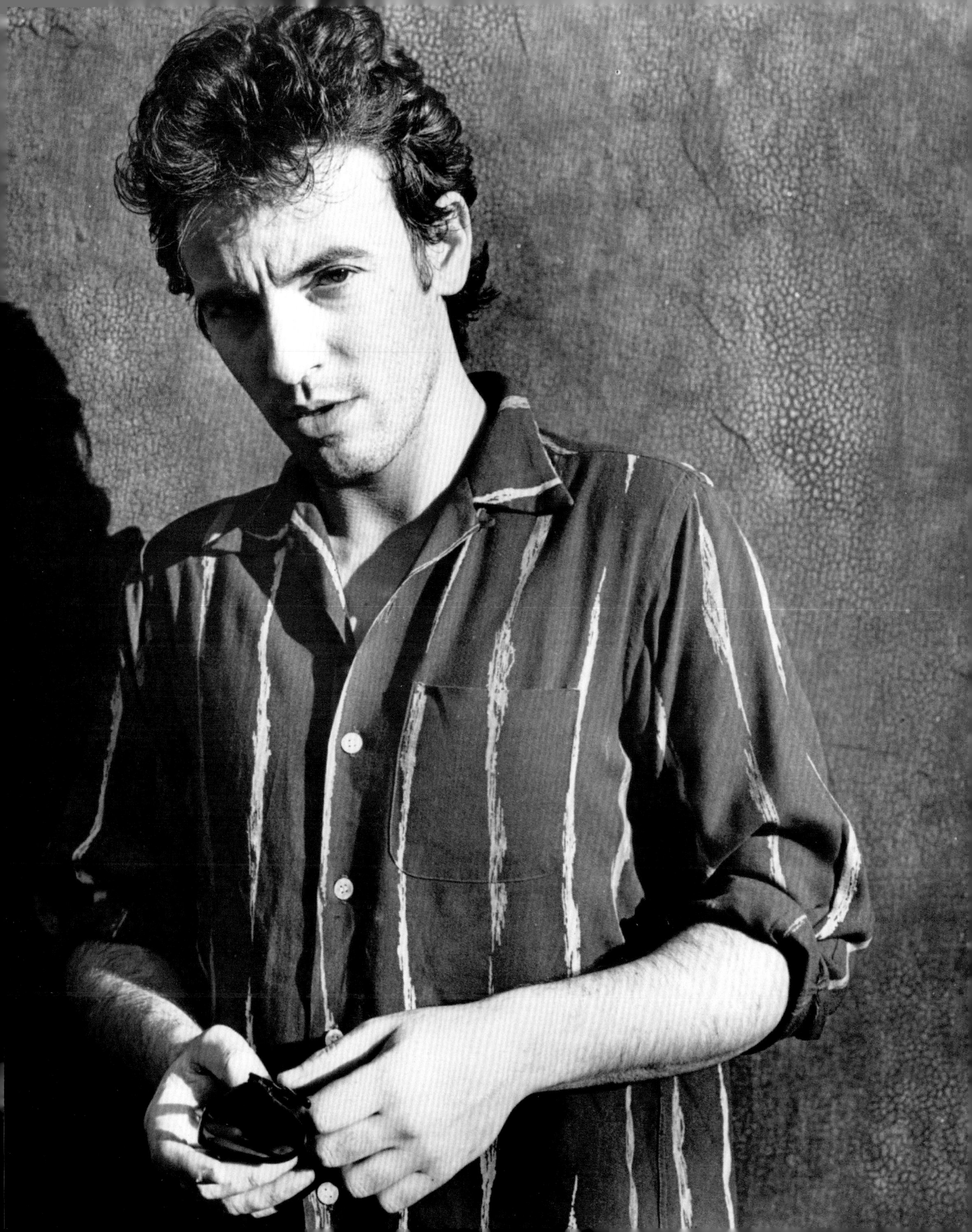

2

1974 - 1984
ZUM LAUFEN GEBOREN

BRUCE MIT GITARRE UND BAND WIRD FÜR IMMER „GEFANGENER DES **ROCK 'N' ROLL**"

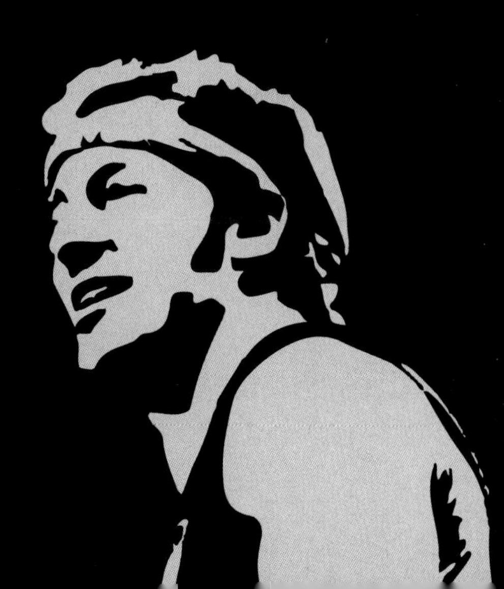

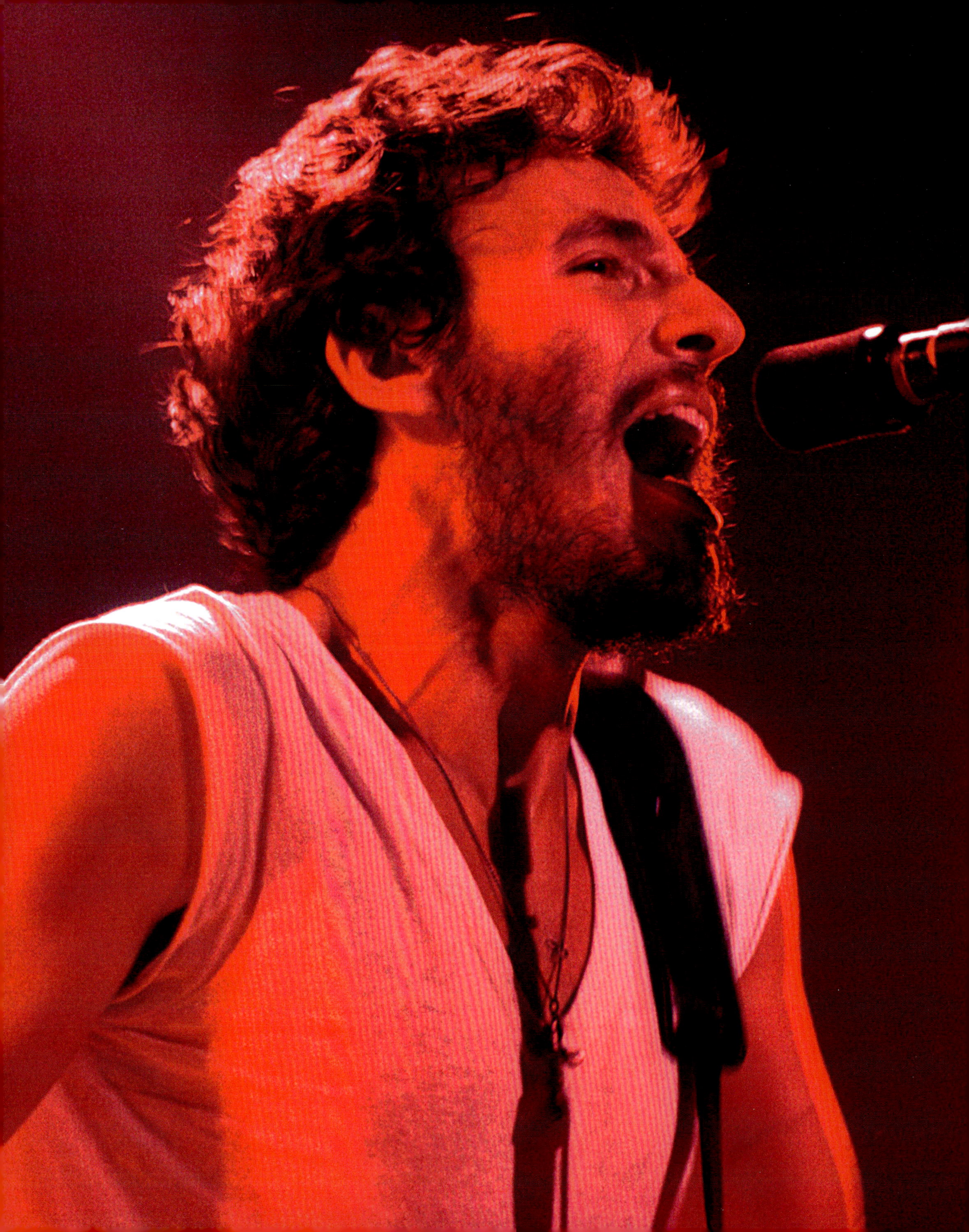

Es dauert zwei lange Jahre Arbeit seitens Mike Appel, um das Blatt zu wenden, zwei Jahre voller Konzerte, Sitzplätzen, die zu günstigen Preisen ergattert wurden, Erfolgsversprechen und wirklichen Marathon-Shows mit dem, was später zu Springsteens Markenzeichen werden sollte: weltliche Ereignisse mit einem Hauch katholischer Heiligkeit, temperiert durch Geschichten über Frauen, Sex und Rebellion. Auch ein neuer Schlagzeuger kommt hinzu, Ernest „Boom" Carter, der diesen Events einen ganz anderen Rhythmus verleiht, die über die damalige Vorstellung eines Rockkonzerts hinausgingen. Obwohl Springsteen bereits in der Gunst der Kritiker stand, schreibt Jon Landau, als er Springsteen am 9. Mai 1974 im Harvard Square Theater als Vorgruppe von Bonnie Raitt sieht und hört, ergriffen in *The Real Paper* die berühmtesten Worte seiner Karriere und eine der berühmtesten Anmerkungen in der gesamten Geschichte der Musikkritik: „Ich habe die Zukunft des Rock 'n' Roll gesehen und ihr Name ist Bruce Springsteen. An einem Abend, an dem ich mich jung fühlen wollte, gab er mir das Gefühl, zum ersten Mal Musik zu hören. Als die zwei Stunden seines Konzerts vorüber waren, war mein einziger Gedanke: Kann jemand so gut sein? Kann jemand in der Lage sein, mir so viel mitzuteilen? Kann Rock 'n' Roll so voller Kraft und Größe sein?"

Am 9. Mai 1974 sieht Jon Landau in Boston die „Zukunft des Rock 'n' Roll".

Jetzt kann sich wirklich alles ändern. Seit circa 6 Jahren betreibt Springsteen ernsthaft Musik. Er hat zwei Platten veröffentlicht, die wenig erfolgreich waren, aber eines steht fest: live klappt es. Damit also die Menschen die Platten kaufen, müssen sie ihn erst live gehört haben, und er muss sein Bestes geben. Anstatt immer noch bessere Musiker zu suchen, fängt er an, immer bessere Licht- und Tontechniker zu suchen. Die Konzerte machen einen echten Qualitätssprung, werden zu kolossalen Shows, bei denen nicht nur Springsteens Repertoire präsentiert wird, sondern auch Coversongs und Rock-Klassiker. Nach dem vielversprechenden Jahr 1972 und dem enttäuschenden Folgejahr ist das Jahr 1974 das Jahr der Live-Konzerte und endet mit 5 Abenden im Bottom Line in New York mit je 2 Abendshows. Zehn Konzerte (von der Sorte Bruce Springsteen) in fünf Tagen. Der weltweite Durchbruch mit der Bossmanie lässt noch 10 Jahre auf sich warten, aber genau hier wird der Grundstein gelegt. In diesem Kontext kommt 1975 *Born to Run* heraus.

Bis zu dem Moment war Springsteens Karriere immer eine Frage des Durchhaltevermögens gewesen, eine Art Musikmarathon, bei dem man viel spielen muss, sehr viel: mit unglaublich viel Energie und für ein immer größeres Publikum, das dabei half voranzukommen. Die Qualität war da, aber was alle beeindruckte, war die Quantität. Er war unermüdlich und ein echter Rock-Arbeiter, der, als *Born to Run* herauskam, auch begann, ein Künstler durch und durch zu werden: ein einzigartiger und tiefgründiger Songwriter, nicht nur ein heimlicher Rock 'n' Roll-Gott, sondern eine Stimme Amerikas, seiner Geschichte, seiner Kultur, seiner Träume und seiner Tränen, seiner Straßen und Gassen, seiner Großartigkeit und seines Zerfalls. Das Amerika des amerikanischen Traumes, aber auch des Gegenteils, das Amerika der ständigen Hoffnung auf Erlösung, Wiedergeburt und Möglichkeiten, das Amerika der Arbeiterklasse und der Tiefe, des Lebens und der Wahrheit, das Amerika der Besiegten und nicht nur der Sieger, das Amerika derer, die „zum Laufen geboren" sind, auch wenn sie ihr ganzes Leben in derselben Stadt verbracht haben und nur eine vage Vorstellung von der Welt haben.

Dieses Mal ist Jon Landau an seiner Seite, der vom Kritiker zum Freund, dann zum Produzenten und schließlich zum Manager wurde. Mit an Bord ist eine Band, die sich besonders während der Aufnahmen weiterentwickelt. Es gehen Ernest Carter, Vinnie Lopez und David Sancious, es kommen Roy Bittan und Max Weinberg und, man könnte sagen durch die Hintertür, denn er wird erst nach den Aufnahmen des Albums zur Band stoßen, in der er im Grunde nur als „Freund" auftaucht, Steve Van Zandt, der mit Tallent, Clemons und Federici der legendären E Street Band Gestalt gibt.

Van Zandt spielte zu der Zeit bei Southside Johnny And The Asbury Jukes und war Manager der Band; sie hatte genau den Sound, den Springsteen wollte, und so wurde er (im Studio als „Freund") gebeten, die Bläser zu führen und ihnen zu erklären, was sie wie machen sollten. Da es keine studierten Musiker waren, erfolgten diese Anweisungen in Form von stimmlicher Imitation dessen, was die Bandmitglieder machen sollten. Aber es funktionierte. Außerdem, erzählt Springsteen selbst, „rettete Van Zandt den Riff von *Born to Run*, indem er einen kleineren Akkord vorschlug, der buchstäblich die Karten auf dem Tisch veränderte.

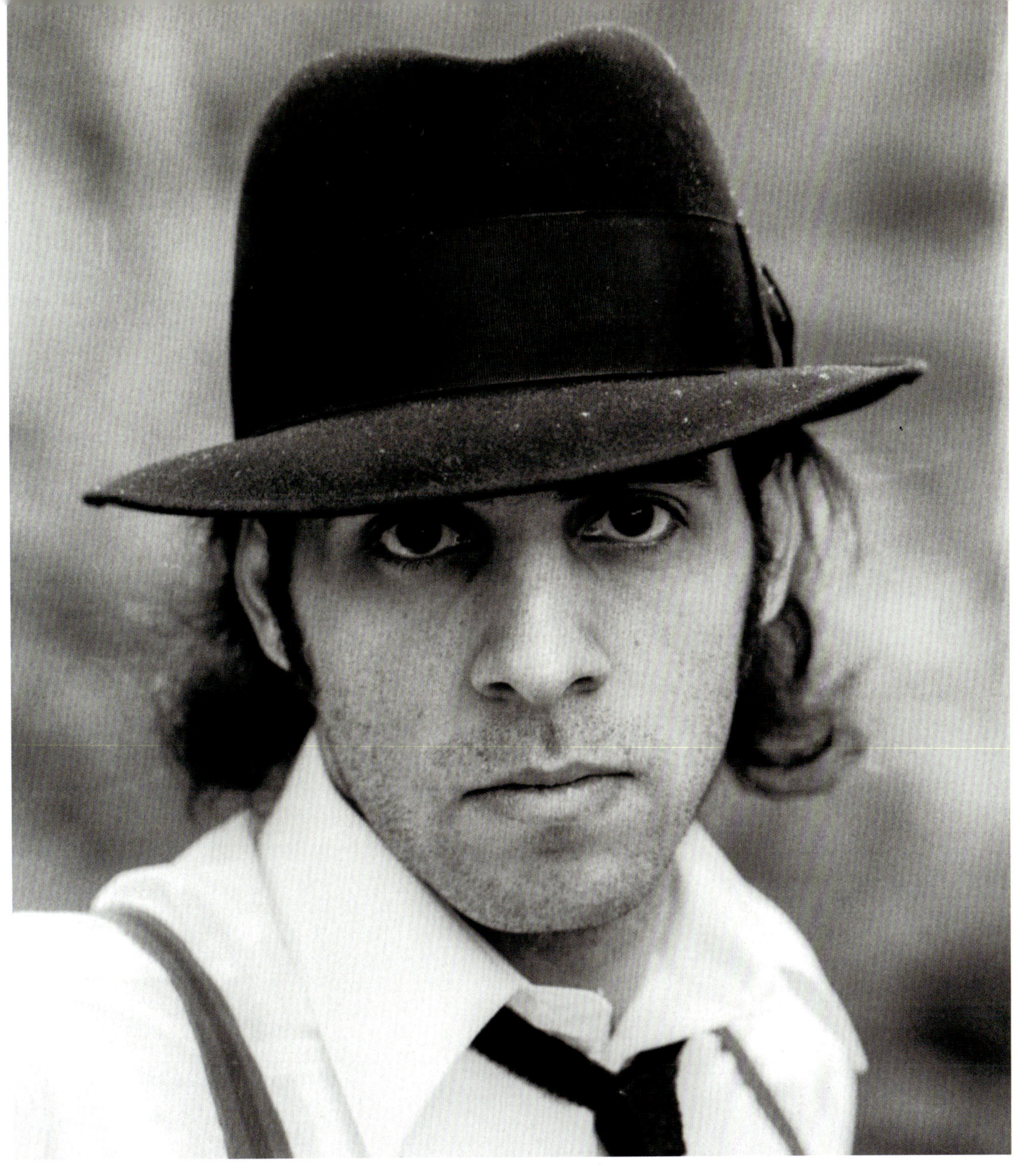

48 *Bruce Springsteen tritt am Trenton War Memorial in New Jersey im November 1974 auf.*

51 *Steve Van Zandt, Gitarrist und Sänger, fotografiert in Holmdel, New Jersey, am 17. Oktober 1979.*

Clarence nur ein großartiger und unfassbar guter schwarzer Saxofonist meiner Band", schreibt Springsteen in seiner Autobiografie. „Mit Veröffentlichung des Albums änderten sich die Dinge auch auf der Bühne ... es reichte aus, dass wir uns einander näherten und in die Mitte der Bühne gingen und das Publikum tobte." Clemons war der „Big Man on the Saxophone" geworden, der „Kaiser der E Street", der „Bruder", an den sich Bruce auf dem legendären Cover des Albums anlehnt. „Wir waren inkongruent", schreibt er, „fehlende Stücke eines alten unvollständigen Puzzles, zwei Hälften auf der verzweifelten Suche eines exzentrischen und unwiderstehlichen Ganzen." Die Beziehung zwischen den beiden sollte die Entwicklung der Band maßgeblich beeinflussen, aber auch die persönliche Weiterentwicklung Spingsteens.

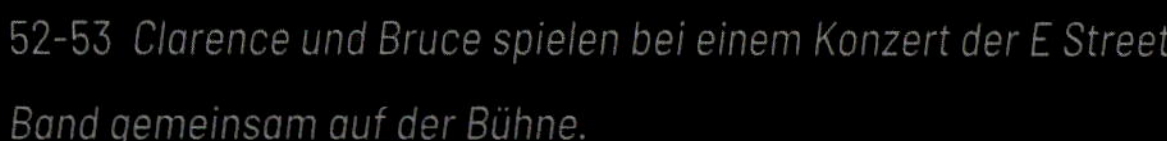

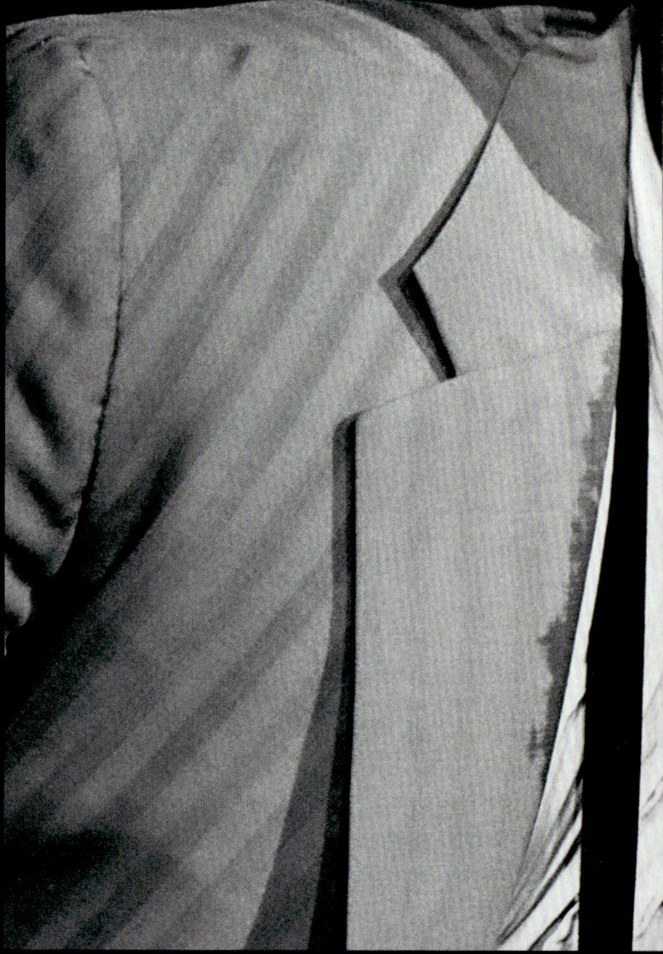

52-53 *Clarence und Bruce spielen bei einem Konzert der E Street Band gemeinsam auf der Bühne.*

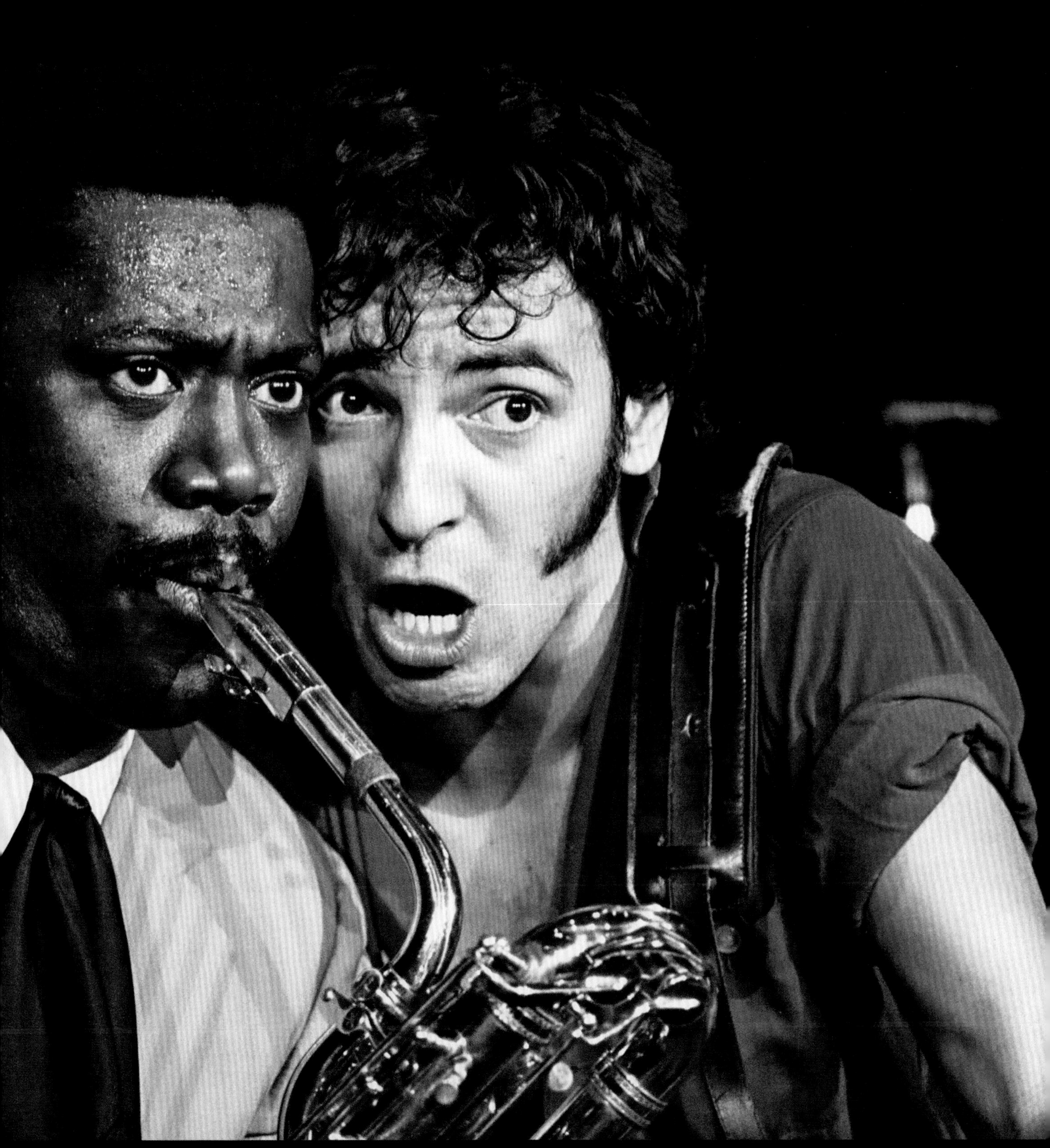

Alles ist perfekt, aber das bedeutet nicht, dass Bruce Springsteen zufrieden ist. Die Aufnahmesessions sind sehr anstrengend und die ersten Versionen des Albums schmeißt er erst auf die Straße und dann aus dem Fenster seines Hotelzimmers (in den Fluss). Erst die überraschende Veröffentlichung einiger Tracks durch Mike Appel und das hervorragende Feedback, das er erhielt, überzeugen Springsteen, das Album im August desselben Jahres zu veröffentlichen. Für die Aufnahme stehen ihm ein beträchtliches Budget und die letzte Chance zur Verfügung: Anfang Mai 1974 betritt er das Studio und kommt erst Ende Juni 1975 wieder heraus, circa 14 Monate später, von denen einige jeweils nur einem Song gewidmet wurden, darunter *Born to Run*. Aber es ist nicht ein Song, sondern *der* Song. Wenn es einen Song gibt, der ab 1975 für Springsteen steht, ist es *Born to Run*, mit seiner romantischen Epik, mit seinem Konzentrat aus Scheitern, Erlösung und Erfolg, mit seinem kleinen Leben, das dazu bestimmt ist, groß zu werden, aber auch ein Song gegen das Schicksal, die Bestimmung, die Gesellschaft, die Welt. Denn der Protagonist des Songs, bei dem alles auf Springsteen selbst hinweist und in dem sich täglich Millionen wiedererkennen, sowie dessen Wendy, beide Seelenwanderer, sind „zum Laufen geboren". Das ist die Essenz des romantischen Traums des Rock 'n' Roll, mit der Gitarre Springsteens, die den Sound der Band dominiert, die ihn stützt. Es ist der Song, der im Chor gesungen wird, wenn alles verloren zu gehen droht, es ist der Song, der bei den Konzerten von allen mitgesungen wird und eine Gemeinschaft zum Leben erweckt, in der alle Brüder und Schwestern sind, alle eine Hoffnung haben, alle wissen, dass das Leben – so schrecklich es auch sein mag – in vollen Zügen gelebt werden muss.

Scheitern, Erlösung und Erfolg – Bruce und seine „Wendy" in *Born to Run* sind wirklich zum Laufen geboren.

Man könnte sagen, es handelt sich um ein „concept album": Jede Seite beginnt mit Hymnen auf Flucht und Erlösung, wie *Thunder Road* und *Born to Run*, und jede Seite schließt mit Songs, die ein trauriges Ende haben, von Niederlage, Verlust, Betrug handeln, wie *Jungleland* und *Backstreets*. Und in diesem starken Kontrast zwischen Hoffnung und Scheitern, zwischen der unaufhaltsamen Lebendigkeit einiger Songs und der Verbitterung anderer, steckt die „Wahrheit" der Platte und deren Eigenschaft, ein riesiges Publikum anzusprechen. Hier verbirgt sich Springsteens „Wahrheit".

Das Album ist eine Art Konzentrat des alten und modernen Rocks: Bedenkt man, dass der Rock mit der Krise des Progressive und der Geburt des Punks an einem kritischen Punkt angelangt war, gelingt es Springsteen auch dem Rock selbst Rettung und Erlösung zu bieten. Er holt ihn aus den Abgründen der Effekthascherei, des Easy Listening oder des unnahbaren Progressive heraus und bringt ihn zurück auf die Straßen, inmitten von Blut, Schweiß und Tränen, Freude und Vergnügen, Sex und Sinnlichkeit. Und gibt es etwas Neues an all dem? Nein, aber wie Greil Marcus in seiner Rezension des Albums für *Rolling Stone* schreibt: „Das Drama zählt: Die Geschichten, die Springsteen erzählt, haben an sich nichts Neues, aber niemand hat sie je besser erzählt oder bedeutender gemacht."

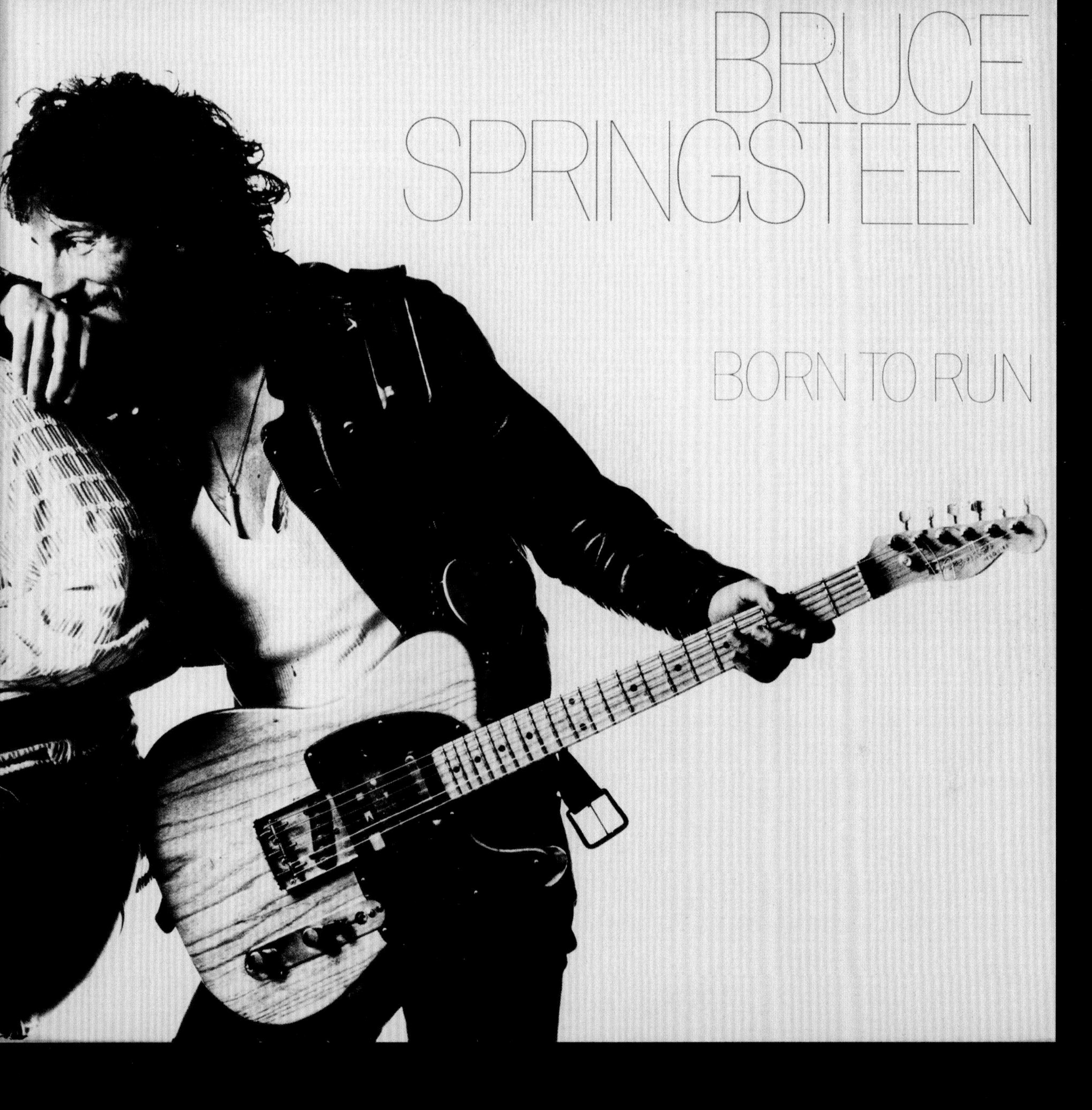
BRUCE
SPRINGSTEEN
BORN TO RUN

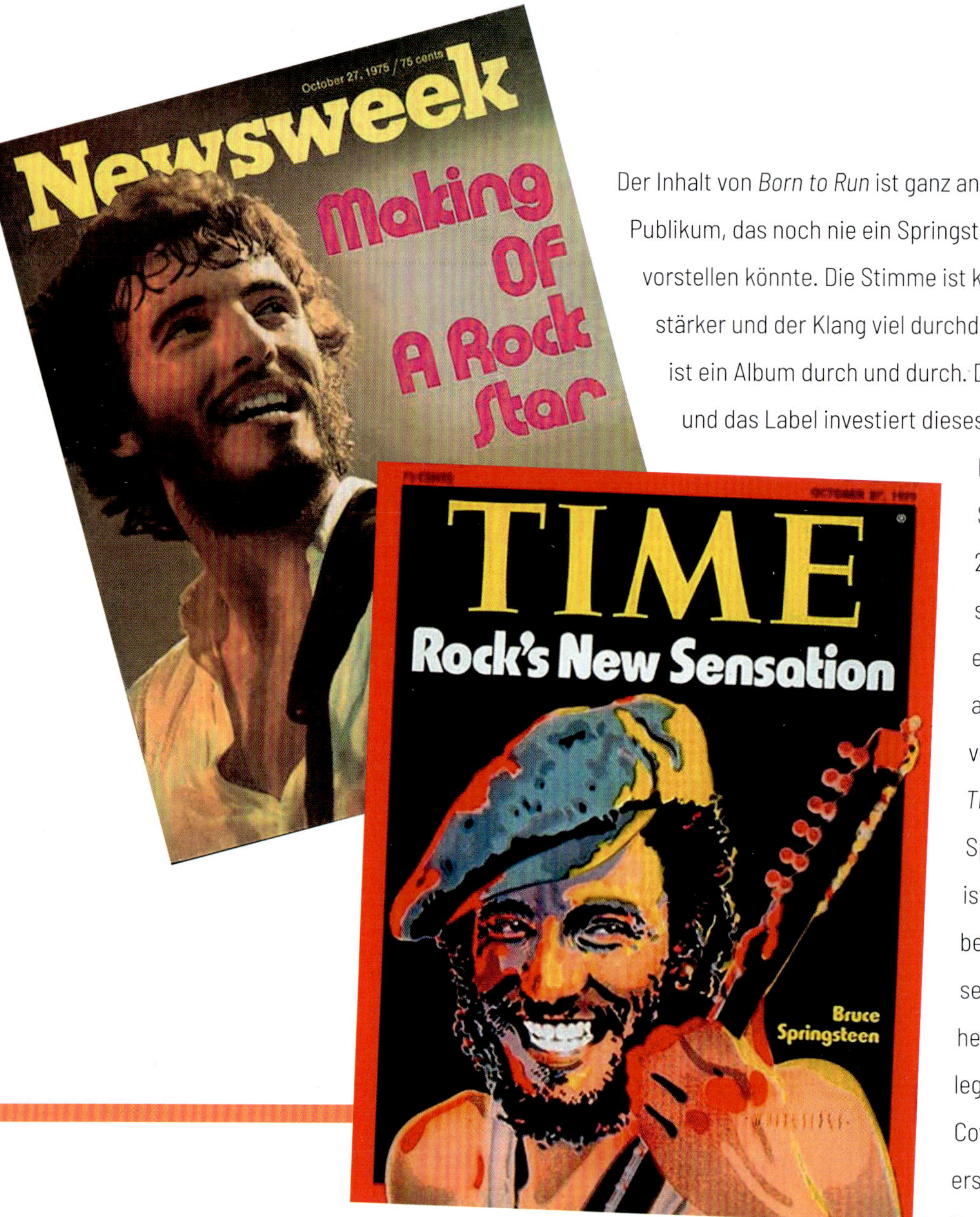

Der Inhalt von *Born to Run* ist ganz anders, als das, was ein Publikum, das noch nie ein Springsteen-Konzert besucht hat, sich vorstellen könnte. Die Stimme ist kämpferischer, die Emphase stärker und der Klang viel durchdachter und kalibrierter. Es ist ein Album durch und durch. Das erkennt auch Columbia und das Label investiert dieses Mal in die Veröffentlichung. Für die Promotion wird eine Summe in Höhe von damals 250.000 Dollar ausgegeben, sodass Springsteens Gesicht einfach überall zu sehen ist, auch auf dem berühmten Cover von *Newsweek* und danach *Time* (im selben Monat!). Die Springsteen-Ikonografie ist geboren und alle heute bekannten Charakteristika seiner Marke kristallisieren sich heraus. Dazu gehört auch seine legendärste Gitarre. Auf dem Cover dieses Albums wird sie erstmals verewigt, auch wenn sie ihn bereits seit einigen Jahren begleitet.

56 *Im Oktober 1975 widmen die zwei bekanntesten amerikanischen Magazine zeitgleich eine Ausgabe Springsteen, dem „neuen Phänomen" des Rock.*

57 *Die Fender „Hybrid" vom Boss 1971, mit einem Telecaster-Korpus und Esquire-Hals.*

Es handelt sich um eine Gitarre aus den 50er-Jahren, eine Hybrid-Gitarre von Fender, mit Telecaster-Korpus und Esquire-Hals, die er 1971 im Geschäft von Phil Petillo für 185 Dollar gekauft hatte. Es ist die Gitarre von „I've got this guitar and I've learned how to make it talk", die er für immer behalten wird, eine Art Fetisch, der immer wieder auf den Covers seiner Platten, in seinen Aufnahmen und natürlich live erscheint. Die Geschichte der Gitarre selbst, noch bevor sie Springsteen gehörte und sein Schicksal prägte, ist unglaublich. Sie wurde zuerst von David Eichelbaum gebaut, ein Fender-Experte, der sich lange damit beschäftigt hat, und dann selbiger Petillo, der sie verkauft und mehrere Male repariert hat. Eichelbaum meint, dass der Hals von einer Esquire mit nur einem Tonabnehmer stammte, eine Art Variante der klassischen Telecaster mit zwei Tonabnehmern, dem Etikett nach zu urteilen wahrscheinlich von 1957. Petillo hingegen behauptet, der Korpus stamme von einer Gitarre eines Musiklabels und zu Betrugszwecken umgestaltet worden sei. Sie besitzt vier Tonabnehmer und zwei Klinkenausgänge für die Aufnahme

auf getrennten Kanälen, um den Anschein zu erwecken, dass derselbe Musiker vier unterschiedliche Versionen desselben Solos aufnehmen würde und folglich höhere Einnahmen erzielt werden könnten. Um Platz für die zusätzliche Elektronik zu schaffen, war ein Großteil des Korpus unter dem Schlagbrett ausgehöhlt worden, sodass der Bereich nach Entfernung durch Petillo frei geblieben war. Die Telecaster an sich war bereits sehr leicht, aber ausgehöhlt war sie besonders leicht – eine Gitarre für Marathon-Konzerte, die fast so leicht wie eine akustische Gitarre ist und sogar unter Wasser gespielt werden kann. Denn Petillo hatte sie als Gitarrenbauer mit Silikondichtungen und Elementen aus Stahl und Titan praktisch wasserdicht gestaltet. Diese Gitarre wurde von 1973 bis 2005 immer wieder gespielt und malträtiert.

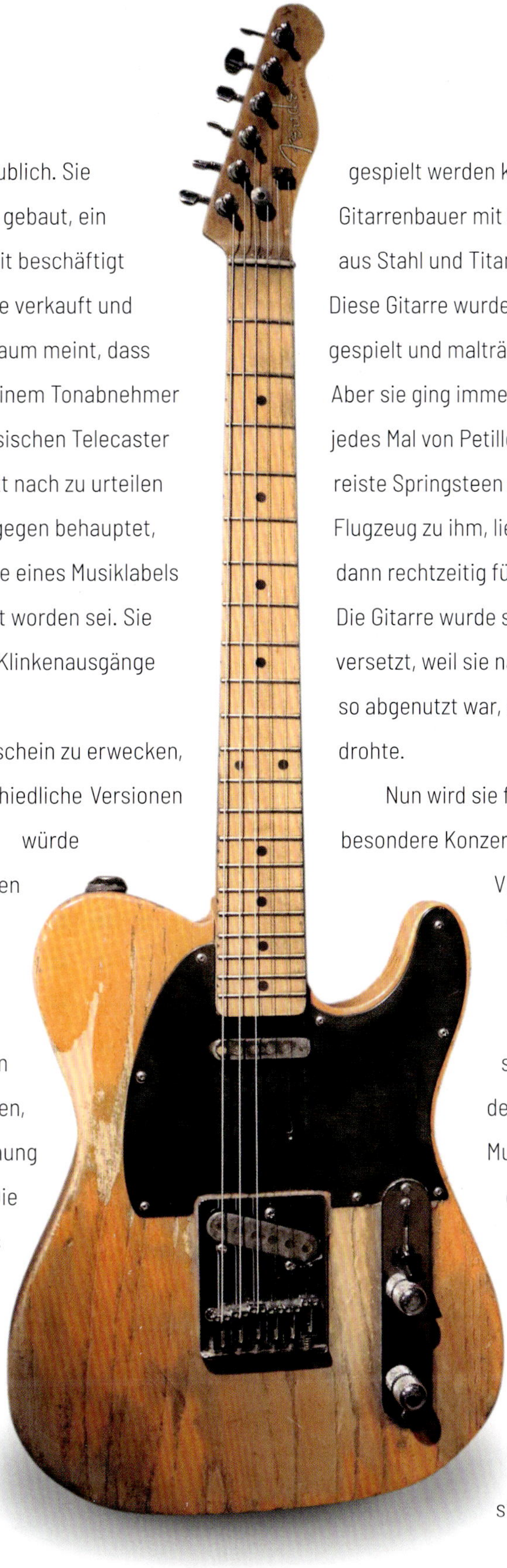

Aber sie ging immer wieder kaputt und wurde jedes Mal von Petillo repariert. Manchmal sogar reiste Springsteen mitten auf einer Tour allein per Flugzeug zu ihm, ließ sie reparieren und kehrte dann rechtzeitig für das nächste Konzert zurück. Die Gitarre wurde schließlich in den Ruhestand versetzt, weil sie nach einem Leben mit Springsteen so abgenutzt war, dass sie irreparabel zu werden drohte.

Nun wird sie für Aufnahmen und nur ganz besondere Konzerte genutzt.

Viele glauben, dass sie aufgrund ihrer Einzigartigkeit, ihrer Geschichte, der Art, wie Springsteen sie einsetzte, sowie ihrer Präsenz auf einigen der bekanntesten Bilder der Musikgeschichte die wertvollste Gitarre der Welt ist – zwischen 1 und 5 Millionen Dollar. Wenn sie doch zum Verkauf stünde. Glaubt man Springsteen, der das mehrfach bekräftigt hat, wird sie mit ihm ins Grab gehen.

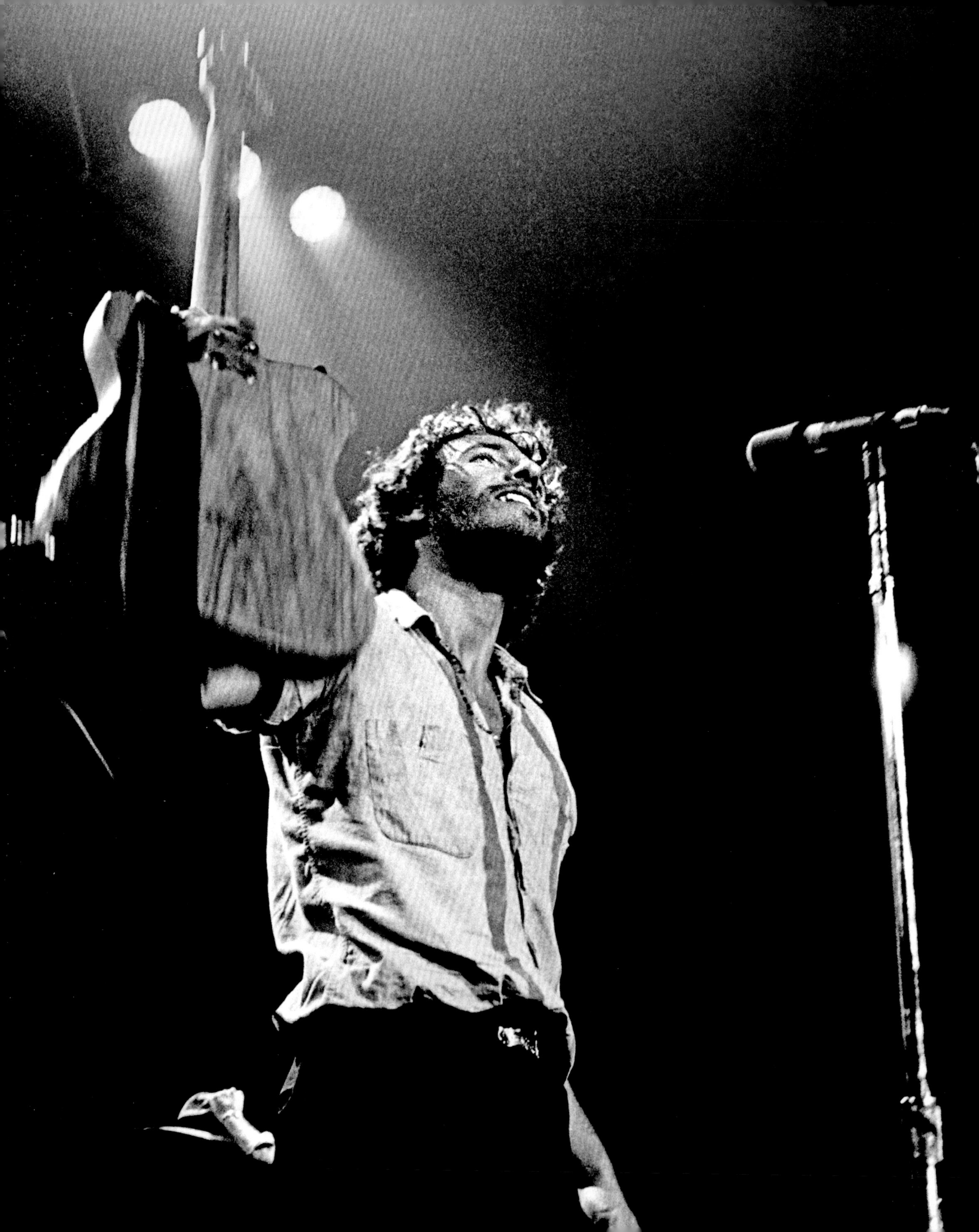

1975 ist das „Modell Springsteen" also eine Mischung aus schonungsloser Tour mit Marathon-Konzerten von 3 bis 4 Stunden Dauer, euphorischem Kritikerlob und enormer Investitionen der Musiklabels. Trotzdem ist das Ergebnis nur ansehnlich, aber noch nicht überwältigend. Eine Millionen verkaufter Platten und der dritte Platz in den Charts. Die Konzerte hingegen sind immer schneller ausverkauft. Es besteht ein deutliches Missverhältnis zwischen dem Erfolg der Platten und dem der Live-Auftritte, das ihn noch einige Jahre begleiten wird.

LIVE IST BRUCE EIN PHÄNOMEN:
Er betritt den Rock-Olymp
AUF DIREKTEM WEG.

Bis dato war Springsteens größtes Problem stets die Beziehung zu den anderen Musikern gewesen, dass sich die Bands wegen zu vieler Streitereien auflösten oder sich keine Personen fanden, mit denen er tatsächlich arbeiten konnte. Von nun an wurde sein Hauptproblem ein Leben als Star. Das sollte die größte Schwierigkeit in seiner voranschreitenden Karriere sein. Springsteen ist mit bestimmten Vorstellungen aufgewachsen, mit Rückgrat und einem Bild dessen, was Musik bedeutet und wie man dieses Handwerk ausübt, und ist zu einem Investment eines Musiklabels geworden, das sein Image teilweise verwaltet, um die Einnahmen zu maximieren. Und wenn er schon damals als leicht zu beeindruckendes Kind nicht mit den Nonnen zurechtkam, kommt er folglich im Alter von 26 Jahren garantiert nicht mit den Musiklabels zurecht.

58 *Eine Aufnahme von Springsteen auf der Bühne des Hammersmith Odeon in London beim ersten Konzert der E Street Band außerhalb der USA.*

IM NOVEMBER 1975 WIRD SPRINGSTEEN IN LONDON ERWARTET.

Die erste Sensation erfolgt im November in London, anlässlich der Konzerte im Hammersmith Odeon. Columbia hat ohne sein Wissen überall in der Stadt Plakate mit folgender Aufschrift aufgehängt: „London ist bereit für Bruce Springsteen". Sie setzen ihn unter Druck und behandeln ihn wie einen der vielen Musiker, die Tag und Nacht mit einer Promotion missbraucht werden, die er nicht kontrolliert. Springsteen reißt alle Plakate ab, die ihm begegnen, und spielt einen guten Teil seines Konzerts mit dem Rücken zum Publikum. Daraufhin ist er für seine Persönlichkeit bekannt geworden und jetzt lernen sie auch die Labels kennen. Im Übrigen erfährt er in dieser Zeit auch den wirklichen Wert von Geld.

60-61 *Bruce Springsteen schaut die Ankündigung seines Konzerts über dem Eingang zum Hammersmith Odeon in London vor seinem ersten Konzert in England am 18. November 1975 an.*

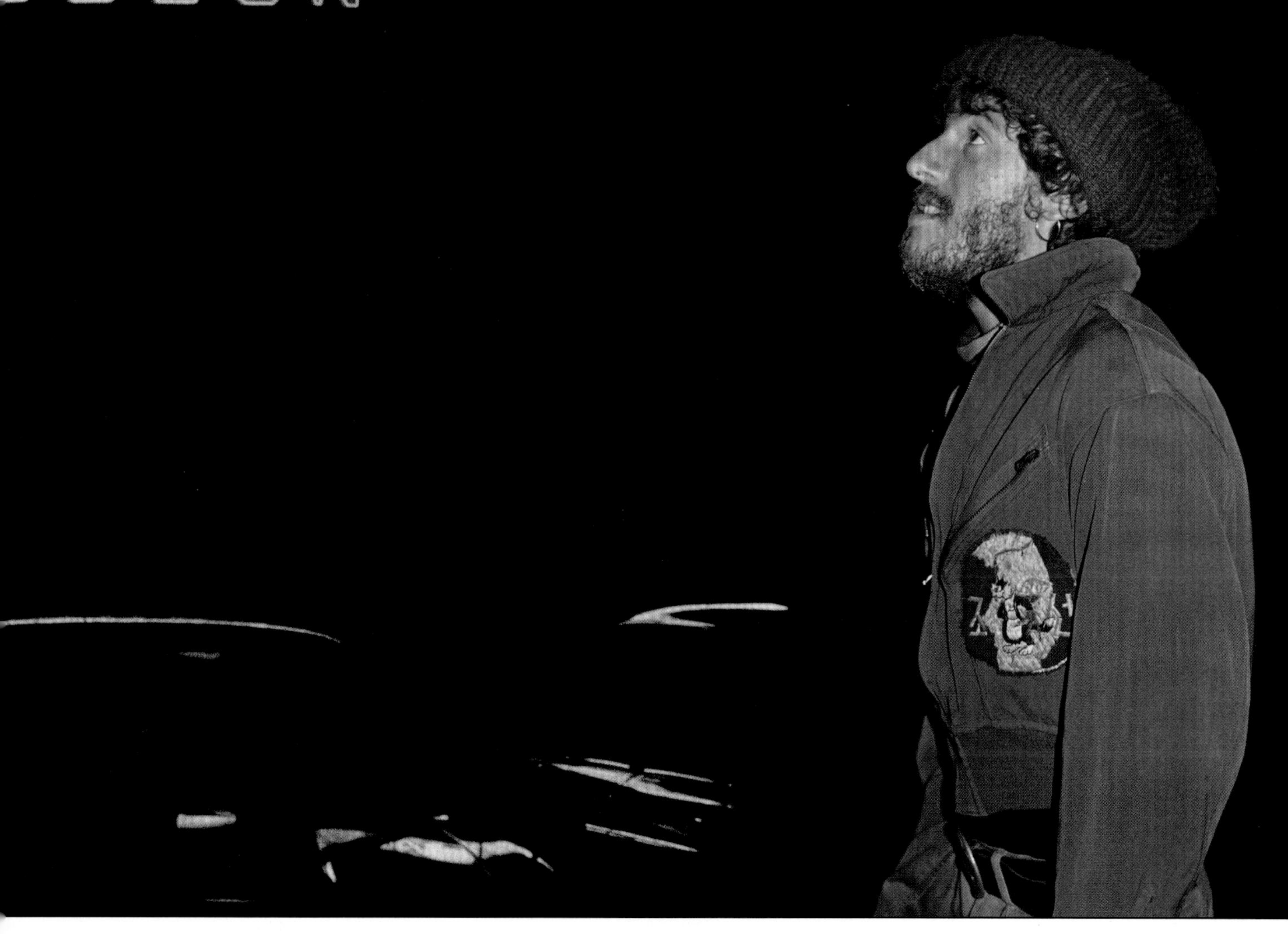
DON IS READY FOR
PRINGSTEEN
STREET BAND
ODEON

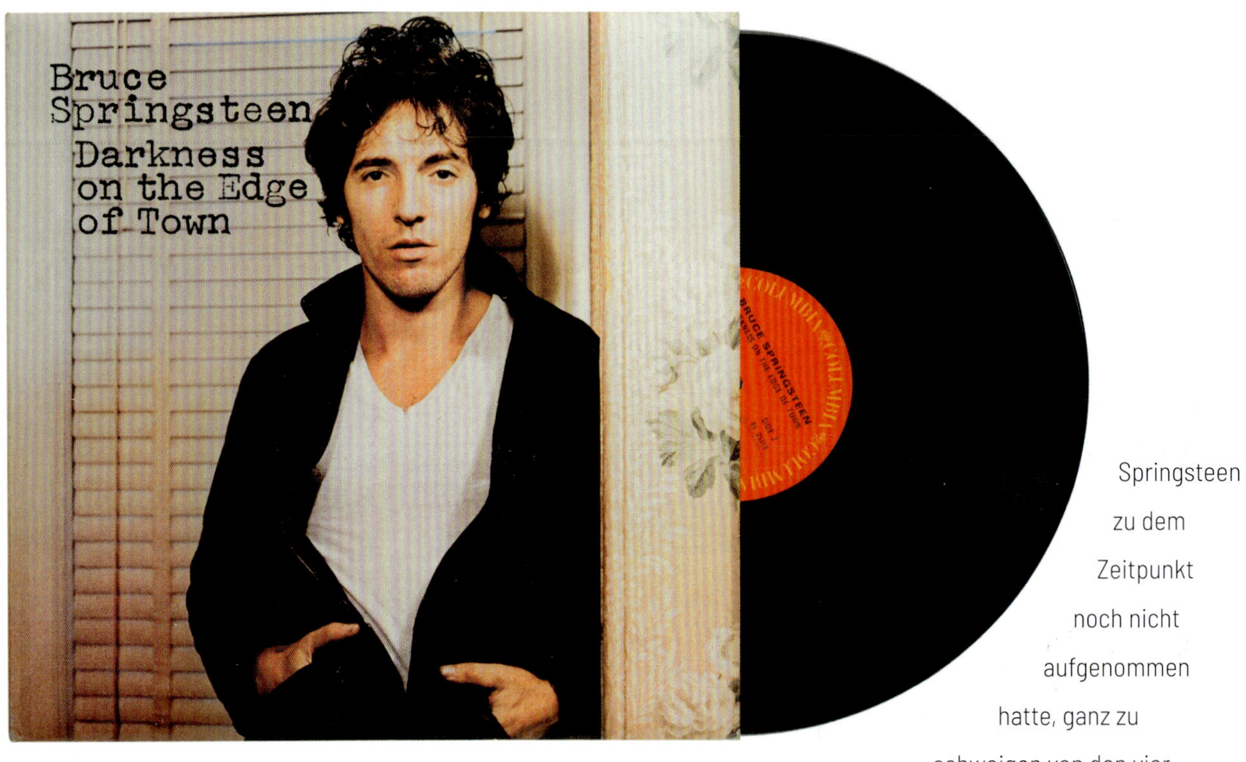

Auch wenn er inzwischen ein erfolgreicher und bekannter Musiker ist und auf den Titelseiten landet, verdient er wegen des vor Jahren abgeschlossenen Vertrags noch 350 Dollar pro Woche. Er hat gerade einmal ein paar Tausend Dollar mehr auf der Bank. So kommt es, dass er erstmals seinen Vertrag mit Columbia liest. Es folgt ein Rechtsstreit mit Michael Appel, der ihm für 10 Monate und ein Jahr den Zutritt zu den Aufnahmestudios verwehrt. Aber das macht wenig aus und so spielt er 1976 noch mehr Live-Konzerte, sodass er danach so viele neue Ideen hat, dass sie gar nicht auf seine Platten passen. Seit Ende der 70er-Jahre hatte Springsteen begonnen, auch für andere zu schreiben: Manfred Mann's Earth Band überarbeitet *Blinded by the Light* 1977, ein Jahr später bekommt Patti Smith gewissermaßen *Because the Night* geschenkt, im Jahr darauf spielen die *Pointer Sisters Fire*, das Springsteen zu dem Zeitpunkt noch nicht aufgenommen hatte, ganz zu schweigen von den vier Stücken für Southside Johnny & The Asbury Jukes von Van Zandt.

Eine weitere Konsequenz des Rechtsstreits ist natürlich ein Wechsel des Managements, und nach einigen inoffiziellen Jahren unterschreibt 1975 Landau den Vertrag mit Bruce und wird 1977 offiziell zu seinem Manager. Zur Feier beginnen sie mit den Aufnahmen von *Darkness On The Edge Of Town*: Es ist ein weniger üppiges Album als das vorherige, düsterer und dunkler, steckt aber voller Klassiker. Um Bruce herum verändert sich alles, nicht nur für ihn selbst – wegen des Erfolgs und seines großen Publikums –, sondern auch in der Musik.

Der Punk ist explodiert, der Rock ist wieder einmal „tot", der New Wave kommt und Springsteen weiß das und er weiß auch, dass er das Ende einer Welt nicht ignorieren

1978

kann, nämlich die der 70er-Jahre, mit dem Scheitern der Jugendkultur, die davon träumte, die Welt zu verändern und der es nicht gelang. Im Punk wird zynisch das Ausbleiben einer Zukunft besungen, andere zeichnen die Welt und Musik schwarz und reduzieren sie auf das Wesentliche und entziehen ihr jegliche Ausschmückung. Springsteen reagiert auf seine Weise und sucht „die Finsternis am Rande der Stadt", ein perfekter Titel, um seine Welt in die neue zu überführen. *Darkness* ... ist ein Meisterstück, eine grandiose und tiefgründige Platte, angefangen bei *Badlands*, mit dem das Album eröffnet wird und zum Höhenflug verhilft – eine glorreiche Hymne auf Freiheit, Rebellion und Glauben: „Ich glaube an die Liebe, die du mir gabst, ich glaube an den Glauben, der mich retten kann, ich glaube an die Hoffnung und ich bete, dass mich das eines Tages über dieses Ödland erheben kann." Der Song wird im Chor gesungen, damit er echt wirkt, wie ein Gebet. Er wurde damals 1978 gesungen und auch heute noch wird er mit Bruce auf den Konzerten gesungen, weil es nie wahr wird, weil das Leben betrügt, aber die Hoffnung bleibt. Und es beinhaltet eine ganze Reihe an Meisterwerken, erstmals mit der E Street Band in voller Stärke, mit Jon Landau als Produzent und Jimmy Jovine als Toningenieur, der die „wall of sound" von *Born to Run* hinter sich lässt und übergeht zu einem Klang, der seinesgleichen sucht: kompakt, pulsierend, essenziell. So geht es vom „Pop" von *Prove It All Night* zur bewegenden Romantik von *Something in the Night*, von der angekündigten Zukunft aus *Promised Land* zu jener verlorenen aus *Racing in the Street*, über die biblische Geschichte von *Adam raised a Cain* hin zur bitteren und sehr düsteren Geschichte in *Darkness On The Edge Of Town*. Er schreibt eine ganze Fülle an Songs in dieser Zeit, nimmt zahlreiche auf und verwirft viele wieder. Schließlich entscheidet er sogar, *Because the Night* nicht auf das Album zu nehmen, und verwirft den Song. Das erscheint schier unglaublich. Der Song wird von Patti Smith „gerettet", die ihn in die berühmteste und beliebteste Single verwandelt, indem sie einige Textpassagen ändert.

62 *Das Cover von „Darkness On The Edge Of Town", das von Springsteen 1978 veröffentlichte Album.*

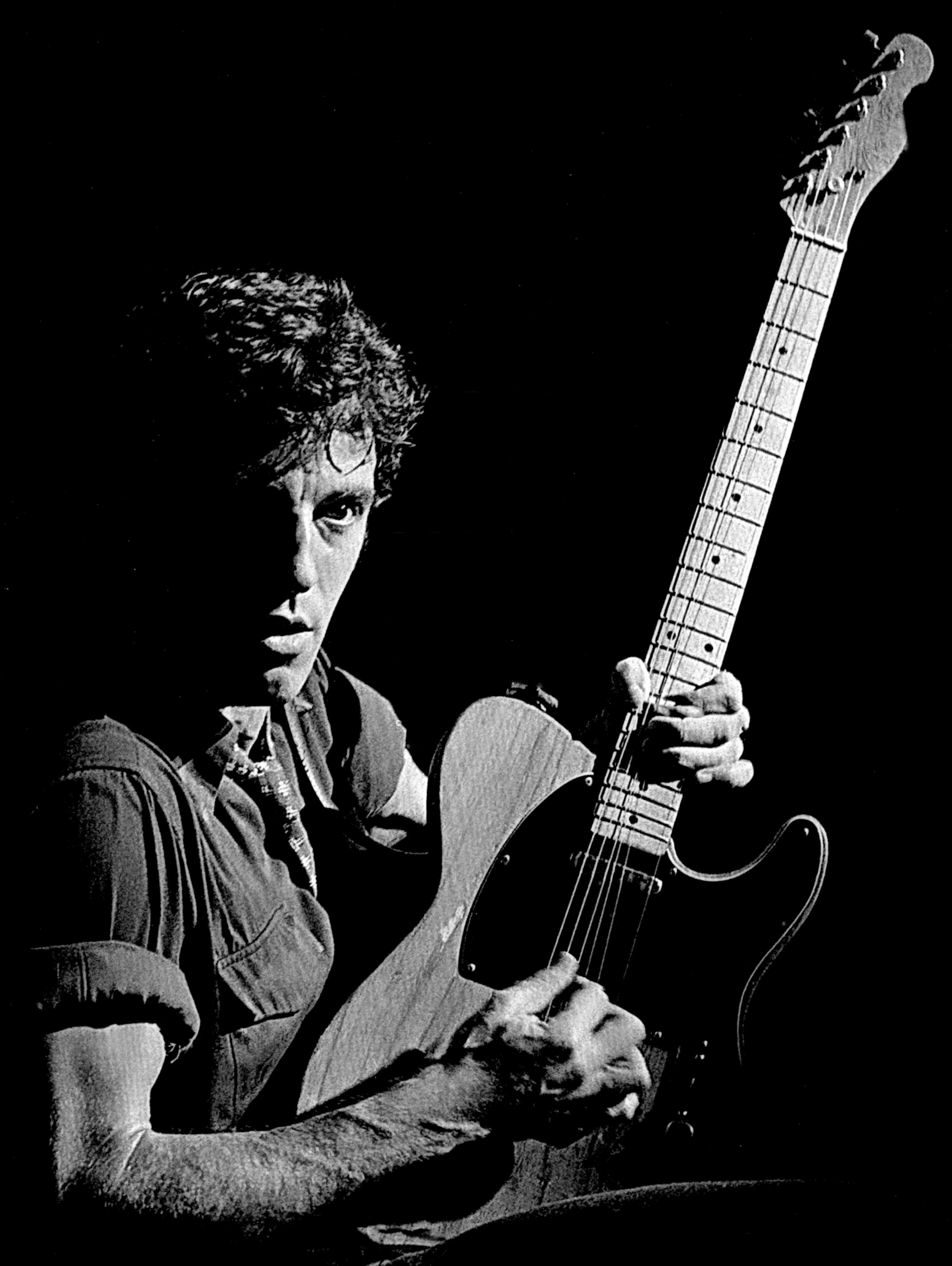

„ICH GLAUBE AN DIE LIEBE, DIE DU MIR GABST, ICH GLAUBE AN DEN GLAUBEN, DER MICH RETTEN KANN, ICH GLAUBE AN DIE HOFFNUNG."

64 *Bruce Springsteen spielt am 1. November 1978 mit der E Street Band im Fox Theater in Atlanta in Georgia.*

sind es 83 Termine und 118 fast vierstündige Konzerte. Es ist eine wahre Nagelprobe für Fitness und Ausdauer, wie man es in der Zeit nur selten sieht und sie endet in der Silvesternacht 1979. Springsteen beendet die 70er-Jahre – seine und die des Rock – mit einer Show in Cleveland mit dem Höhepunkt, dass er selbst auf einem 8 Meter hohen Stapel aus Lautsprechern tanzt, während er den Satz schreit: „Ich bin nur ein Gefangener des Rock 'n' Roll." Es ist der erste Akt dieser Zeit exponentiellen Wachstums, die schließlich in einer Live-Sammlung verewigt wird, welche die gesamte Zeit zwischen 1975 und 1985 nicht nur von Springsteen, sondern auch der Geschichte des Rocks dokumentiert (und auch mit einem Mal die Dutzend Bootlegs, die in der Zwischenzeit veröffentlicht wurden, begräbt). Auf gewisse Weise markieren diese 10 Jahre eine Art Goldstandard in Sachen Live-Performance, der von da an zum Maßstab aller wird.

Die 70er-Jahre enden mit überaus erfolgreichen Auftritten: ein goldenes Jahrzehnt für seine Konzerte.

67 *Springsteen sitzt auf einem Verstärker auf der Bühne des Ahoy in Rotterdam am 29. April 1981.*

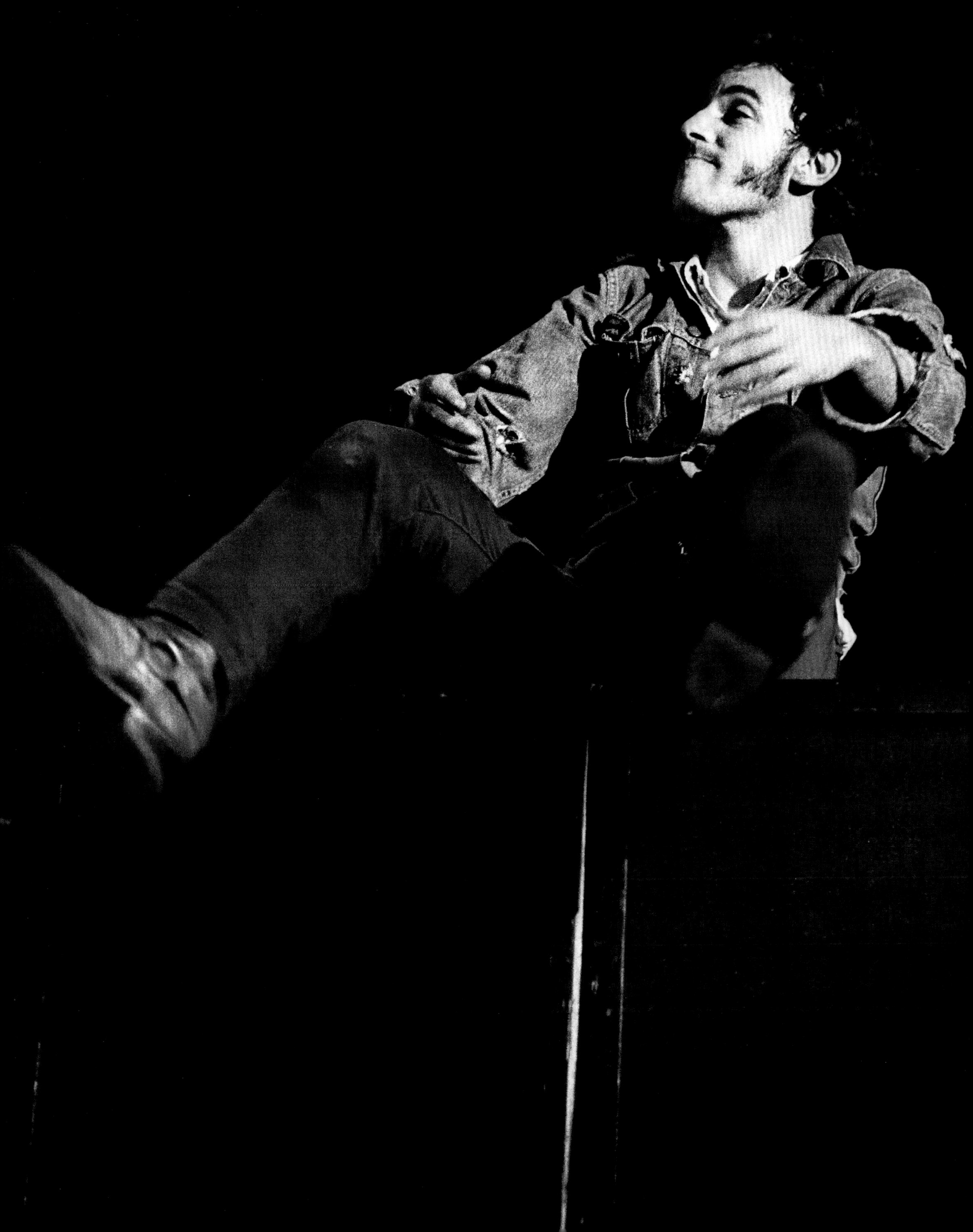

Bruce Springsteen nimmt keine Drogen. So lautete zumindest immer seine Aussage und niemand hat es je dementiert. Keine harten Drogen, keine leichten Drogen. Er ist folgender Typ Person: „Das Leben ist meine Droge" oder „Die echte Party findet auf der Bühne statt". Im Unterschied zu vielen anderen hat er aber gezeigt, was es bedeutet, ständig auf höchstem Niveau von dieser Droge zu nehmen, und ebenso im Gegensatz zu vielen anderen war er sehr hart zu jedem in der Band und seinem Personal, der ihn von seiner Tour oder seinen musikalischen Verpflichtungen hätte ablenken können. Das heißt, wer von den Musikern Drogen nehmen wollte, musste es heimlich tun. Tatsächlich kam Springsteen während der Tour *Darkness On The Edge Of Town* einmal kurz vor einem Konzert in Boston überraschend in den Bus von Clarence Clemons, bekannt als der „party bus" (Springsteens Bus hingegen galt als der „quiet bus") und ertappte einige Bandmitglieder, als sie gerade Kokain schnüffeln wollten. Er kam trocken wieder raus: „Wenn ich noch einmal dieses Scheißzeug sehe, ist es mir egal, wer der Verantwortliche ist, aber dann fliegt er aus der Band." Und er meinte es ernst. Er war bereit, auch die bedeutendsten und langjährigen Bandmitglieder wegen einer ähnlichen Sache rauszuschmeißen.

Er nahm keine Drogen, aber er war lange, sehr lange, abhängig von Frauen. Sehr viele Frauen. Nicht nur das Verhältnis mit ihnen an sich, sondern auch das Reden darüber. Für ihn war es normal über seine sexuelle Leistung, seine Lust zu sprechen, es nochmals zu erzählen und dann zu anderem überzugehen.

69 *Ein Porträt von Springsteen in einer Probenpause vor dem Konzert im Alex Cooley's Electric Ballroom in Atlanta am 22. August 1975.*

So wird er 1979 von einer Exfreundin auf 3 Millionen Dollar verklagt, die er auf der Bühne schlecht behandelt hat. Der Prozess ist kurz. Die Summe wird eilig bezahlt. Es war auf der Bühne im Rahmen der Konzertreihe *No Nukes* passiert, die ersten großen Anti-Atom-Konzerte weltweit, die Jackson Browne am Tag nach dem Brand im Kernkraftwerk Three Mile Island angeregt hatte, der schwerste Reaktorunfall in der US-Geschichte.

Zufällig sind die Konzerte der *No Nukes* auch die Geburtsstunde eines ethischen und staatsbürgerlichen Bewusstseins für Springsteen. In seinen Songs steckte schon immer eine Form von Individualismus, die es erlaubte, soziale Statements im Gegenlicht zu betrachten. *No Nukes* hingegen markiert den Auftakt einer langen Reihe öffentlicher Auftritte zugunsten der eigenen Ideale. Es ist ein langer Weg, der erst nach 2000 in offenes politisches Engagement mündet. Ansonsten wird wie alles andere auch in Springsteens Leben das Engagement auf der Bühne gemessen – die einzige Sprache, die er wirklich kennt, beherrscht und die einzige, mit der er sich ausdrücken kann. Obwohl seine Songs immer zuerst auf einem Studioalbum erscheinen, zeigt sich erst danach bei den Live-Konzerten, was Springsteen zu jedem Thema tatsächlich zu sagen hat. Auch seine Songs mit den bedeutendsten Texten werden erst schonungslos, wenn sie in einem Konzert gespielt und gehört werden.

Aus der Konzertreihe *No Nukes* entsteht ein Dokumentarfilm, der auch die erste offizielle audiovisuelle Aufnahme seiner berüchtigten Shows ist. Er wird wie die Hochzeit von Königin Elisabeth II. und Prinz Philip weltweit ausgestrahlt und zum ersten Mal sehen Menschen auf der ganzen Welt das bedeutendste Mitglied der Rock-Königsfamilie bei dem Akt, der ihn adelt.

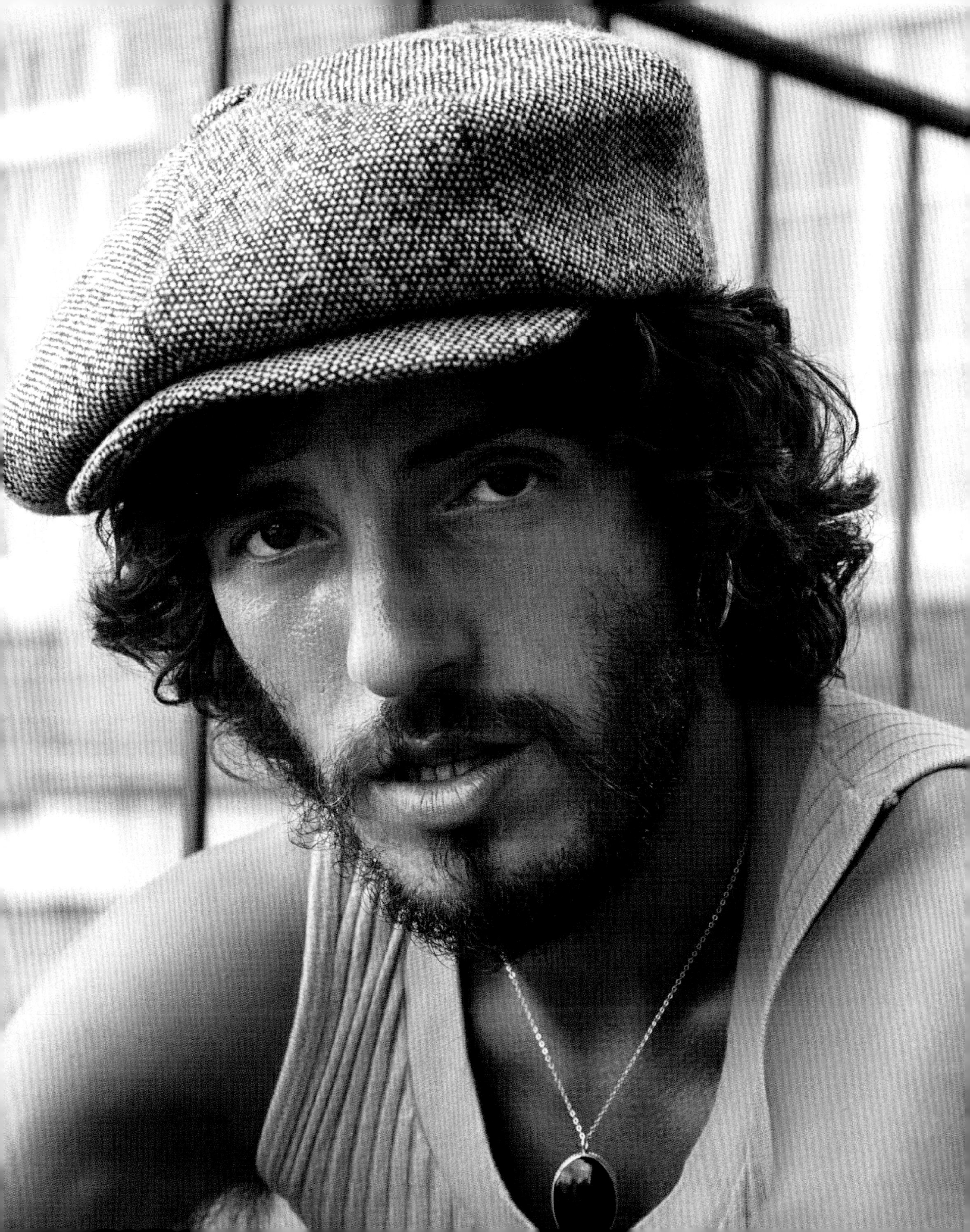

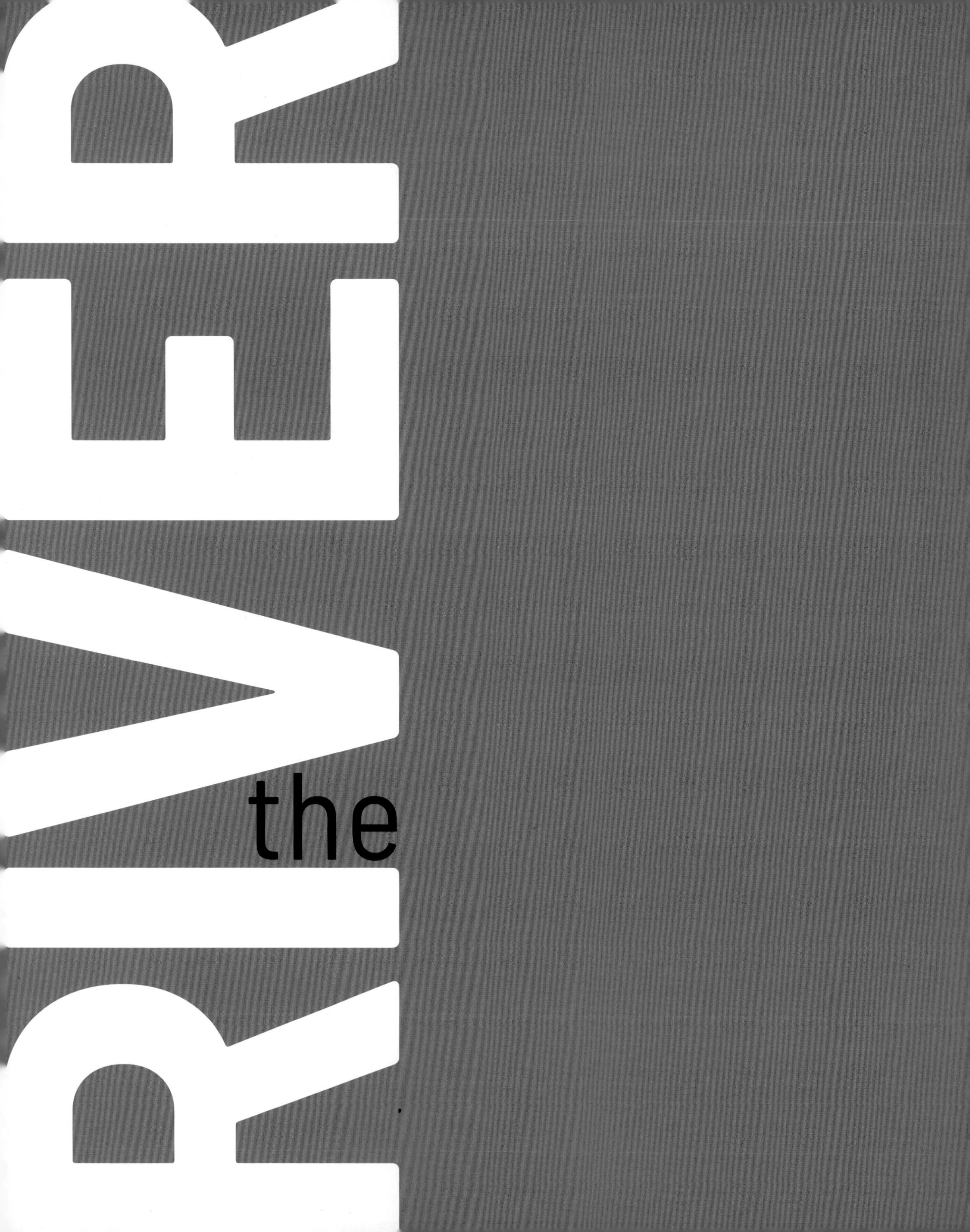
the
RIVER

1980

Das Mantra des nun anbrechenden Jahrzehnts für Springsteen ist eine düstere und zunehmend einsame Karriere auf Reisen einerseits, geprägt von Live-Auftritten mit zunehmender Größe, Frequenz, Reichweite, Medienecho sowie mit Benefizkonzerten und einem Privatleben, auf der Suche nach Ausgleich, den er nicht findet. Wie immer drückt sich all das auf der Bühne oder während eines Live-Konzerts aus, wird dort erzählt oder entsteht dort. Springsteens Leben spielt sich zunehmend dort ab, auf seinen weltweiten Reisen und weniger zu Hause, das er zu der Zeit im Übrigen gar nicht besitzt, obwohl er Millionär ist.

1980 BEGINNT MIT EINEM DOPPELALBUM, „THE RIVER", EIN POLITISCHES MEISTERSTÜCK VOLLER LEIDENSCHAFT, ROCK UND GEFÜHL.

Das Jahr 1980 beginnt mit dem Album *The River*, bestehend aus 20 von einer klaren politischen Vision geprägten Stücken, sowie erstmals mit einer Tour nach Australien (wo er wie ein Gott empfangen wird) und nach Japan (wo er die Dauer seiner Konzerte verkürzen muss, weil jedes Event dort um 9 Uhr abends enden muss). Es ist eine Zeit, in der Konzerte allgemein auch zu einer Art Marketingmaschine werden: Zwar werden Tickets verkauft, Geld in die Kassen spült aber vor allem der Verkauf von Merchandiseartikeln und Shirts, die sich in Kürze auch außerhalb der Stadien verbreiten. Springsteen will nicht, dass dies auch bei seinen Konzerten geschieht.

The River ist eine offenkundig politische Platte, auf der die typischen Geschichten der Arbeiterklasse erzählt werden, aber nicht mehr als Ergebnis der eigenen Entscheidungen, sondern vielmehr als vom Sozialsystem bedingte Schicksale (und das perfekte Beispiel dafür sind die Protagonisten des Songs, der dem Album den Titel verleiht: eine von seiner Schwester Virginia und seinem Schwager inspirierte Geschichte, deren Leben durch den Mangel an Alternativen um sie herum bestimmt ist),

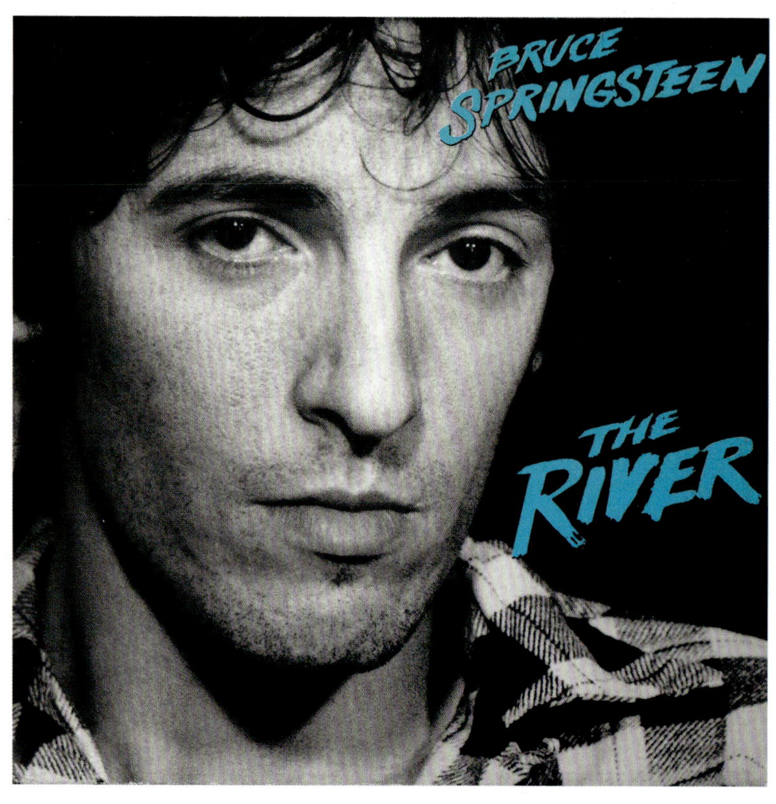

72 *Das Cover von „The River".*

73 *Die Band und der Produzent Jon Landau im März 1980 in den Studios von Power Station in New York beim Abschluss der Arbeit an „The River". Von links: Jon Landau, Bruce Springsteen, Clarence Clemons, Garry Tallent, Steven Van Zandt, der Toningenieur Neil Dorfsman und Danny Federici.*

und mit der Single *Hungry Heart* erzielt er unerwarteten Erfolg – der erste wirklich weit bekannte Song seiner Karriere. Würde man es hierbei belassen, wie es oft der Fall ist, würde das Album im falschen Licht dargestellt werden. *The River* ist nur etwas heller als *Darkness On The Edge Of Town*, und zwar in seiner Klangart sowie in der Zusammensetzung der E Street Band, die Springsteen selbst mit erfahrener Virtuosität dirigiert und die sich lobenswert flexibel zeigt. Aber es trifft nicht auf die Geschichten zu, die vom Leben der untersten sozialen Schicht in den USA erzählen, nämlich jene, die mittellos und ohne Hoffnungen ist, die keine Möglichkeit zur Veränderung der eigenen Situation sieht und aus gebrochenen Existenzen besteht, die größtenteils auf die von den englischen Rockern nur wenige Jahre zuvor besungene „no future" zeigt, allerdings ohne den Nihilismus des Punk und voller Gefühl, Leidenschaft, vielleicht auch Schmerz, aber ganz sicher voller Leben.

Es ist ein langes Doppelalbum mit 20 Songs und eineinhalb Stunden Musik. So bleibt auch Raum für das einfache und pure Vergnügen, den mitreißenden Rock 'n' Roll von *Cadillac Ranch*, den Rhythmus von *Ramrod*, den Flirt mit dem Vintage Pop im bereits zitierten *Hungry Heart*. Und es bleibt Raum für Träume wie in *Independence Day* oder die nächtliche und intensive Liebe in *Drive All Night* („Ich schwöre, dass ich die ganze Nacht hindurch fahren werde, nur um dir ein paar Schuhe zu kaufen"...), oder die Leidenschaft in *Two Hearts*. Aber das bittere Herzstück des Albums bilden Stücke wie die

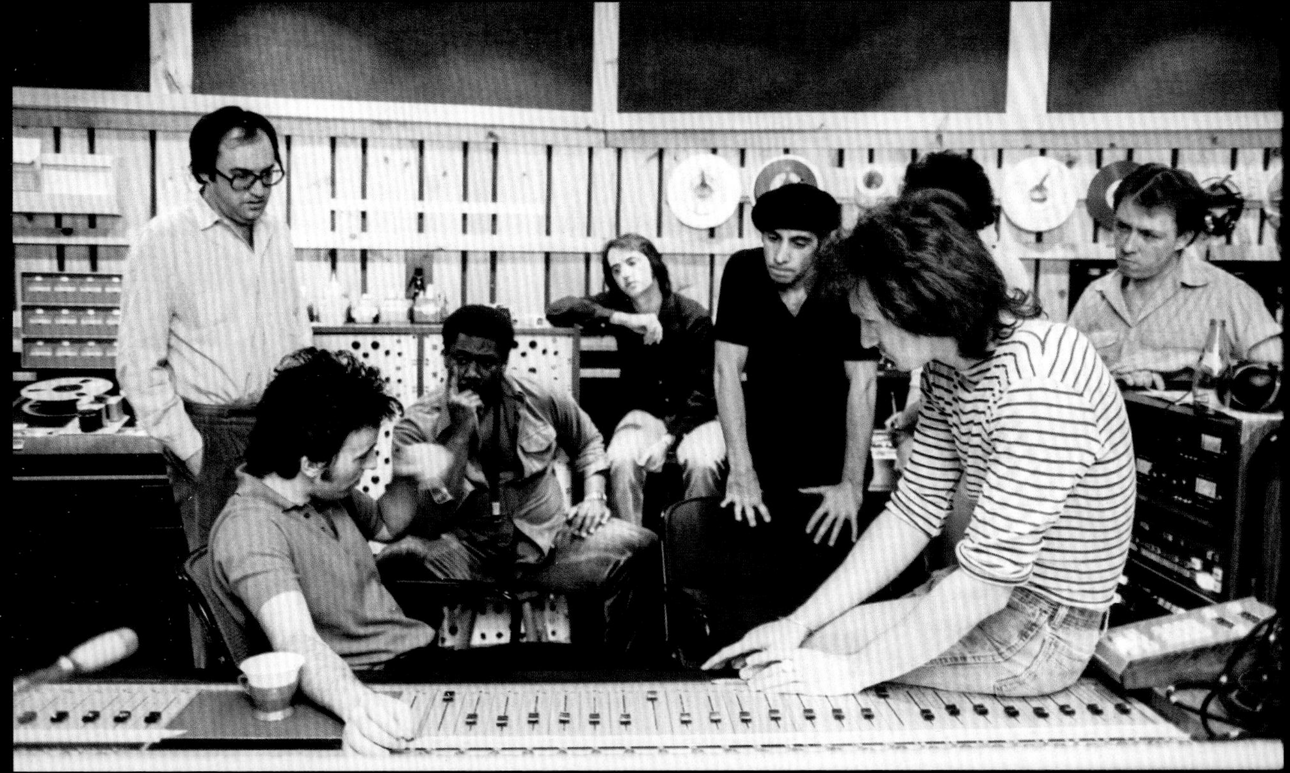

dramatische Ballade *The River* (mit der Harmonika am Anfang, die Morricone, die große Liebe von Bruce, zu zitieren scheint): ein Fluss, in dem einst Träume und Hoffnungen flossen, der nun ein Ort ist, an dem man versinkt. Oder auch die Resignation aus *Point Blank*, die Langeweile aus *Stolen Car*, und sogar die Straße, der „highway", der für Springsteen Symbol der Möglichkeiten und der Flucht hin zu einer besseren Zukunft gewesen war, wird zur Todeskulisse in *Wreck on the Highway*.

Ende 1980 wird Springsteen vom *Rolling Stone* das erste Mal von insgesamt drei in Folge zum Künstler des Jahres gekürt, im Rahmen seines rasanten Aufstiegs zu Beginn der 80er-Jahre, der ihn zu *Born In The U.S.A.* führt und auf gewisse Weise auch zum Ende eines Kapitels seines Lebens.

Seine Tour 1981 führt in 10 Länder, dauert neun Wochen, und zum ersten Mal sind die Konzerte in Großbritannien ein wirklich großer Erfolg.

The River ist der erste und größtenteils sehr gelungene Versuch, die Quadratur des Kreises zwischen Leistung, Kraft, emotionalen Live-Konzerten und Albumsound zu schaffen. Springsteen will die Kluft schließen, aber auch seiner Musik und sich selbst ein anderes Image verleihen. Ja, er ist der „Gefangene des Rock 'n' Roll", aber letztendlich ist er auch ein Songwriter. Was fehlt, ist das Gleichgewicht zwischen dem einen und dem anderen, zwischen dem großen Unterhaltungswert seiner Shows und der Kraft seiner Geschichten, die immer persönlicher, intimer, emotionaler, sozialer und politischer werden.

Das ist es, was er mit der rechten Hand macht, der kommerziellen. Die linke hingegen ist seine Hand des sozialen Engagements und treibt ihn zu sechs Konzerten in Folge in Los Angeles an, deren Einnahmen vollständig an die Organisation der Vietnam-Veteranen gehen.

1980 ist tatsächlich etwas vorgefallen, das seine Sicht auf den Krieg beeinflusst hat. Bis dato war Springsteen der junge Mann gewesen, der Angst gehabt hatte, in Vietnam zu sterben, und der Einberufung in Freehold entgangen war. 1980 aber ist er knapp 30 Jahre alt und reist durch die USA, als er etwas außerhalb von Phoenix in einem heruntergekommenen Drugstore in der Provinz *Geboren am 4. Juli* kauft, ein Buch von Ron Kovic über die Erfahrung als Infanterist in Südostasien. Nur zwei Wochen später ist er in Los Angeles in einem Hotel für Kleinstprominenz und dort, am Pool neben seiner Liege, ist Ron Kovic im Rollstuhl. Nur zwei Wochen hatte es gedauert, um das Buch zu verschlingen und in großen Teilen Springsteens Meinung zu ändern. Und doch ist es Kovic, der auf Springsteen zugeht, sich ihm vorstellt und im vorschlägt, ihn zu einigen Veteranen in Vince Beach mitzunehmen. Es sind Drogenabhängige, Obdachlose und Personen mit Posttraumatischer Belastungsstörung. Es ist eine Begegnung, die einen nachhaltigen Eindruck hinterlässt, und kombiniert mit der Lektüre der Biografie von Woody Guthrie (geschrieben von Joe Klein), führt sie zu *Nebraska* und später zu *Born In The U.S.A.*

1980 kauft er „Geboren am 4. Juli" von Ron Kovic und seine Sicht auf den Vietnam-Krieg und die USA ändert sich.

75 *Das Cover von* Nebraska. *Das Album kam am 30. September 1982 heraus.*

BRUCE SPRINGSTEEN

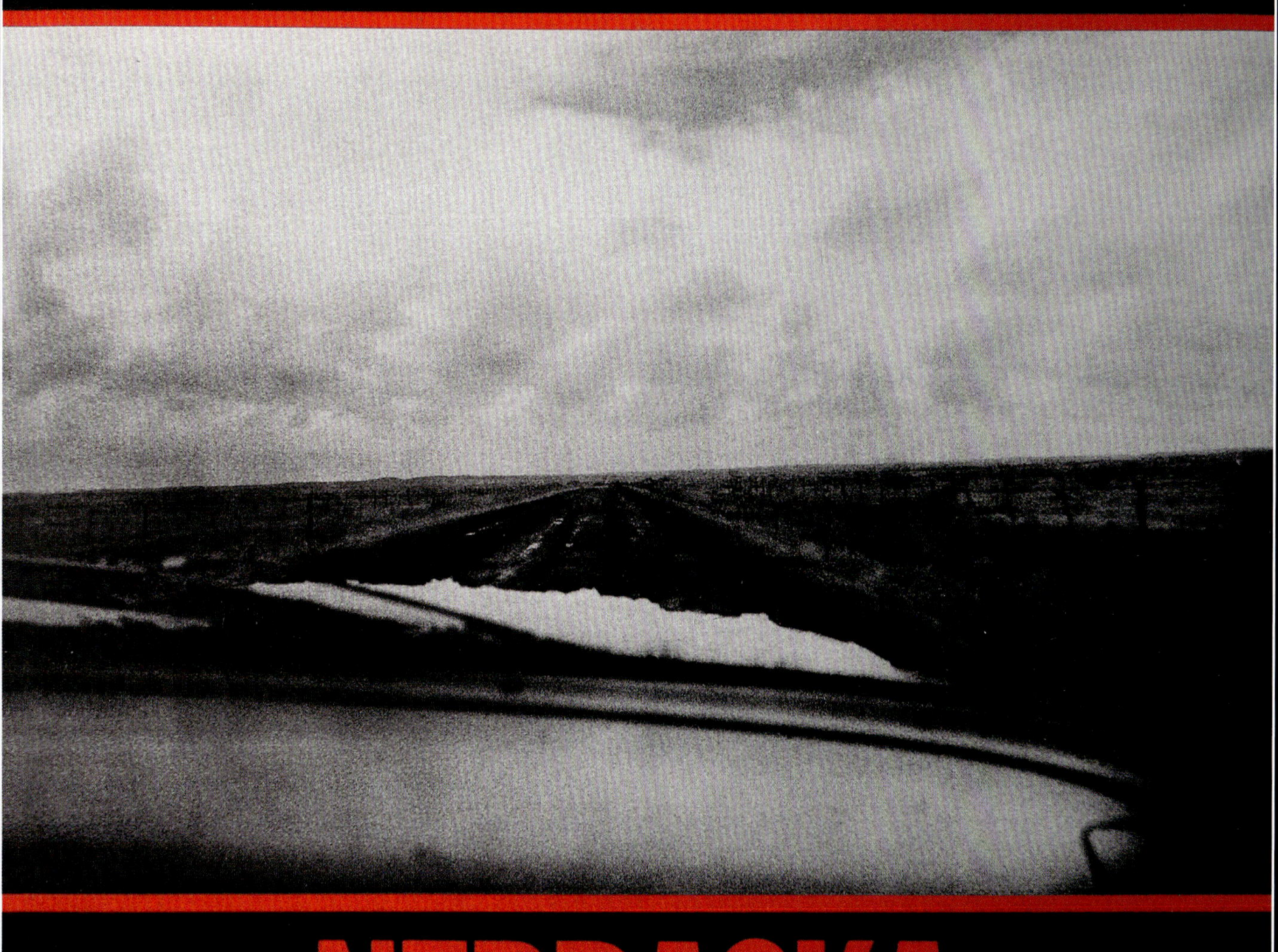

NEBRASKA

Nebraska sollte noch komplizierter und weiter entfernt sein von den anderen Alben, *The River* eingeschlossen: „*Nebraska* entstand als eine Art unbewusste Betrachtung meiner Kindheit und deren Geheimnisse. Ich war nicht politisch oder sozial engagiert, ich suchte eine Atmosphäre, einen Ton, der alles widerspiegeln sollte, was ich kennengelernt hatte und noch in mir trug: eine Welt, deren Überreste immer noch nur 10 Minuten und 10 Kilometer von meinem einstigen Wohnort entfernt waren. Die Bilder aus *Nebraska* kamen von den Straßen, in denen ich groß geworden bin …ich wollte geheimnisvolle Gutenachtgeschichten im Stil von John Lee Hooker und Robert Johnson, Musik, die man im Dunkeln hört. Diese Stücke waren exakt das Gegenteil der Rockmusik, die ich bis dahin geschrieben hatte. Kontrolliert und an der Oberfläche unbeweglich wie sie waren, steckte in ihnen eine Doppeldeutigkeit und moralisches Unbehagen." Springsteen nahm alle Songs allein auf, mit Gitarre und Stimme, ging dann mit der Band ins Studio, arbeitete sie aus und wurde sich dann bewusst, dass die „arrangierten" Versionen schlechter waren und es ihnen an Authentizität und Kraft fehlte. Um nicht die Essenz dessen zu zerstören, was er geschaffen hatte, entschied er sich, die Demoaufnahmen direkt zu veröffentlichen. Es ist ein Stück weit eine Rückkehr zum Folk und so finden die beiden neu gelesenen Bücher (*Geboren am 4. Juli* und die Biografie von *Woody Guthrie*) einen Platz auf demselben Album. Ein weniger kommerzielles Album an diesem Punkt seiner Karriere wäre kein Weltuntergang gewesen. Im Gegenteil, es hätte Springsteens Image geprägt, bevor er mit dem Folgealbum zu erfolgreicheren Klängen überging. Stattdessen ist *Nebraska* aber ein unerwarteter Erfolg und geht direkt in die Top Ten der Charts ein. Das zeigt, dass Springsteen inzwischen anders wahrgenommen wird, und zwar so sehr, dass auch ein komplexeres Album gekauft wird.
Es braut sich eine Art Bossmanie zusammen.

Die „Geister" aus *Nebraska* kamen aus den Straßen, in denen Springsteen groß geworden war. Es ist Musik, die man im Dunkeln hört, das genaue Gegenteil der Rockmusik, die er bislang geschrieben hatte.

So wie die zwei Bücher sein Album *Nebraska* beeinflussen, so sehr beeinflussen Filme (und Geschichten) sein Jahr 1983. *Die Weisheit des Blutes* von John Huston beeindruckt ihn so sehr und treibt ihn an, die Erzählungen von Flannery O'Connor zu lesen, auf denen der Film basiert. Es geht um eine Reise in den Süden der USA und erzählt wird die Geschichte eines Predigers, der zu einem großen Sünder wird. Zeitgleich sieht Springsteen dann *Badlands – Zerschossene Träume*, der erste Film von Terrence Malick, ein Rausch an jugendlicher Rebellion mit Martin Sheen und Sissy Spacek, die einem seiner Songs entsprungen scheinen: zwei junge Menschen, die anders sind als die Welt, in der sie leben, und die aus dieser einfach nur weg wollen. Es sind zwei Geschichten, in denen die Religion auf unterschiedliche Weise eine Rolle spielt: Im ersten Fall ist es offensichtlicher, angesichts dessen, dass ein Prediger einer der Protagonisten ist. Im zweiten Fall zeigt sie sich im Blick von Malick (der ebenfalls katholisch ist). Das Buch *Die Weisheit des Blutes* beeindruckt ihn nachhaltig, aber *Badlands – Zerschossene Träume* trifft Springsteen wie ein Blitzschlag. Er muss mit Terrence Malick persönlich sprechen.
Also nimmt er schließlich mit dem Regisseur Kontakt auf, weil er mit ihm über die Fragmente des wirklichen Lebens dieser jungen Menschen sprechen muss, jene vor der Flucht – Momente des Scheiterns und der Verzweiflung, der Kriminalität und der Banalität. Springsteen erreicht seinen dunkelsten Moment. Bereits bei *The River* und *Nebraska* konnte man es erkennen, aber nun hat er eine ganz andere Ebene erreicht. Vor Ende 1983 bricht Springsteen mit seinem Freund Matty Delia in einem blauen Chevrolet Camaro zu einer Reise auf, die ausnahmsweise keine musikalische Reise ist, sondern eine Art private Pilgerfahrt. Seltsamerweise ist es wieder eine Reise von der Ostküste zur Westküste. Vom alten Haus in New Jersey zur neuen kleinen Villa, die er in Hollywood Hills gemietet hat. Die zwei fahren auf Nebenstraßen durch die abgelegensten Gegenden der der USA, halten an den heruntergekommensten Motels mit Neonschildern und lassen laut Springsteen den Aktienkurs von Tequila José Cuervo um mindestens zehn Prozentpunkte steigen. Das klingt alles wunderbar, ist aber auf Schatten und Dämonen der Vergangenheit zurückzuführen, auf den Wunsch wegzugehen, um den Kopf frei zu bekommen und, in den Worten Springsteens, Folge der Depression. Er beginnt da, zu einer Psychiaterin zu gehen – eine Gewohnheit, die er nicht mehr aufgeben wird und die ihn mehr als nur einmal vor dem Abgrund retten wird.

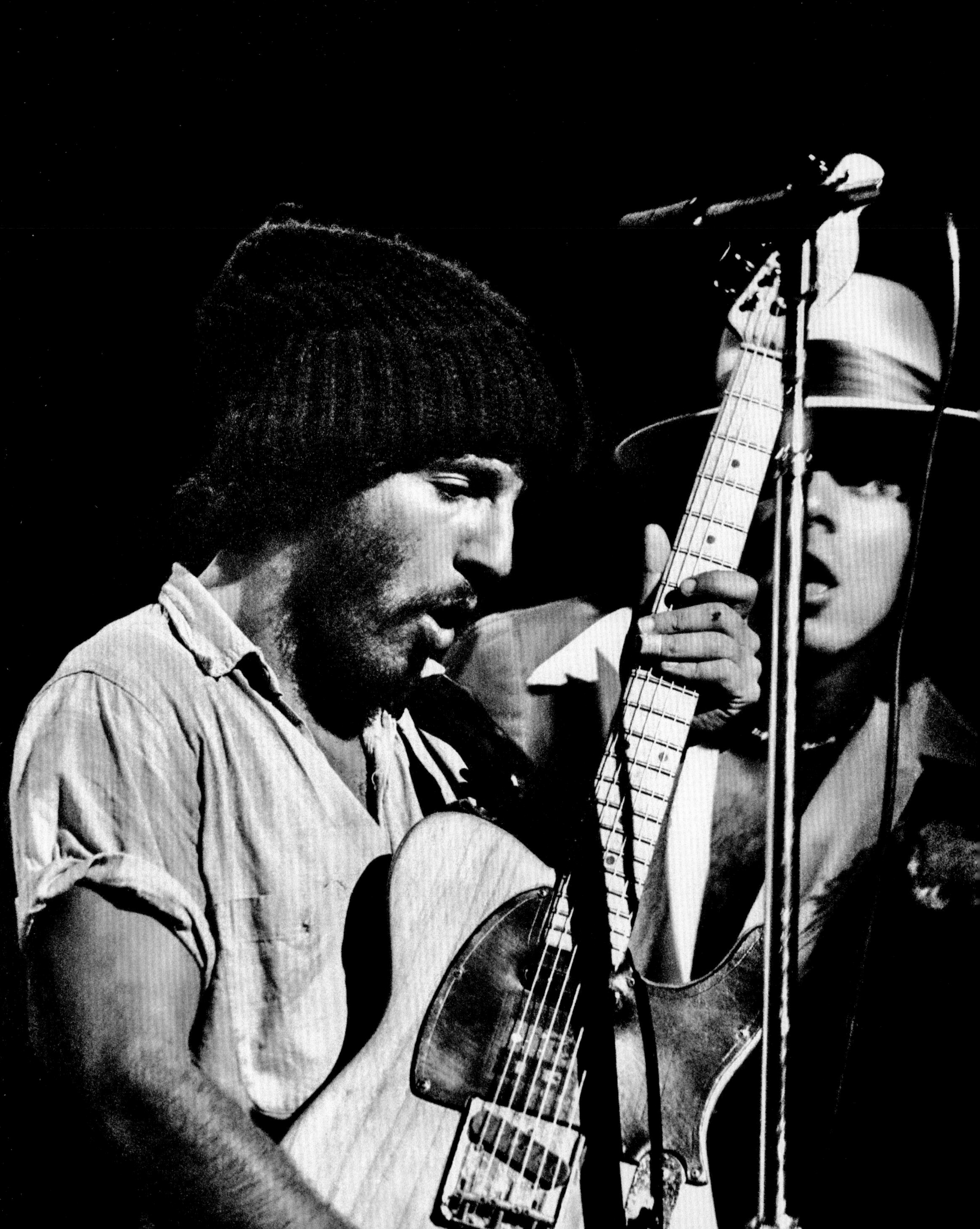

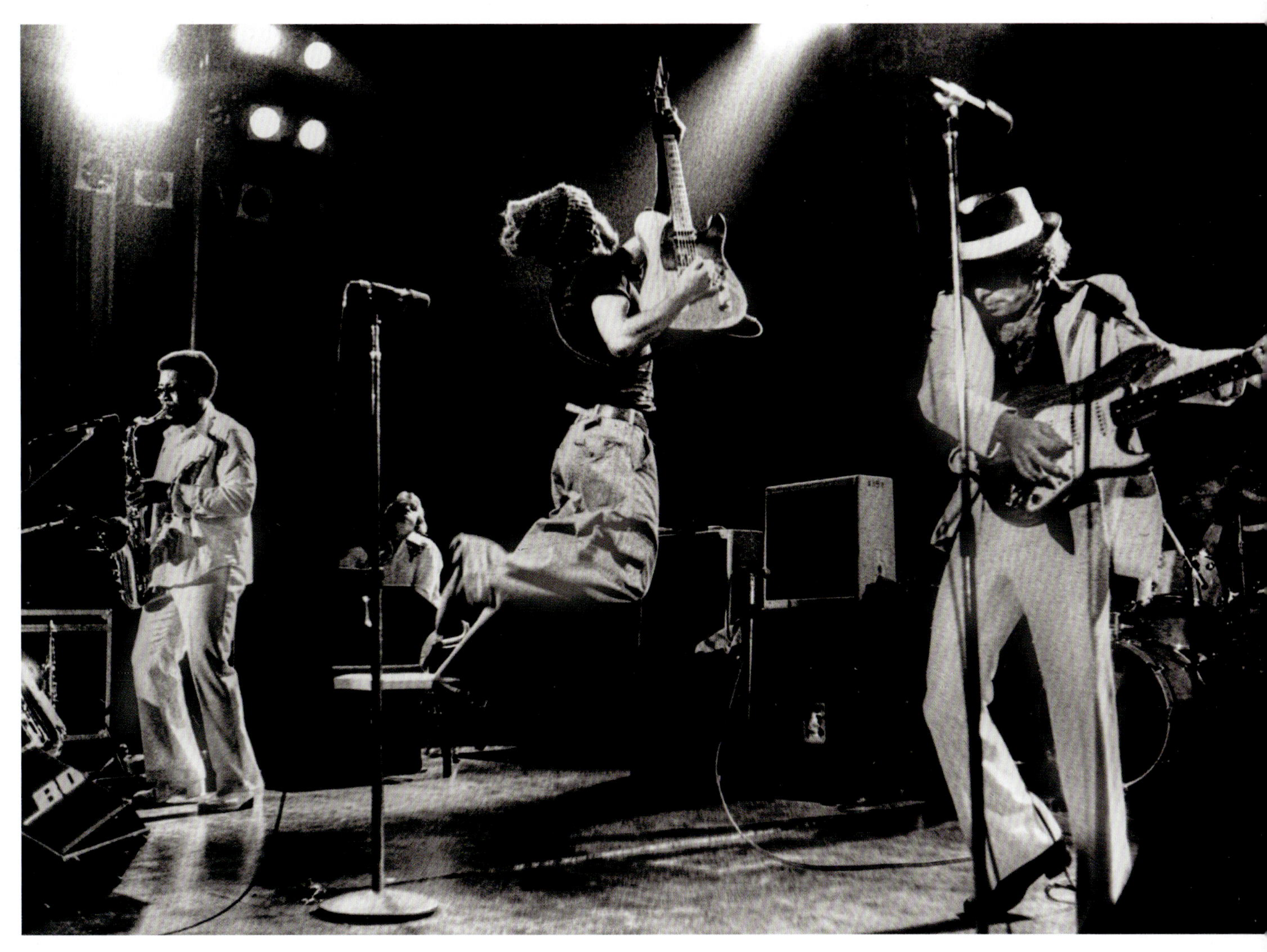

78 und 79 *Zwei Bilder von Springsteens erster Europatour 1975. Auf der anderen Seite: auf der Bühne in London; oben: in Rotterdam mit Clarence Clemons und Steve Van Zandt.*

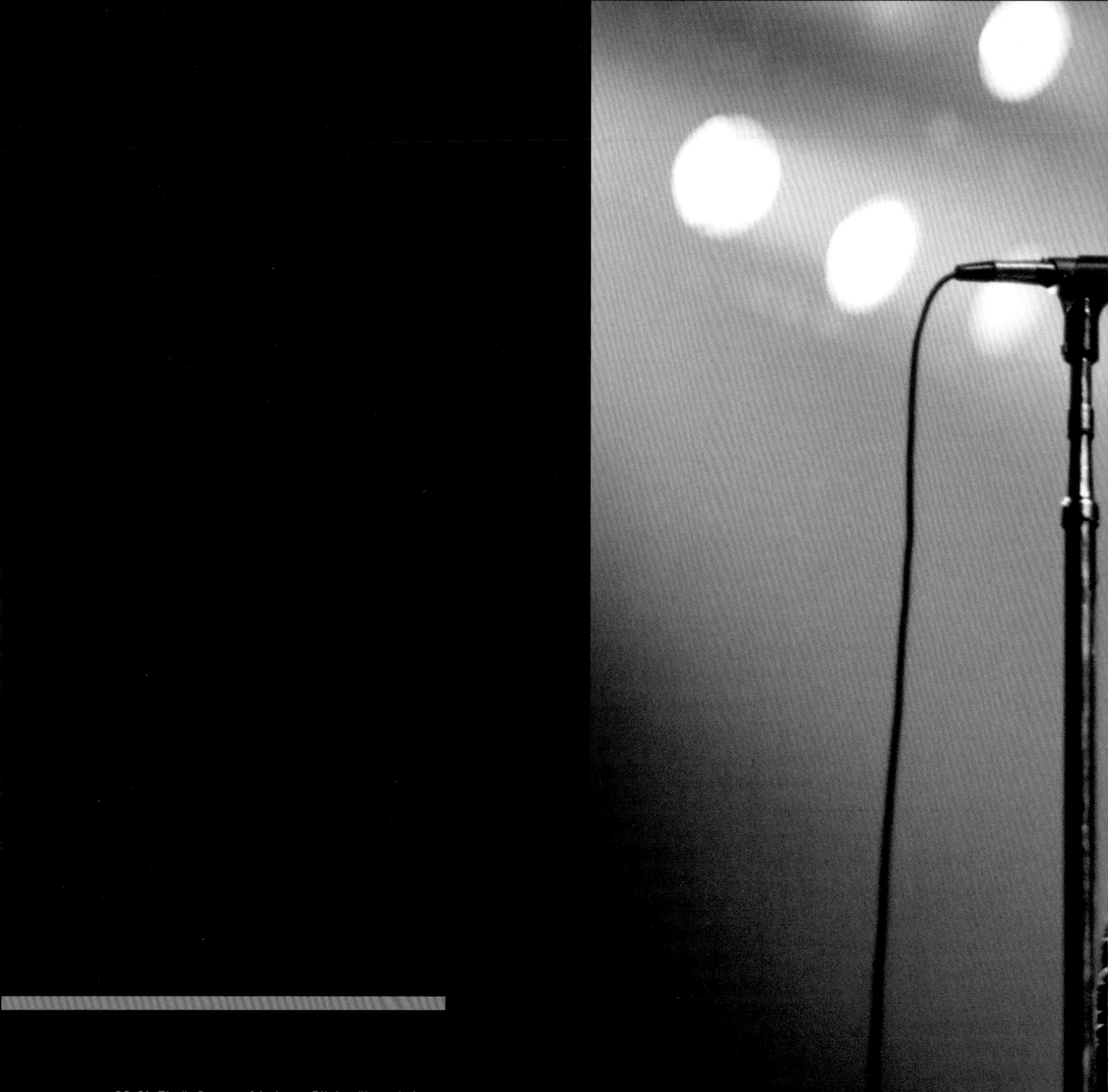

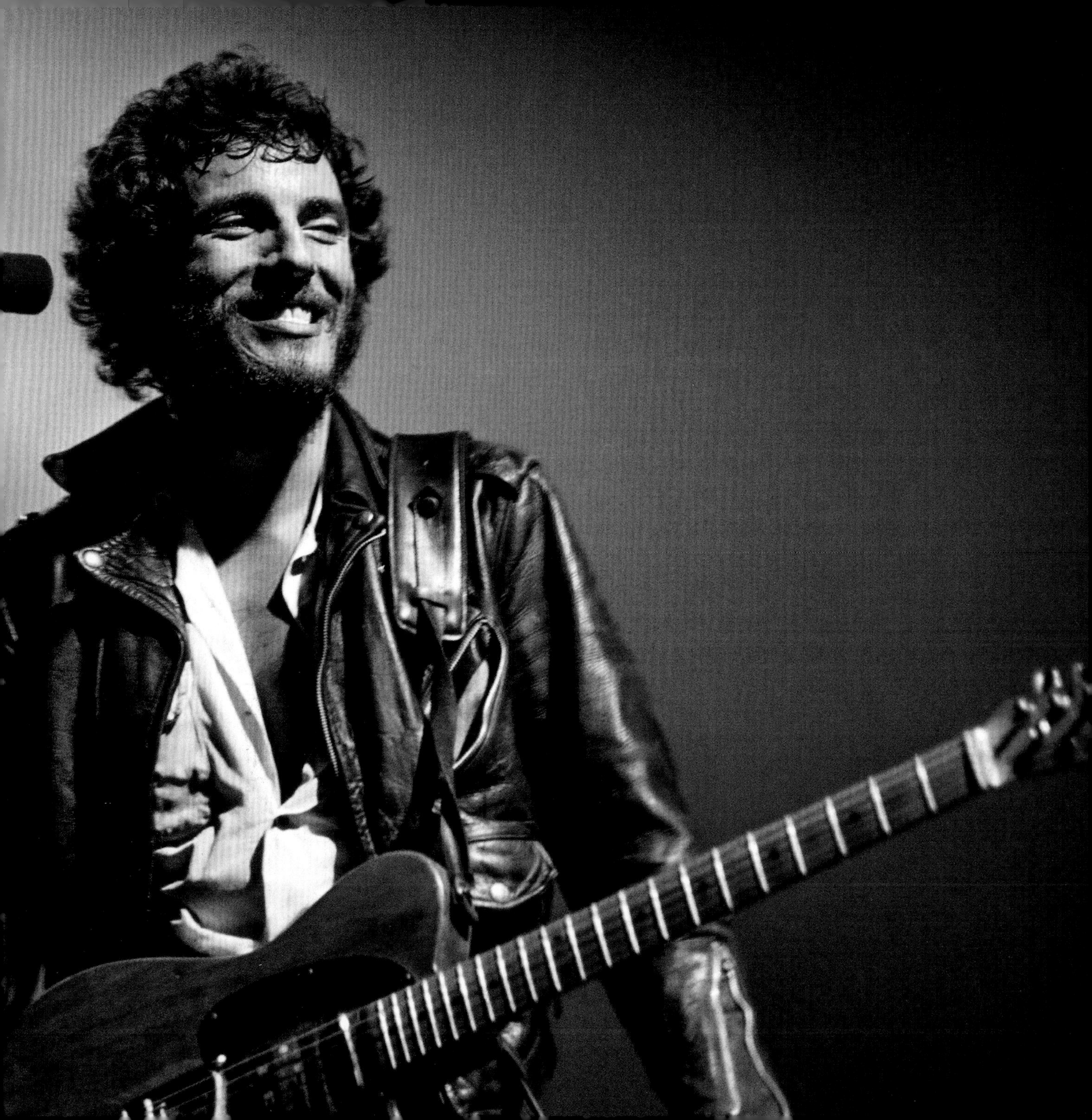

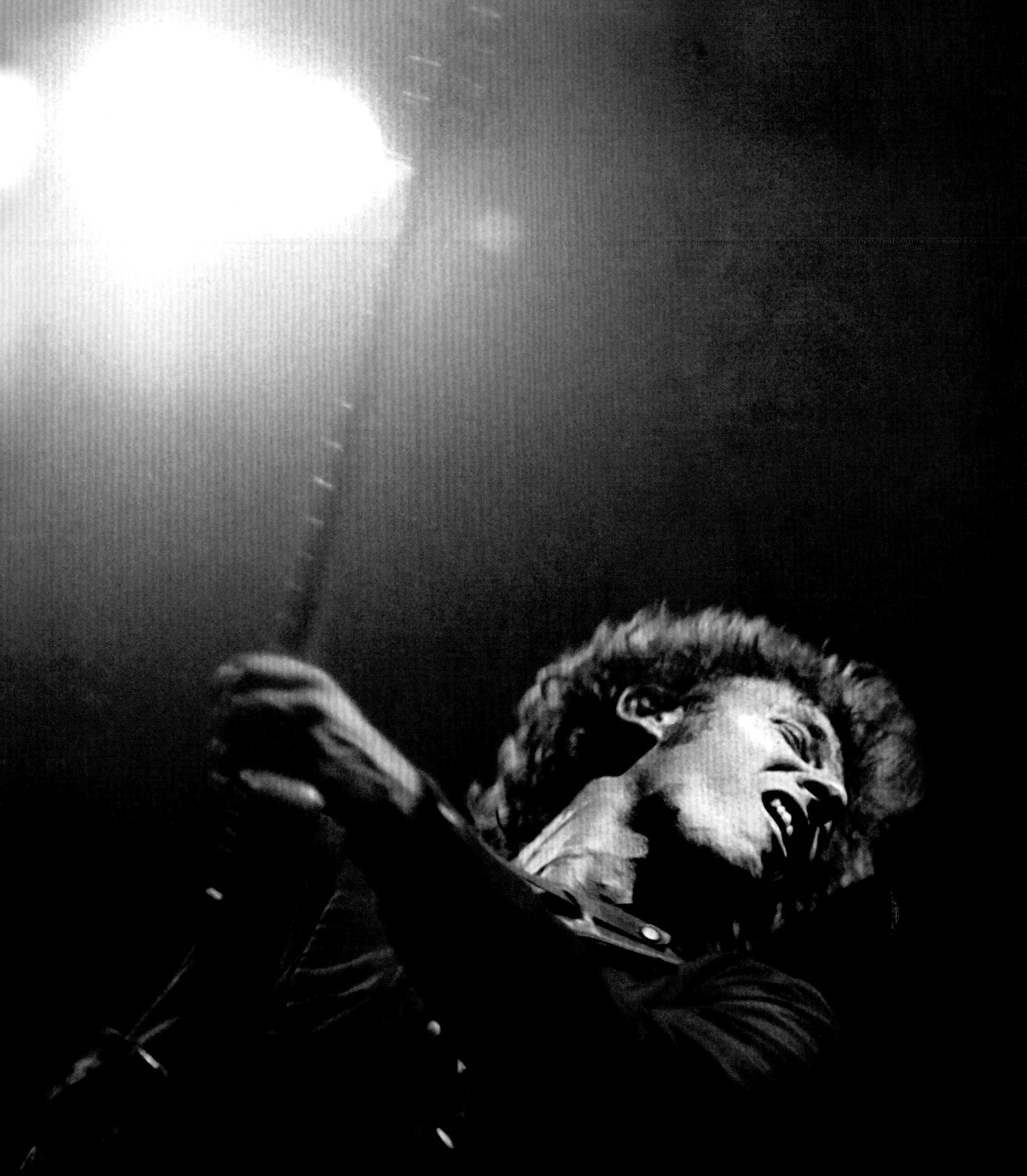

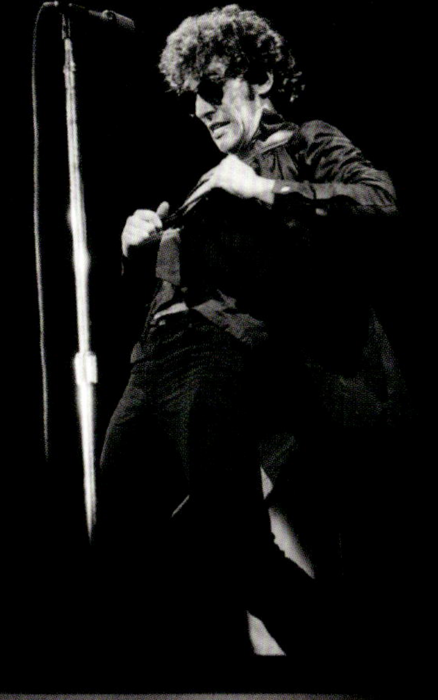

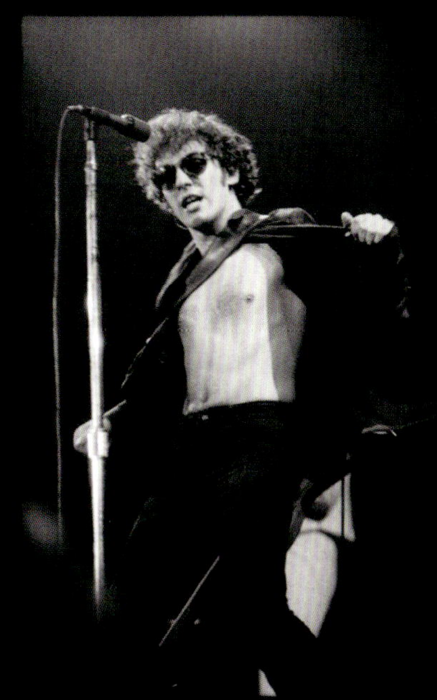

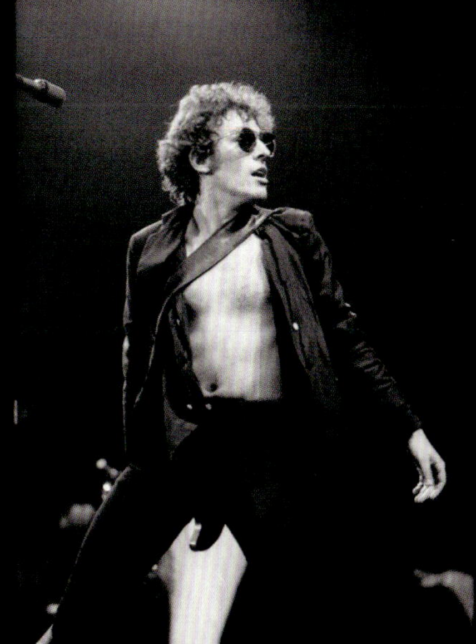

SPRINGSTEEN IST AUF DER BÜHNE EIN SONGWRITER, EIN PREDIGER, EIN ROCKER, EIN PROPHET.

82 und 83 *Vier Live-Momente Springsteens, aufgenommen von Michael Putland.*

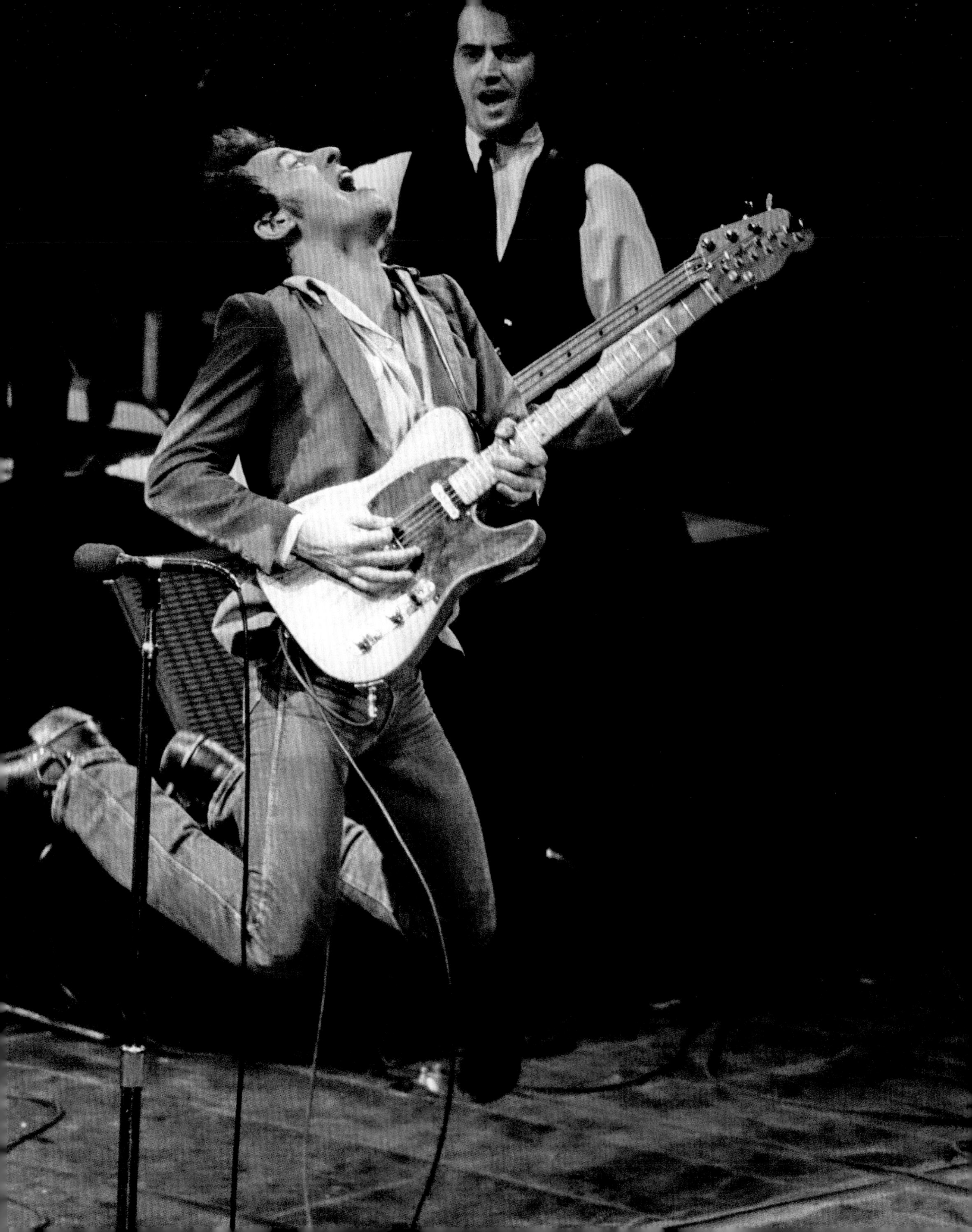

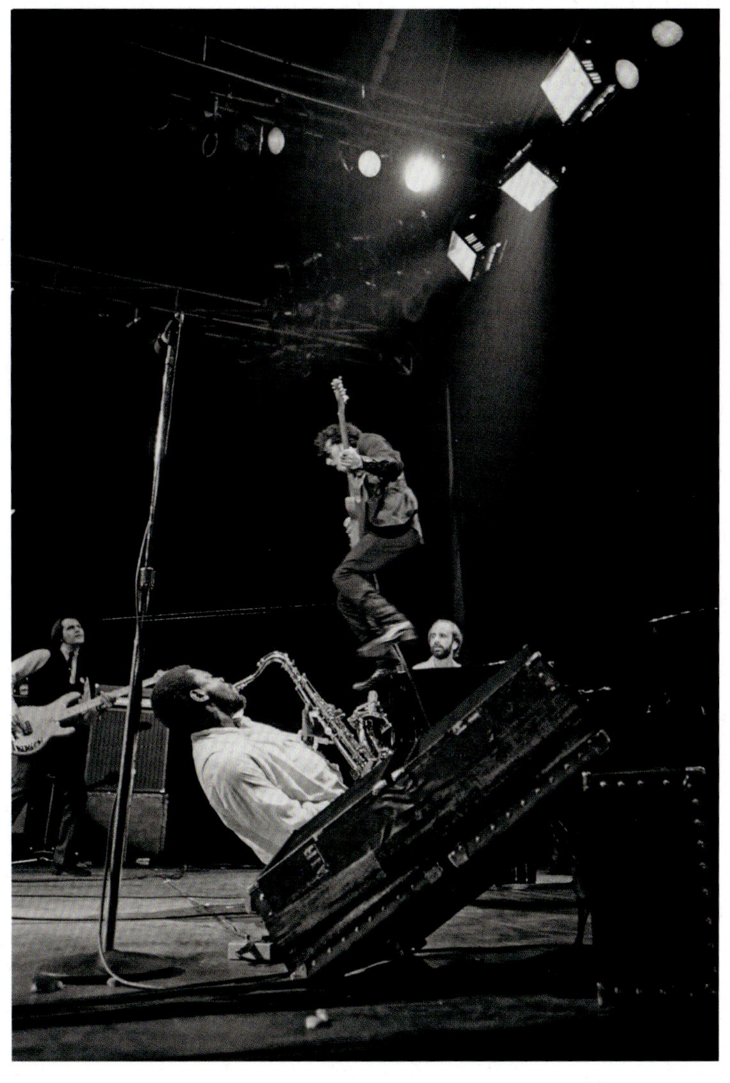

84 *Springsteen in der Winterland Arena im Dezember 1978 in San Francisco in Kalifornien.*

85 *Clarence Clemons und Bruce Springsteen mit der E Street Band während ihrer Tour an der Ostküste der USA 1978.*

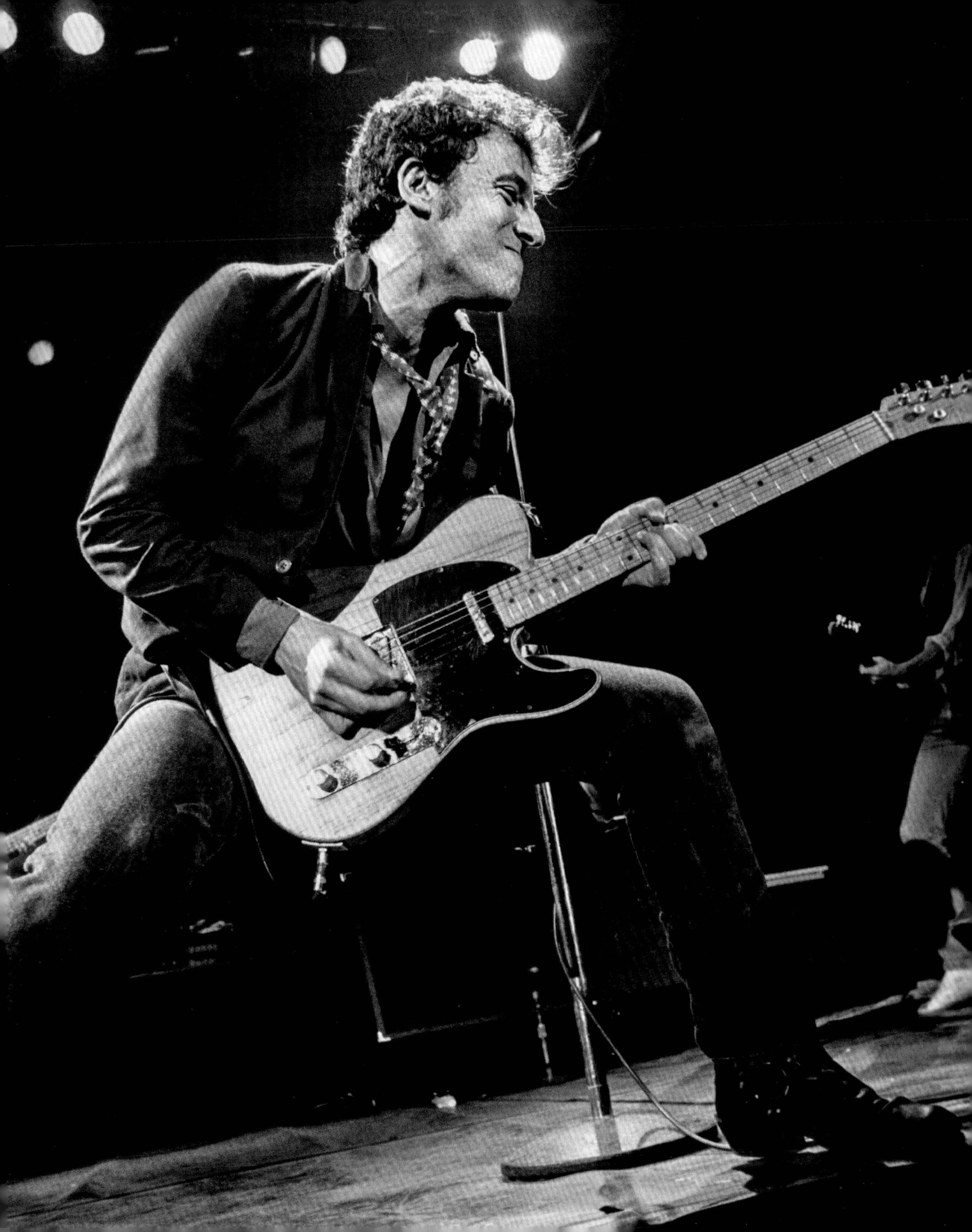

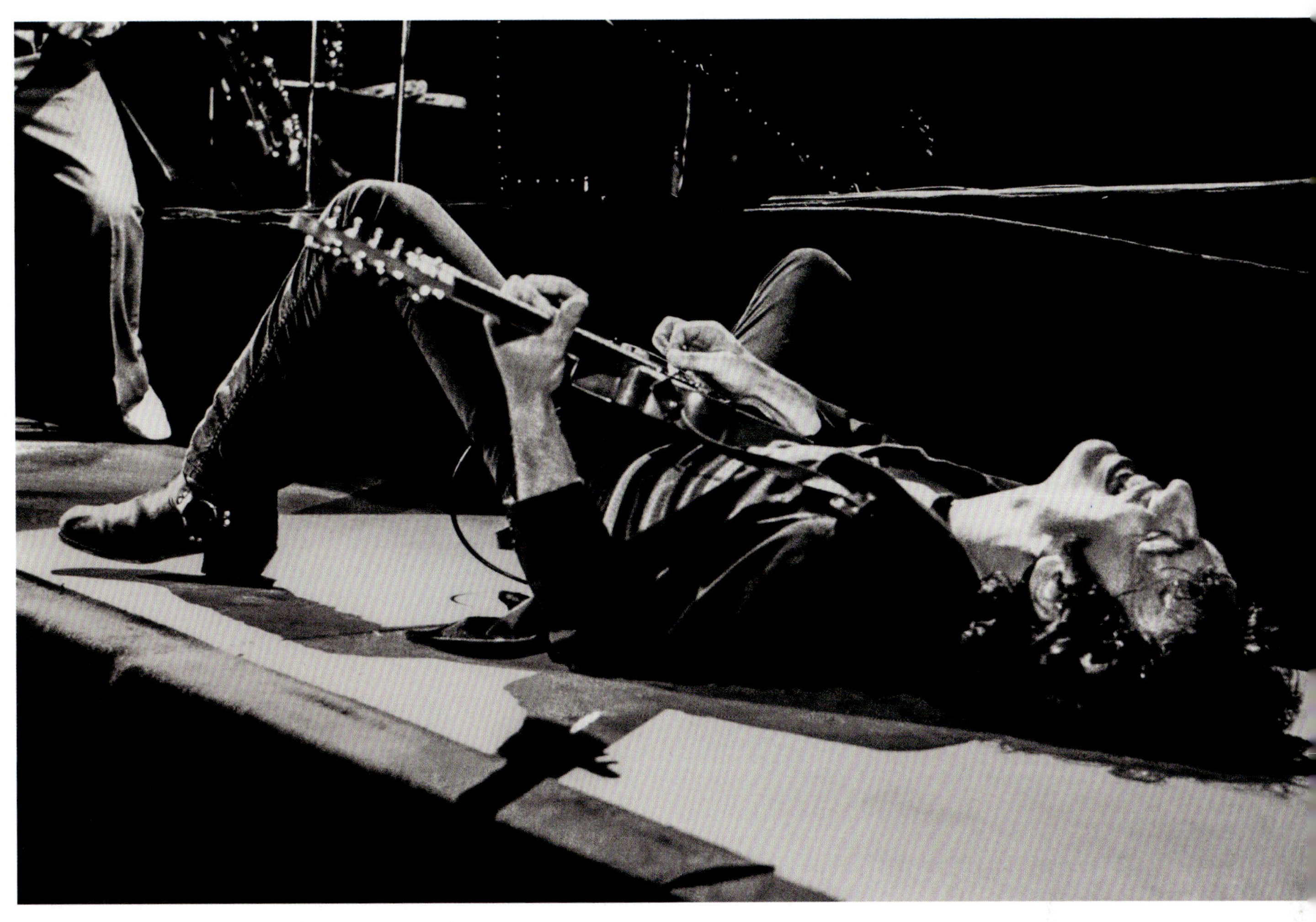

86 Unter dem Namen *„Darkness Tour" ist die Tournee 1978 bekannt, die zeitgleich zur Veröffentlichung des Albums* „Darkness on the Edge of Town" *stattfand.*

87 *Springsteen 1979 bei einem Konzert in der Sports Arena in Los Angeles.*

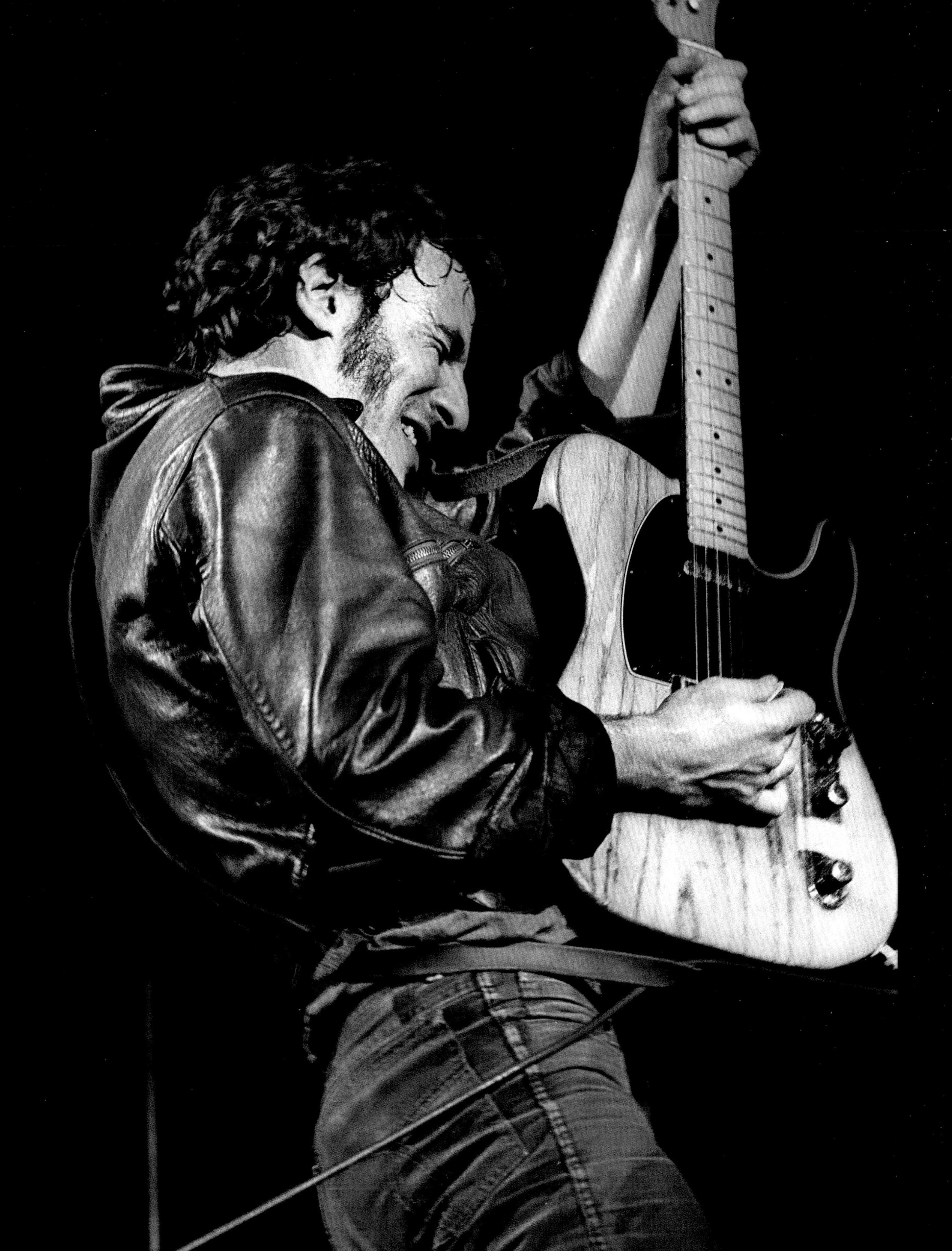

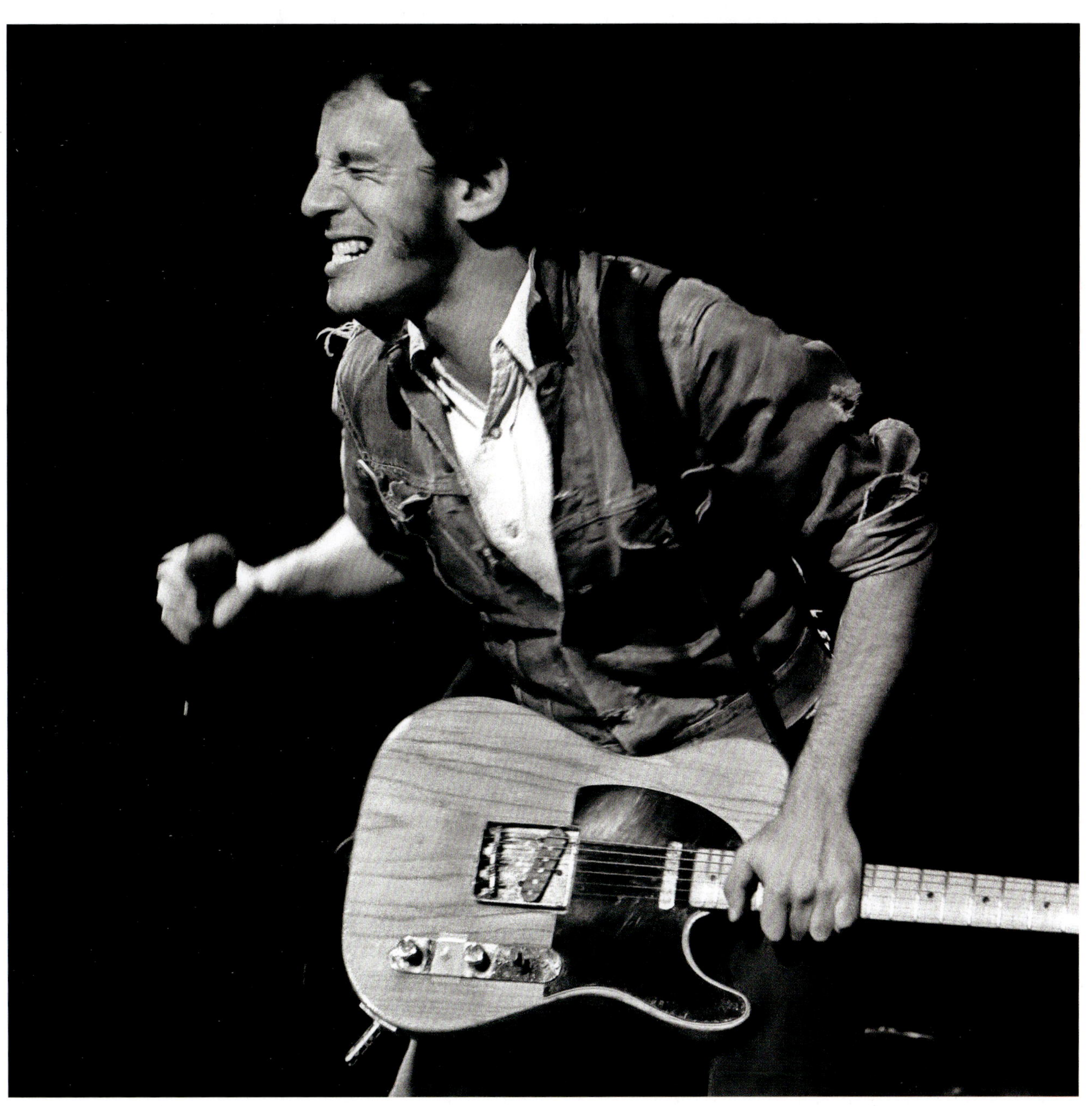

88 und 89 *Springsteen erobert mit seiner Tournee 1981 Europa. Die Fotos auf diesen zwei Seiten wurden in demselben Jahr aufgenommen.*

3

1984 - 1991
BORN IN THE U.S.A. IST DER WELTERFOLG

DER BEGINN EINER LEGENDE.
SIEBEN JAHRE FÜR EINE MISSION,
DEN ROCK 'N' ROLL ZU RETTEN

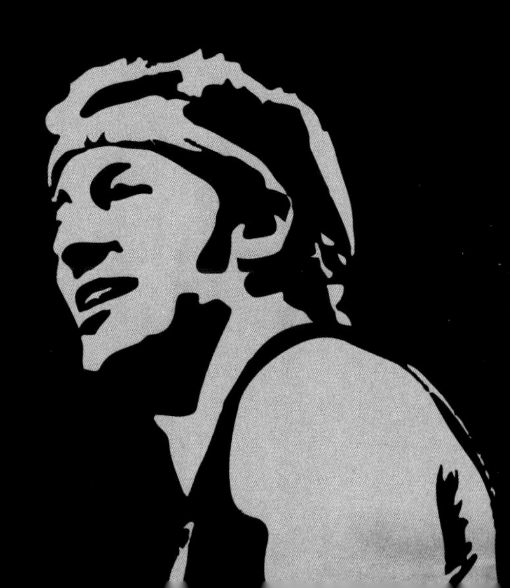

Nebraska ist nur schwer vom Folgealbum *Born In The U.S.A.* zu trennen: Betrachtet man den Zeitraum und die Umstände, wie sie entstanden, sind es zwei sehr unterschiedliche Alben, die aber eng miteinander verbunden sind. Wie erwähnt, wurde *Nebraska* mit der E Street Band aufgenommen und Bruce entschied sich erst danach für die Demoversion. *Born In The U.S.A.* wird 1982 im Alleingang aufgenommen, aber mit dem Soundkonzept einer Band. Die erste Hälfte von *Born In The U.S.A.* wird zeitgleich mit *Nebraska* aufgenommen. Ursprünglich sollten die Alben gemeinsam herauskommen, aber es ist offensichtlich, dass es sich um zwei unterschiedliche Geschichten aus zwei unterschiedlichen Leben und zwei unterschiedlichen Welten handelt.

In Los Angeles lässt Springsteen ein Aufnahmestudio bauen und arbeitet dort fünf Monate allein am zweiten Teil und Abschluss des Albums. Den Ausgangspunkt bildet dabei ein Drehbuch, das ihm Paul Schrader gesendet hat, und aus dem dann 1987 *Light of Day - Die Rock 'n' Roll-Geschwister* wird, begleitet von dem gleichnamigen Song Springsteens, *Light of Day*. Für die Demos von *Born In The U.S.A.* spielt er alle Instrumente auf allen Spuren ein und lässt sich dort, wo es ihm nicht gelingt, von einer Drum Machine helfen.

In „Born in the U.S.A" gibt es keine Hoffnung, sondern die Bitterkeit eines zerplatzten Traumes.

Aber auch hier kommt die Depression und das Abtauchen in das entlegene Amerika seiner Jahre, in denen „viele gingen und wenige zurückkehrten", zum Ausdruck, insbesondere im Titelsong, der vielleicht einer der am meisten missverstandenen Songs aller Zeiten ist und zugleich der offenkundigste Beweis dafür, dass in einem Musikstück die Musik eine viel klarere und universellere Sprache bietet als Worte. Der Text von *Born In The U.S.A.* ist unmissverständlich und eine schwere Anklage dessen, wie das Land Veteranen, und allgemeiner gesprochen, Männer der Arbeiterklasse behandelt. Es ist ein Song mit dramatischer Bitterkeit, in dem die von ihm so häufig besungene Hoffnung, alle Fluchten und Träume mit nur einem einzigen Satz weggewischt werden: „Es gibt keinen Ort, an den ich flüchten, keinen Ort, an den ich gehen könnte".

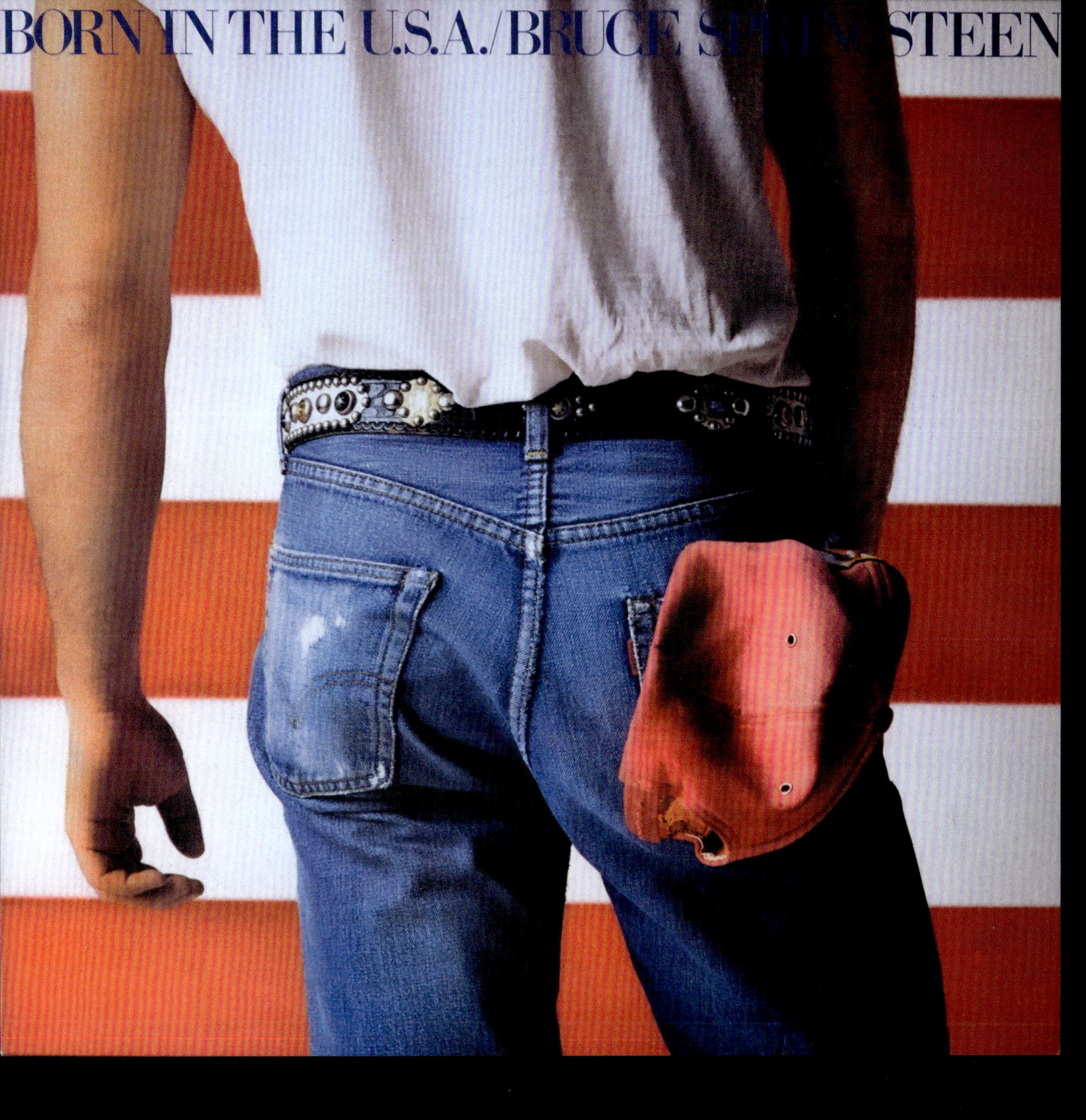
BORN IN THE U.S.A./BRUCE

Dennoch ist die Musik so stark, so positiv, so sehr eine Stadionhymne, dass der Song das Ziel weit übertrifft und für viele zum Symbol Amerikas wird, das sich selbst lobt. Die Platte wird dieses Mal nicht etwa zwei oder fünf Millionen Mal verkauft, sondern ganze 18 Millionen Mal. Ein noch nie da gewesener Jubel für Springsteen. Auf Platz eins in allen Charts. Sieben Singles aus einem Album, veröffentlicht in einem Jahr. Natürlich ist das Cover des Albums legendär: mit Hintern, Jeans und der US-Flagge im Hintergrund ist es kein Achselzucken hinsichtlich der wahren Bedeutung des Stücks, sondern eher in Bezug auf den Hedonismus Reagans. Und Reagan versteht es genau falsch und verweist sogar darauf (bei einer Wahlversammlung) als Beispiel für das Vertrauen in Amerika. Genau jener Reagan, den Springsteen bei einem Konzert

Springsteen erkennt sich nicht wieder IN REAGANS AMERIKA. Und die Platte drückt das klar und deutlich aus.

einige Jahre zuvor in der Nacht des Wahlsiegs angegriffen hatte. Selbiger Reagan, gegen den sich Springsteen zwei Tage nach jener Wahlversammlung wendet, die ihn ins Spiel gebracht hatte, von der Bühne eines Konzerts in Pittsburgh aus (und wenn nicht dort, wo dann!?) und sich selbst und das Publikum fragt, welches Album er am meisten liebe. Vielleicht *Nebraska*? Und er beginnt mit *Johnny 99*, ein harter Song über das Schließen der Fabriken und die Geschichte von einem der Arbeiter, der seinen Arbeitsplatz verliert und ins Gefängnis kommt, weil er einen Wachmann erschossen hat. Aber es nützt kaum etwas.

95 *Die Innenseite des Covers von „Born In The U.S.A." mit der gesamten E Street Band.*

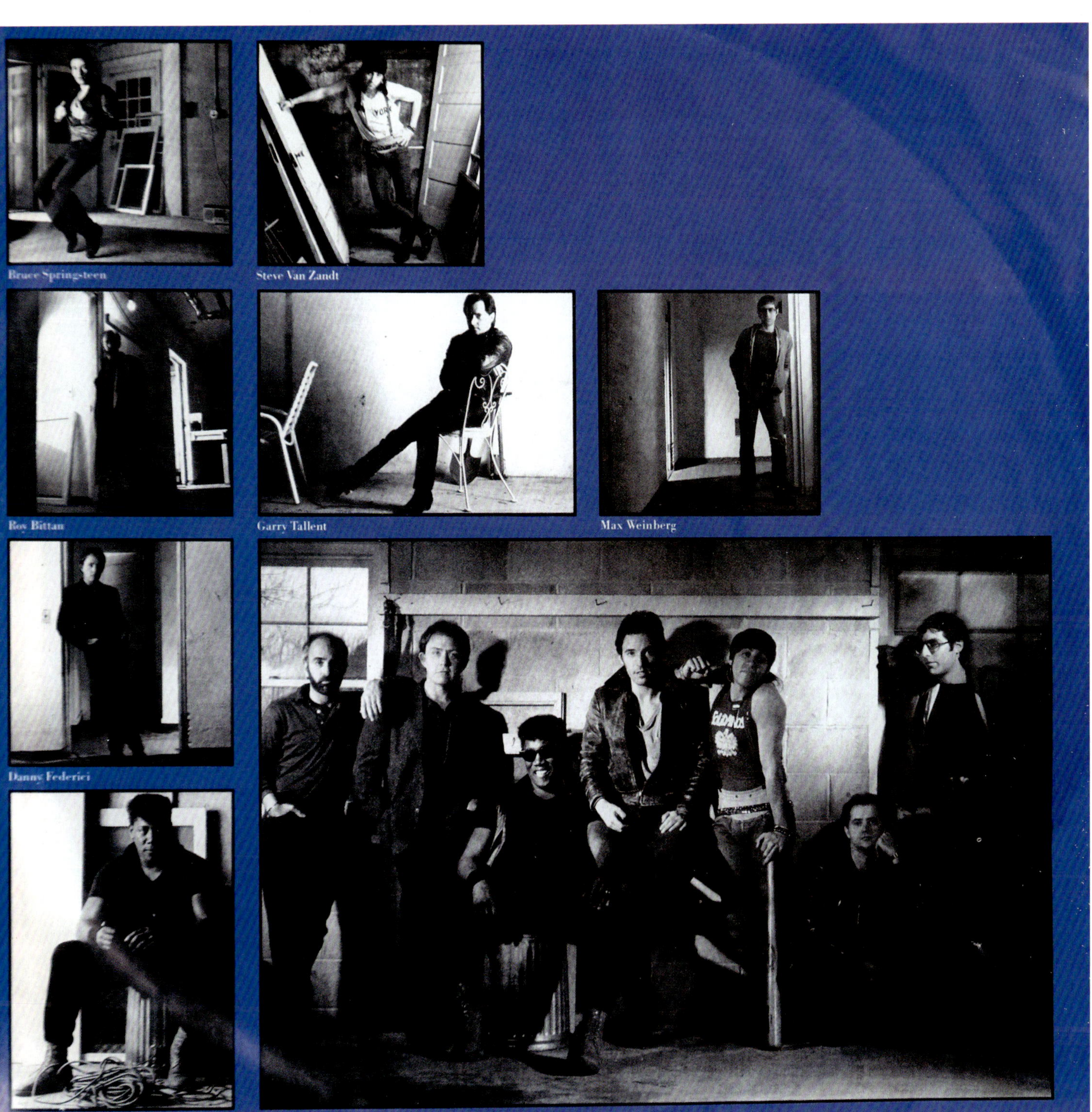

Bruce Springsteen

Steve Van Zandt

Roy Bittan

Garry Tallent

Max Weinberg

Danny Federici

Clarence Clemons

The E Street Band

Die Sache ist die, dass auch Springsteen selbst sein Image geändert hat. Auf der ständigen Suche nach dem Adrenalin der Stadien und Konzerte - auch wenn er gerade nicht auftritt und Drogen ablehnt - hat er angefangen zu trainieren und eine Leidenschaft entdeckt. Er ist kräftig und muskulös geworden und man sieht es. Die Öffentlichkeit will in ihm einen Rambo mit der Gitarre sehen, einen Verteidiger der amerikanischen Werte, einen harten Kerl, der das Land liebt und sogar einen eisernen Hintern hat. Es scheint, als hätten die Mythologie der 80er-Jahre und ihr Körperkult ihn verschlungen und selbst seine Texte auseinandergenommen und dann nach Belieben wieder zusammengesetzt. Und nur so, mit Fotos des ärmellosen Springsteen mit verschwitztem Bizeps und Stirnband sowie dem Refrain *Born In The U.S.A.* im Hintergrund, kann man alles missverstehen. Vielleicht wird Springsteen nie wieder so sehr in den Medien stehen wie in diesem Moment. Sogar die Single *Dancing In The Dark* erhält einen Videoclip unter der Regie von Brian De Palma, der ebenfalls einen Riesenerfolg mit *Scarface* frisch hinter sich hat. Es genügt, in Springsteens Nähe zu bleiben oder in seinen Orbit einzutauchen, um den Sprungbretteffekt zu erleben, und zwar so sehr, dass allein die Teilnahme an diesem Video die Schauspielkarriere von Courtney Cox in Gang bringt. Die gesamte Platte zeichnet sich durch Klänge aus, die zu dieser Zeit überall zu hören sind und sie somit für jeden leicht zugänglich macht. Sie ist so sehr auf den Sound ihrer Jahre abgestimmt, dass sie auch Leuten gefällt, die nicht unbedingt Rockfans sind. Man denke nur an den Anfang von *Born In The U.S.A.*, der mit einem Keyboard-Riff gestaltet ist, ohne E-Gitarre, die erst deutlich später hinzukommt, wenn es bewegter wird. Und *Dancing In The Dark* ist nicht nur eine erfolgreiche Single, sondern sein größtes Zugeständnis, das Springsteen an die „Musik, die man gerade hört," machen kann, an die New Wave, an den Elektropop - man möchte fast sagen, die Musik, die gerade „in" ist, wenn das nicht ein Ausdruck ist, der im Zusammenhang mit Springsteen ein Widerspruch selbst ist. Aber so ist es und Courtney Cox hat in dem Video eine Frisur wie viele junge Amerikanerinnen, die zur Beute der „zweiten britischen Invasion" wurden, nämlich der Bands der neuen Welle. Sie ist keine Rockerin und man sieht es.

97 *Springsteen mit der US-Flagge hinter sich.*

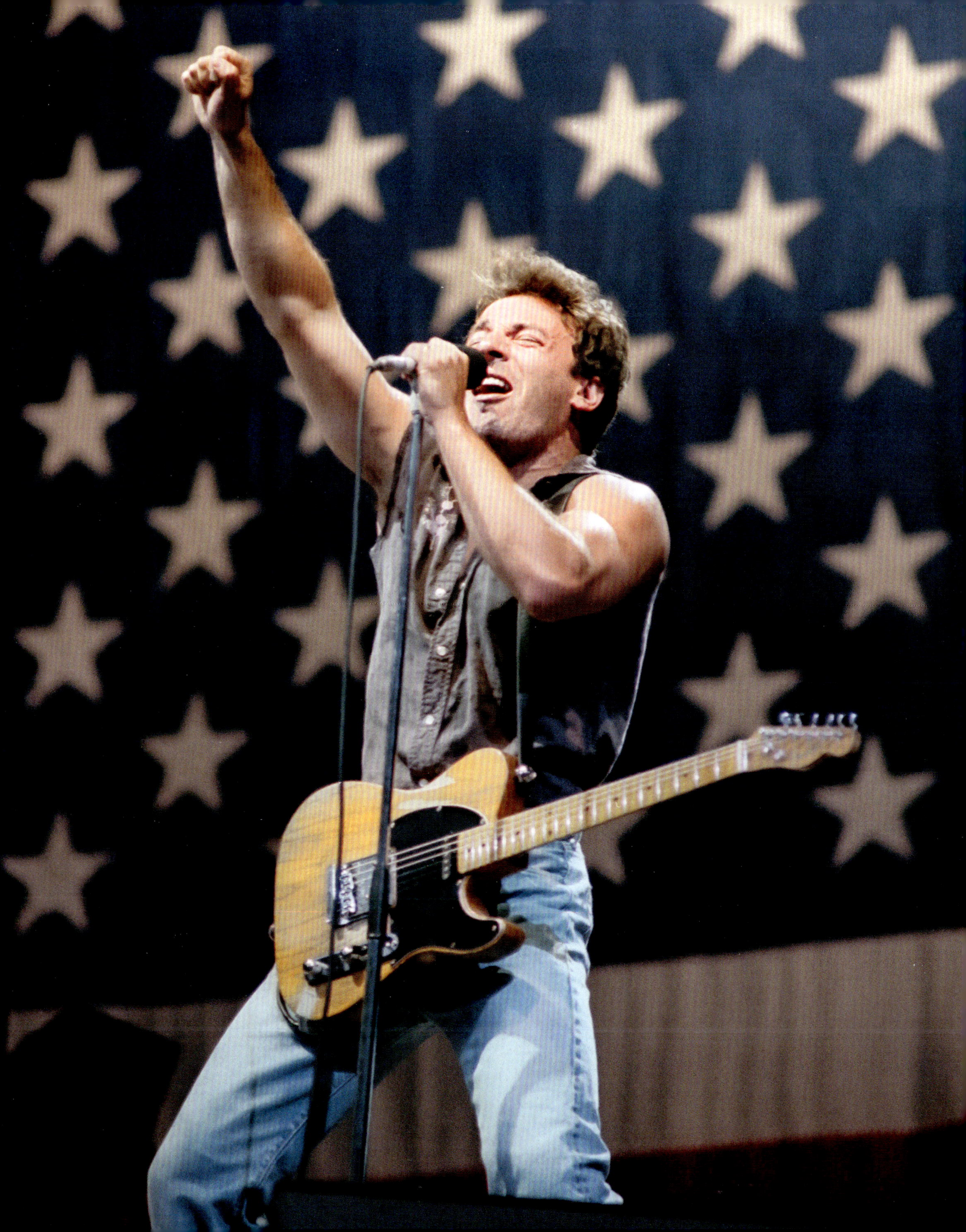

Ein derartiger Erfolg hat natürlich seine Folgen. Steve Van Zandt verlässt die E Street Band, um ein eigenes Projekt mit der Band Disciples of Soul zu starten. Er liegt nicht im Clinch (auch wenn es den Gerüchten nach eben typisch Landau ist, der nach Appels Kündigung niemand neben Springsteen akzeptiert), aber er fühlt sich mit dem Erfolg, den sie erreicht haben, nicht wirklich wohl. Für ihn ist der Verkauf von zwei Millionen Platten und die Tatsache, in den USA ausverkauft zu sein, mehr als ausreichend. Van Zandt ist die Personifizierung der vielen traditionellen Impulse im Leben von Bruce Springsteen, der denselben Menschen, mit denen er begonnen hat, treu geblieben ist, ebenso den Orten und der Mythologie, anstatt ausschließlich in einer neuen Dimension zu leben (in der eines Stars und eines Lebens mit hohem Einkommen). Er besitzt einige Anker, die ihn am Boden halten und ständig daran erinnern, dass die Welt, aus der er kommt, eine andere ist.

Außerdem passiert in dieser Zeit etwas anderes, das möglicherweise niemand zu der Zeit bemerkt oder für bedeutend gehalten hätte, aber später von grundlegender Bedeutung sein sollte. Während Steve Van Zandt aus der Band austritt, kommt eine neue Backgroundsängerin hinzu: Patti Scialfa.

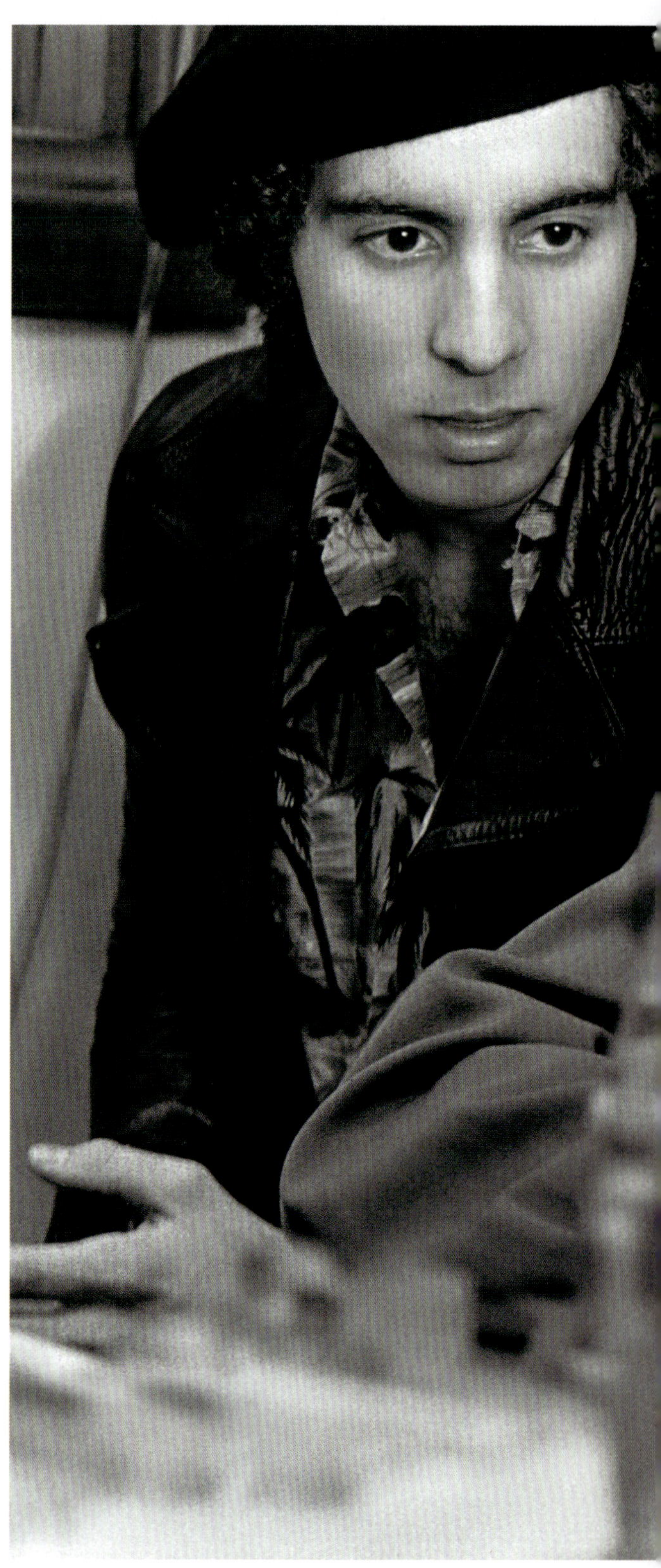

98-99 *Steven „Little Steven" Van Zandt und Bruce Springsteen während eines Radiointerviews bei WQXI Radio am 27. März 1976 in Atlanta, Georgia.*

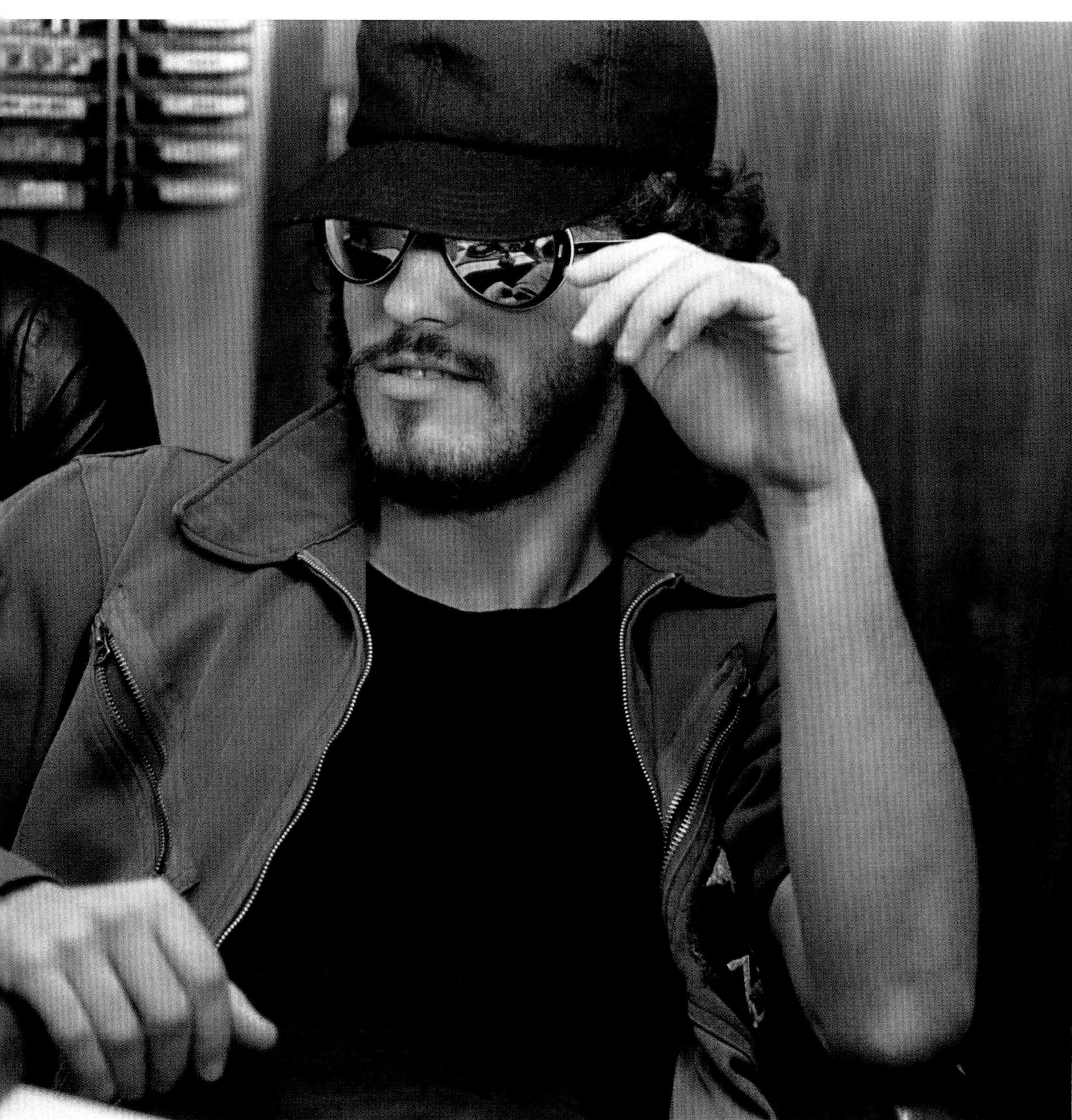

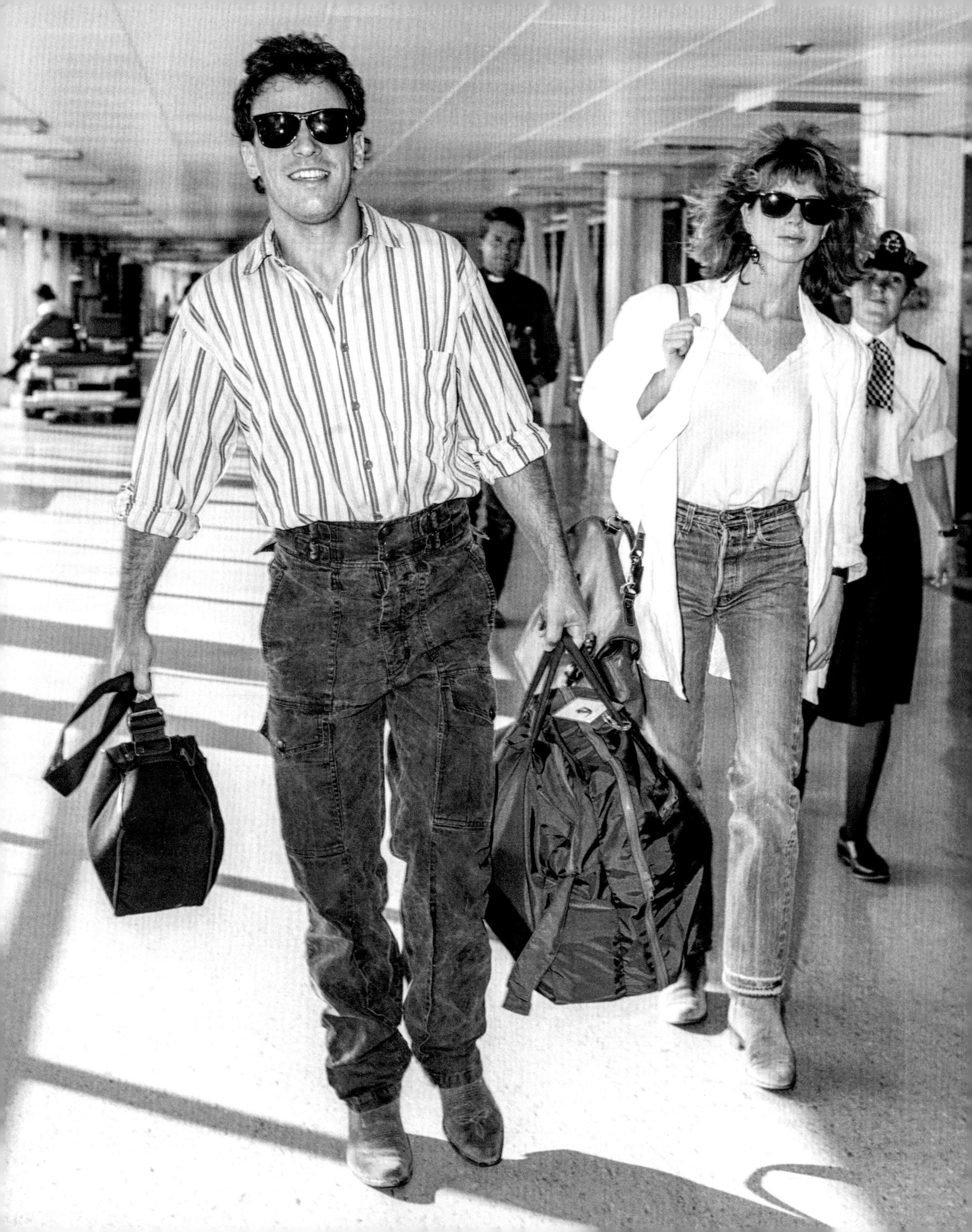

1985

Es ist eine Zeit der Veränderung und einer ganz erheblichen: Der Boss kauft ein Haus, und zwar in Kalifornien. Seit knapp zehn Jahren ist er nun als Musiker unter Vertrag und seit knapp zehn Jahren erzielt er immer größere Erfolge. Aber erst jetzt hat er das Bedürfnis, sich niederzulassen. Er hat sogar Bodyguards. Das ist der neue Status, der eines Weltstars. Damit ist die Verwandlung vom Jungen aus New Jersey zum Star des Showbusiness mit Villa in Kalifornien vollzogen.

Besser gesagt fehlt nur noch ein kleiner Schritt, der kurze Zeit später folgt, nämlich die Hochzeit mit Julianne Phillips, ein 24-jähriges Model, das er im Backstagebereich bei einem seiner Konzerte kennengelernt hat. Wie immer passieren die wichtigen Dinge in seinem Leben auf der Bühne oder sie haben zumindest ihren Lauf bei einem seiner Konzerte genommen, im Backstagebereich oder rund um eine Tour. Dieses Mal war es die Megatour von *Born In The U.S.A.* (eine so große Tour, dass bei den Konzerten in London die Königsfamilie zuhört und es in Dublin zu Tumulten kommt mit zerstörten Absperrungen und solch einem Zustrom, dass der Auftritt blockiert wird). Die beiden heiraten in Oregon mit 53 Gästen. Auch Patti Scialfa ist eingeladen, geht aber nicht zur Hochzeit. Sie ist verliebt und nimmt stattdessen Tracks für ihre Solo-Platte mit melancholischen Songs auf. Es werden nur wenige Platten verkauft. Sie erfährt eine totale Niederlage.

Alles ändert sich. Bruce geht nach Kalifornien, hat Bodyguards, heiratet ein Model, Julianne Phillips.

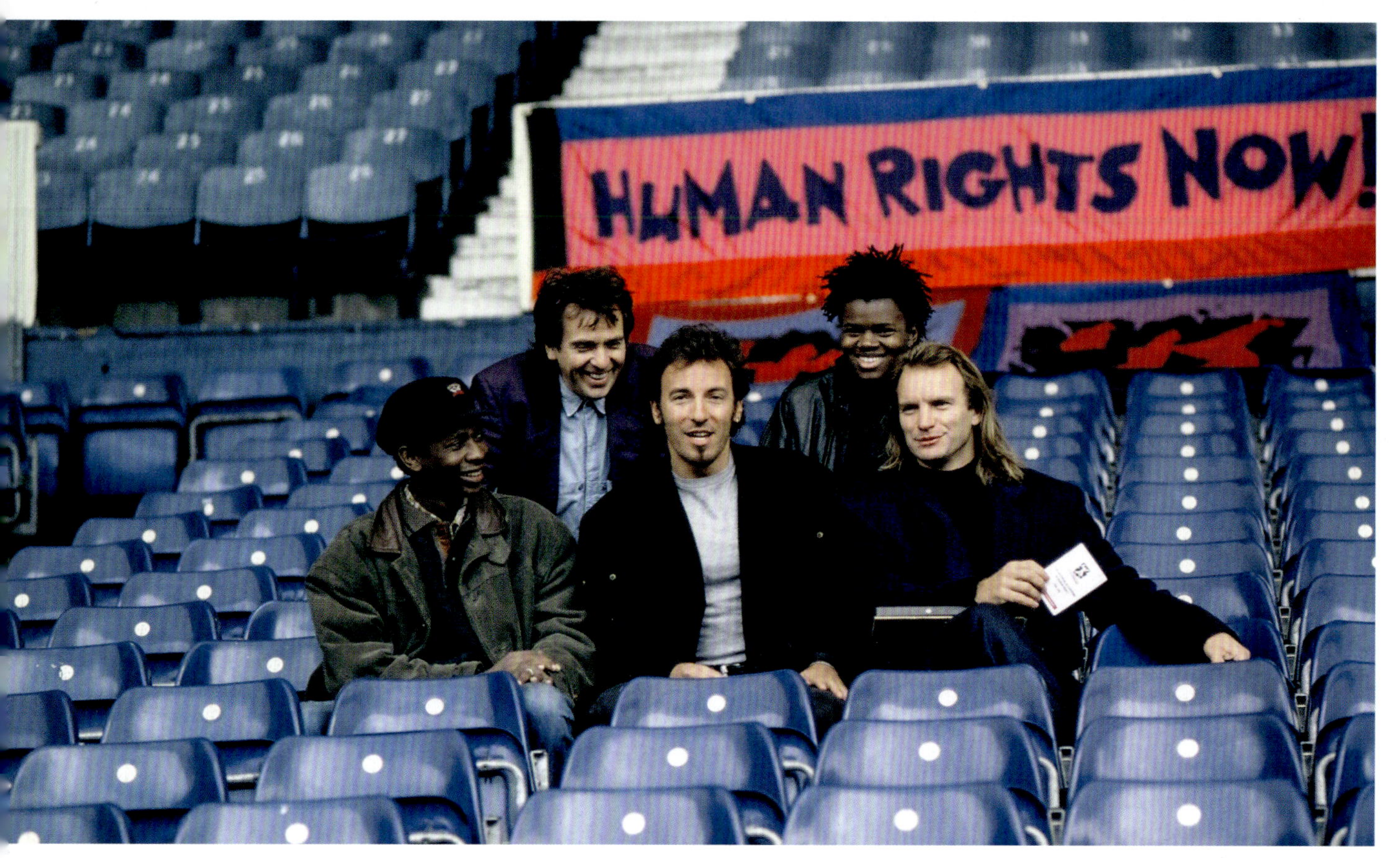

1988

102 *Der Cast der Tour „Human Rights Now!" Als Unterstützung für Amnesty International. Youssou N'Dour, Peter Gabriel, Bruce Springsteen, Tracy Chapman und Sting im Wembley-Stadion am 2. September 1988.*

103 *Das Cover von „Live 1975-1985" von Springsteen und der E Street Band.*

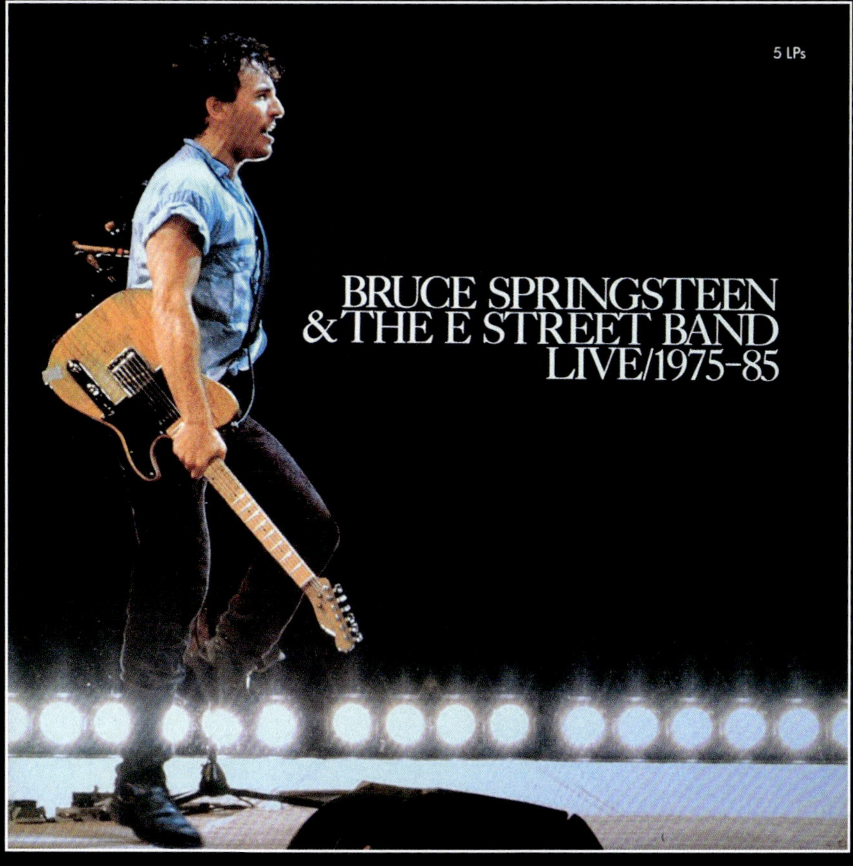

Anfang 1985 schließlich teilt sich das Image von Bruce Springsteen wie folgt auf: Einerseits ist er der berühmteste weiße Musiker der Welt, andererseits ist er auf den Bühnen weltweit intensiv und häufig auf humanitärer Mission. Er weigert sich, an der Verleihung der Music Award teilzunehmen, und sagt stattdessen dem Projekt We Are The World von Quincy Jones und Michael Jackson zu, später Artists United Against Apartheid von Steve Van Zandt, und spielt in Freehold zur Unterstützung der Arbeiter einer geschlossenen Fabrik und *My Hometown* wird zum Symbolstück des Protestes.

Mit Neil Young spielt er beim Bridge School Benefit, aber auch beim Jersey Artists For Mankind mit allen Musikern von New Jersey. In den Folgejahren spielt er 20 Konzerte für Amnesty International mit Peter Gabriel, Tracy Chapman, Youssou N'Dour und Sting (der zu einem engen Freund wird), die mit einem Konzert in Buenos Aires ihren Abschluss finden. Es wird auf eine EP mit dem Titel *Chimes of Freedom* aufgenommen, nach dem Cover Dylans, das alle am Ende der Konzerte spielen. Außerdem kommt zum Ende einer großartigen Ära die gefeierte Live-Sammlung heraus.

Bruce Springsteen & The E Street Band Live 1975-1985, die erste offizielle Live-Platte nach Hunderten von Bootlegs. Sofort ist sie an der Spitze der Charts. Mit drei Millionen sofort verkauften Platten und insgesamt 13 Millionen am Ende des Jahrzehnts ist es eines der erfolgreichsten Alben überhaupt und das erste Box-Set, das auf Platz eins der amerikanischen Album-Bestseller-

BRUCE SPRINGS

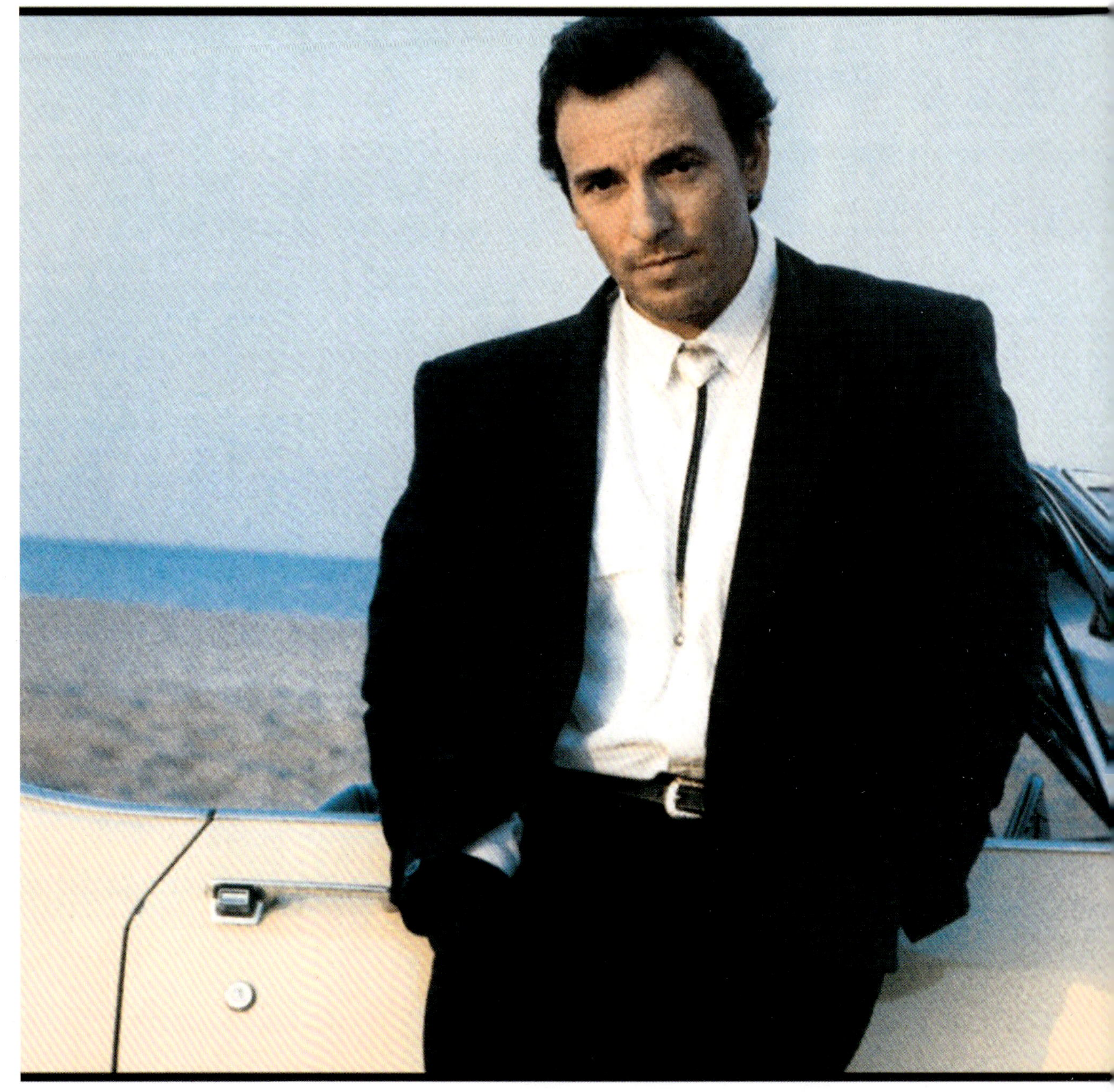

TUNNEL OF L

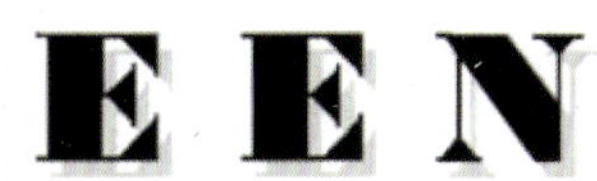

Auf gewisse Weise endet damit eine Ära und es beginnt eine weitere. Das nachfolgende Studio-Album 1986 ist *Tunnel Of Love*. Es ist ganz anders, viel schlichter und eleganter, ohne die stabile Basis der E Street Band. Es handelt sich um ein Solo-Album, auf dem die Musiker der Band an unterschiedlichen Stellen auftreten, ergänzt um den alten Freund Nils Lofgren. Ein Album mit einer Reihe intimer und persönlicher Songs, die von Leidenschaft und leichten Gefühlen geprägt sind, nicht die großen Rockauftritte, die Springsteen selbst so gerne zelebriert. *Tunnel Of Love*, wie bereits der Titel selbst verrät, ist eine Platte der Liebe, bestehend aus Balladen mit einfachen und alten Melodien, ein Album, das Geschichten aus dem täglichen Leben eines Amerikas weit ab von den großen Ereignissen dieser Welt erzählt, ein fantastisches und romantisches Amerika im Zentrum eines Universums, in dem „Ersatzteile und gebrochene Herzen die Welt in Gang halten", wie Springsteen in *Spare Parts* singt. Ein Universum, in dem das Leben noch von Gefühlen bestimmt ist, in dem es noch Träume gibt, die jeden Atemzug begleiten, aber in dem der „Rock 'n' Roll Hero" seinen Platz dem Familienvater überlassen zu haben scheint. Die Struktur der Songs ist nicht besonders neuartig, Springsteen wiederholt einen einzigartigen hohen Standard seiner unglaublichen Schaffenskraft und bleibt diesem auch auf dieser Platte treu: Was gegebenenfalls verblüfft, ist die unglaubliche Fähigkeit zur Erneuerung, die der amerikanische Künstler auf einer stets gleich bleibenden Basis auszudrücken vermag, die aber jedes Mal neu klingt. Die wirklich denkwürdigen Stücke sind der Titeltrack *Tunnel Of Love*, eine Single mit unglaublichem Erfolg, und ein Klassiker aus dem Repertoire Springsteens, der wunderschöne Song Brilliant Disguise, der herzzerreißende *Walk Like A Man* sowie *Tougher Than The Rest* und *One Step Up*. Aber es wird deutlich, dass Bruce bei dieser Platte einen anderen Weg eingeschlagen hat. Es ist nicht mehr der Springsteen, der Gefangene des Rock oben auf einem Stapel Verstärker. Ganz sicher nicht. Es ist Springsteen, der von den Schwierigkeiten der Gefühlswelt erzählt.

104-105 *Das Cover von „Tunnel Of Love", das im Oktober 1987 veröffentlicht wurde.*

Die Beziehung mit Julianne Phillips läuft nicht gut und niemand um ihn herum ist überrascht. Tatsächlich hatten die beiden nie etwas gemeinsam. Sie kommt aus gutem Hause, hat keine Leidenschaft für den Rock, und er kommt aus New Jersey und seine Welt besteht ausschließlich aus Rockmusik. Die kulturellen Unterschiede und die Diskrepanz der sozialen Herkunft sind zu groß und führen in diesem Jahr schließlich zum Ende der Ehe und einer unblutigen Scheidung. Springsteen weist die Anwälte an, nicht zu kämpfen, und Julianne Phillips erhält, was sie will, nämlich 20 Millionen Dollar. Es gibt kaum Verhandlungen oder Streit, nicht zuletzt, weil Bruce – obwohl die beiden nicht mehr zusammen sind und er den Ring nicht mehr trägt – ohne jemandem etwas zu sagen, angefangen hat, sich für Patti Scialfa offen zu zeigen, bis Julianne die beiden im Privatflugzeug beim Knutschen erwischt. Außerdem wird Springsteen, als er für ein Konzert in Rom ist, auf der Terrasse seines Hotelzimmers mit Patti zusammen fotografiert. Nun wissen es also nicht nur alle seine Bandmitglieder und Julianne Phillips, sondern auch tatsächlich die ganze Welt. Sofort wird eine Presseerklärung herausgegeben, in der das Eheaus bestätigt wird.

DIE EHE ZERBRICHT. UND PATTI SCIALFA IST SEINE NEUE UND ENDGÜLTIGE LIEBE.

Auf gewisse Weise war all das bereits in *Tunnel of Love* erklärt worden, wie immer: Anhand der Tour erkennt man, an welchem Punkt seines Lebens er sich tatsächlich befindet, welche Sehnsüchte er tatsächlich hat und was sich gerade verändert. In den Konzerten 1988 dominiert nicht mehr die Aufgeregtheit, sondern es sind etwas kleinere und intimere Konzerte, beseelt von Rhythmus und Blues. Und das Repertoire wird verkleinert, keine Marathon-Konzerte mehr. Und schließlich zeigt sich Bruce Springsteen auf der Bühne zunehmend in Duetten mit seiner Backgroundsängerin Patti Scialfa, seine „rote Revolution, schön wie das Feuer, Königin meines Herzens, Kellnerin, Straßenmusikerin, aus gutem Hause, erfahrenes Jersey Girl, großartige Songwriterin, 19 Jahre lang New Yorkerin, eine der schönsten Stimmen, die ich je gehört habe, patent, tough und zerbrechlich". Nach Abschluss der Tour ziehen die beiden zusammen und es beginnt die Arbeit an einem noch intimeren Album als *Tunnel of Love*: *Human Touch*.

107 *Patti Scialfa tritt mit Bruce Springsteen im Wembley-Stadion in London am 30. Juni 1988 auf.*

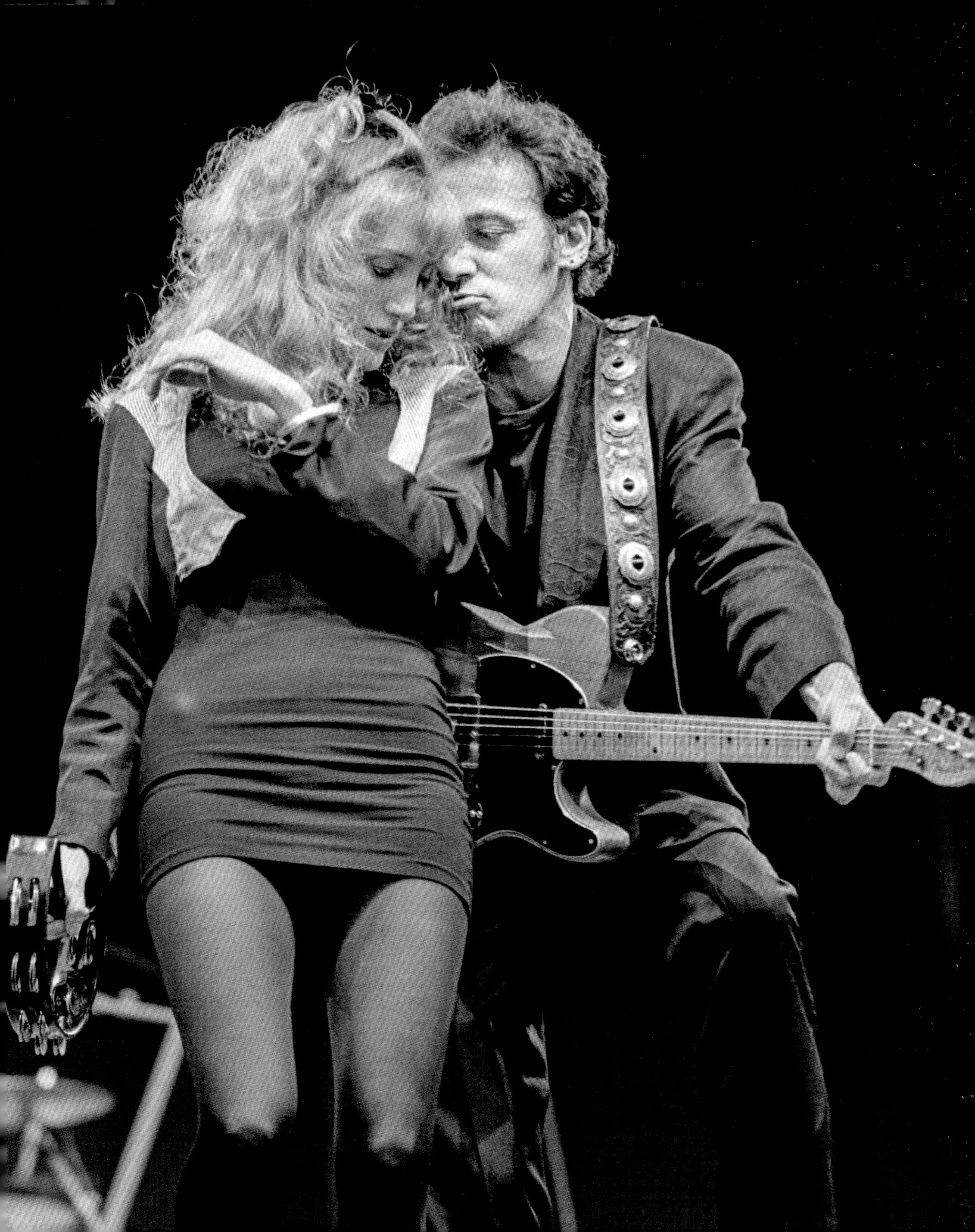

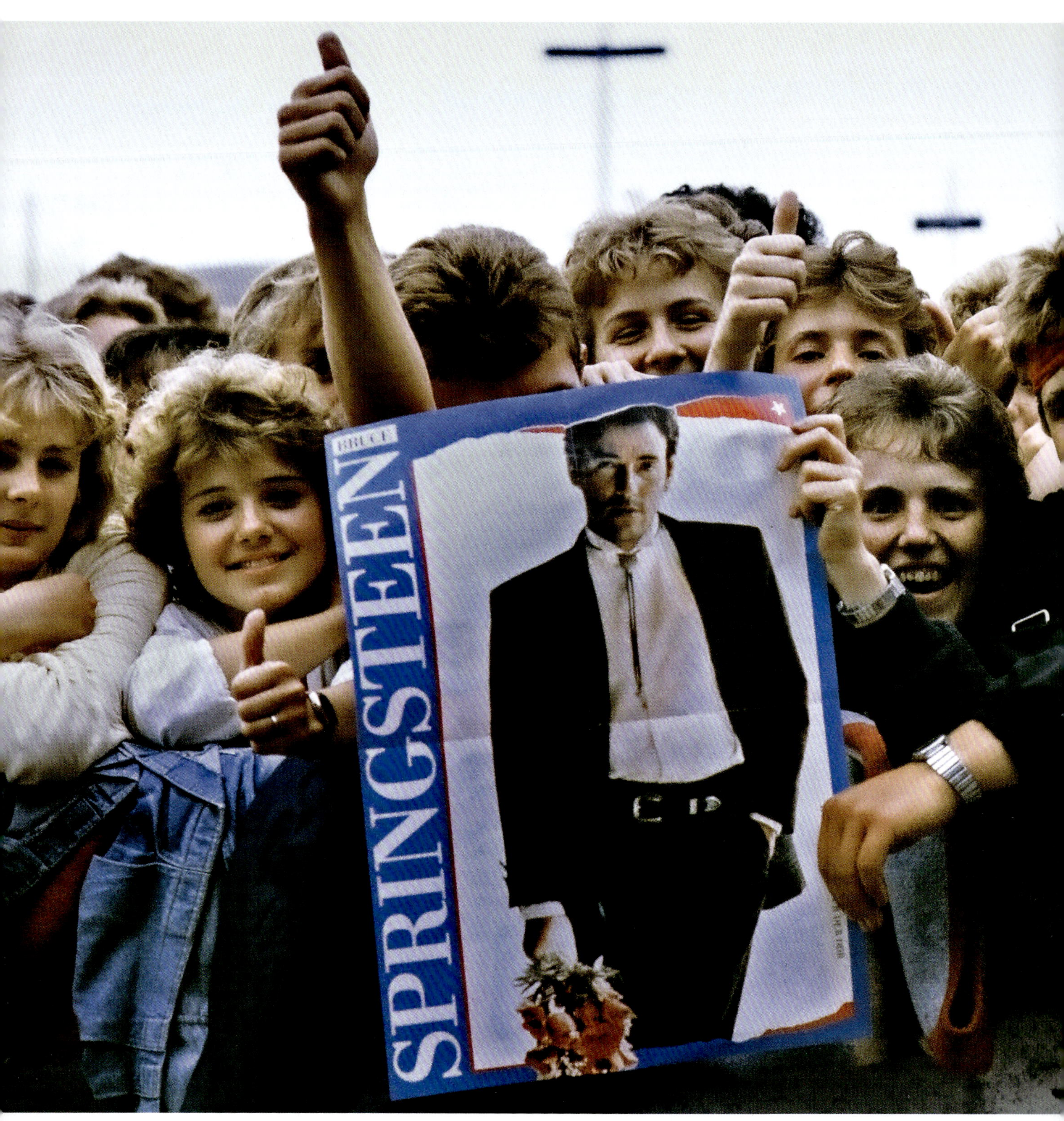
BRUCE
SPRINGSTEEN

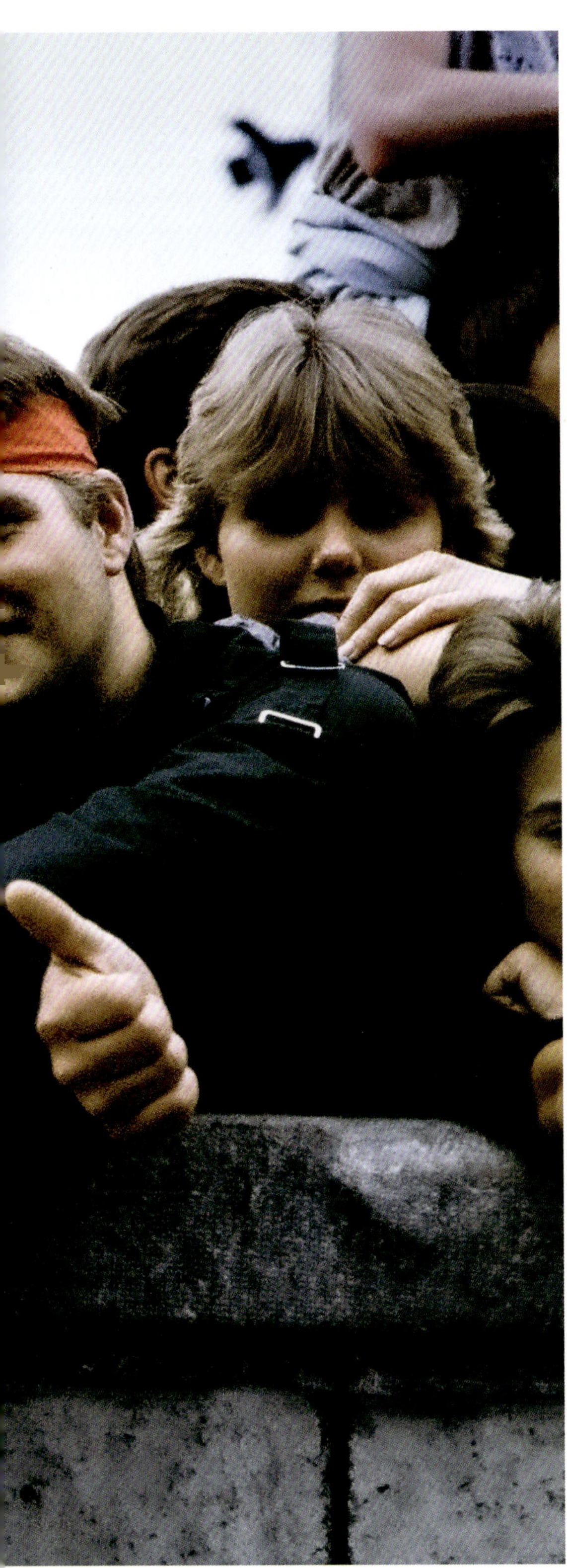

Zu der unglaublichen Konzertreihe für humanitäre, soziale und politische Zwecke gehört auch ein Konzert in Ostdeutschland. Es kommen 300.000 Besucher. Die DDR-Führung wollte das Konzert nutzen, um die Jugendaufstände zu ersticken, aber das Gegenteil war der Fall. Anstatt die Gemüter zu beruhigen, die hochkochten und ein Jahr später zum Mauerfall führen sollten, verschärft das Konzert nur den Wunsch nach Freiheit und westlicher Musik. Aber 1989 fällt nicht nur die Berliner Mauer. Auch ein weiteres, scheinbar unerschütterliches Symbol findet sein Ende. Nur zwei Monate vor dem Mauerfall wird Bruce Springsteen am 23. September 1989 und natürlich auf einer Bühne, nämlich im McLoone in Sea Bright in New Jersey, vollkommen betrunken und verschwitzt wie nur selten 40 Jahre alt. Die Bandmitglieder der E Street Band um ihn herum sind ebenso betrunken wie er und wissen alle, dass die Zusammenarbeit in den letzten Jahren nicht mehr so solide und beständig war wie früher, und vielleicht sind sich alle dessen bewusst, dass sich nach 20 gemeinsamen Jahren die Band von nun an auflösen wird.

108-109 *Fans von Bruce Springsteen zeigen das Tourplakat von „Tunnel of Love" 1987, als sie auf den Beginn des Konzerts warten.*

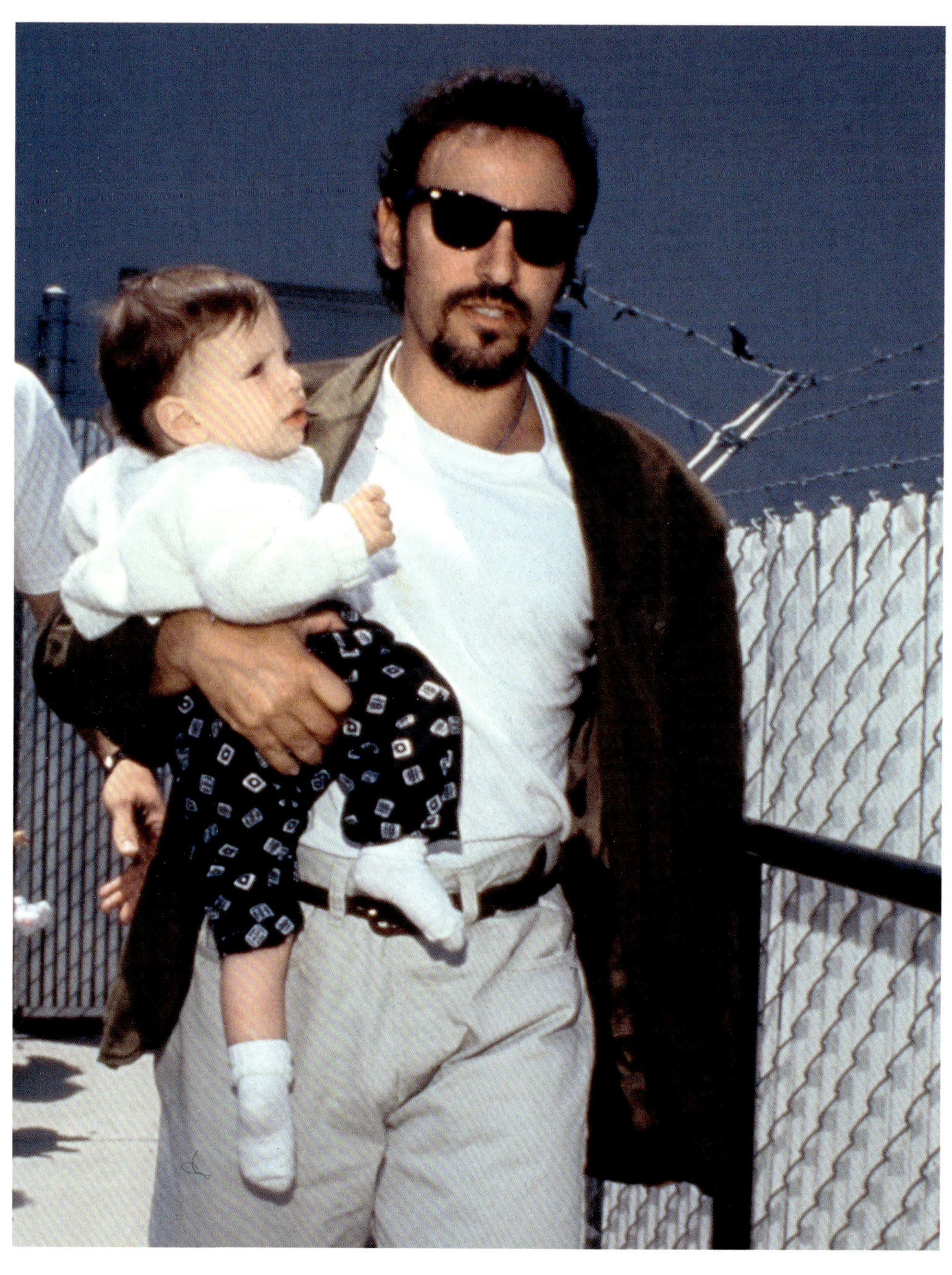

110 *Bruce Springsteen 1991 mit seinem Sohn Evan James auf dem Arm.*

Zum Jahresende wird Patti Scialfa schwanger. Douglas Springsteen ist nicht wirklich ein Mann der großen Worte. Er gehört zu der Art Amerikaner, der viel trinkt und wenig zu sagen hat, ein Vater, der viele Vorstellungen davon hat, wie der Sohn sein sollte, und die der Sohn Bruce vollkommen enttäuscht hatte.

Bruce war das Gegenteil dessen, was sich der Vater gewünscht hätte. Und genau deshalb waren die beiden nicht gut miteinander ausgekommen. An einem der letzten Tage der Schwangerschaft, kurz vor Geburt des Kindes, klopft es um 11 Uhr morgens an der Haustüre der Springsteens in Los Angeles. Es ist Douglas. Er ist aus New Jersey mit dem Auto angereist, ohne etwas zu sagen oder sich anzukündigen. Obwohl es noch Morgen ist, setzen sich Vater und Sohn in die Küche, um ein Bier zu trinken, und was dann Bruces Erinnerung nach passiert, kommt am ehesten einer Entschuldigung seitens Douglas gleich. Dort in der Küche sagt er: „Du warst sehr gut zu uns", und fügt dann hinzu: „Ich war nicht wirklich gut zu dir."

Weiter geht er nicht, aber die Bedeutung ist eindeutig. Jetzt, wo Bruce Vater wird, möchte Douglas die Sündenkette der Väter durchbrechen, die von Vätern an die Söhne weitergegeben wird. Er will nicht, dass Bruce mit seinem Kind dieselben Fehler macht, die er ertragen musste. Diesen Moment als „kardinal" zu bezeichnen würde nicht ausreichen.

Der erste Sohn von Bruce Springsteen heißt Evan James, wird 1990 geboren und verändert sehr das Leben seines Vaters. Dieselbe Person, die zwischen 1973 und 1985 nicht einen Moment still stand, der Musiker der gigantischen Touren, für den nichts Ernsthaftes passiert, sofern es nicht auf der Bühne bei einem Konzert ist, und der gerade angefangen hatte, einem normaleren Leben nachzugehen, wird offiziell Familienvater. Zwischen 1990 und 1992 verlässt Springsteen nur selten das Haus, bleibt bei Frau und Sohn, aber nimmt sehr viele Beziehungen wieder auf (abgesehen von seinen Eltern), auch mit seiner Schwester. Also nicht nur die Familie, die vor, sondern auch die hinter ihm steht, wird von zentraler Bedeutung. 1991 heiratet er in Santa Monica. Zum zweiten Mal. Anders als beim ersten Mal jedoch ist jeder, der ihn kennt, überzeugt, dass er dieses Mal wirklich glücklich und entspannt ist.

Zwischen 1990 und 1992 ruht sich der unermüdliche Boss aus. Er löst die E Street Band auf.

Er verlässt sein Haus in Beverly Hills, nicht und die wenigen Male in dem ersten Jahr, die man ihn in der Öffentlichkeit sieht, sind anlässlich Benefizveranstaltungen. Zwei davon im Christic Institute in Los Angeles, wo er akustische Stücke spielt, alte und neue Songs. Er geht auch weiterhin zur Psychotherapie, jetzt wo er eine Art normales Leben führt, oder zumindest das, was für einen Welt-Rockstar einem normalen Leben am nächsten kommt, gibt er es nicht auf. Vor allem aber ruht er sich erstmals in 40 Jahren aus. Das vor ihm liegende Jahrzehnt wird das erste sein, in dem zusammen mit den neuen Alben vor allem auch Sammlungen, Compilations von unveröffentlichten, aber alten und Live-Songs herauskommen. Tatsächlich hat sich sein Platten-Image gewandelt. Es wird ein Jahrzehnt eines großen Musikers, der in der Geschichte des Rocks eine Kerbe hinterlassen und diese geprägt hat und folglich eine berühmte Vergangenheit hat, während er jetzt Wege ausprobiert, die mehr oder weniger neu und wenig erfolgreich sind. Denn er hat ganz sicher nicht vor, sich zu wiederholen, dafür gibt es die *Best Of*. Im Übrigen hat er gerade erst die E Street Band aufgelöst.

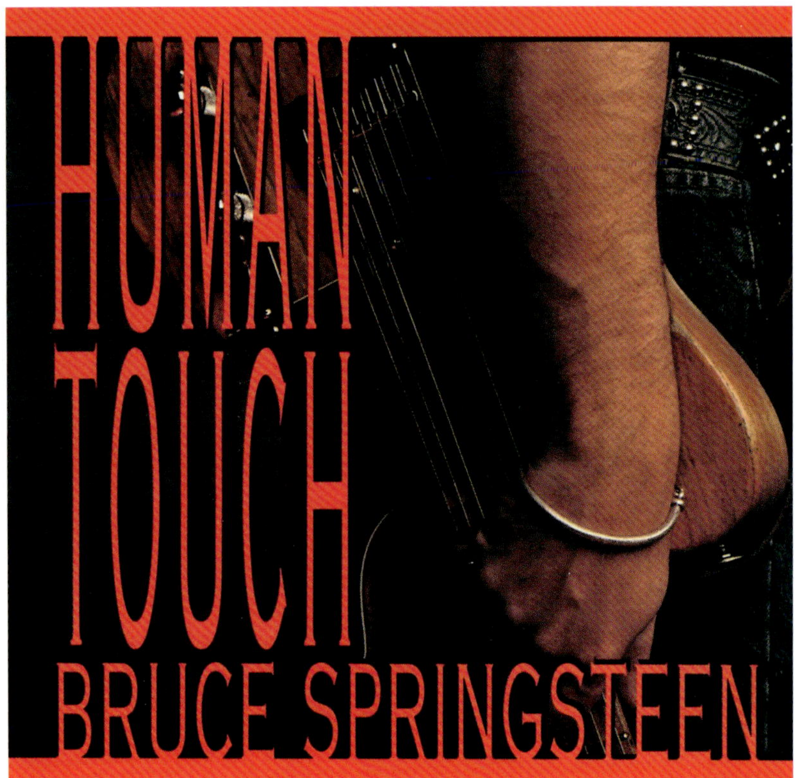

Natürlich arbeitet er auch weiterhin, aber langsam und in Ruhe. Im gesamten Jahr 1990 nimmt er nur ein Stück auf, *My Lover Man*, und nach drei Jahren, in denen er verschwunden schien, kommen die Vergleiche mit den großen Künstlern auf, die sich an einem gewissen Punkt in ihrem Leben dazu entschieden haben, sich nicht mehr blicken zu lassen. Als sich die dreijährige Pause dem Ende neigt, haben sich so viele Stücke angesammelt, dass Bruce Springsteen zwei Platten herausbringt. Um genau zu sein, finden alle Sessions zur Umsetzung an der Ostküste der USA statt, im Verlauf von 19 Monaten zwischen September 1989 und März 1991. Viele unterschiedliche Musiker tragen dazu bei. Einige sind bekannt als Session-Musiker, zwei von ihnen haben sogar an *Rispetto* von Zucchero mitgewirkt, nämlich das Team aus Bruces altem Freund David Sancious und seinem Kumpel Randy Jackson, oder Superstar Jeff Porcano. Bruce will keine richtige Band und der einzige, der von der alten Familie die Revolution überlebt, ist Roy Bittan, der ebenfalls in Kalifornien lebt und nicht in Vergessenheit gerät, sondern eine zentrale Rolle übernimmt. In dieser Zeit werden circa 30 Songs aufgenommen und das Album ist Anfang 1991 schon bereit zur Veröffentlichung. Aber Springsteen überdenkt es nochmals und schreibt neue Stücke. Ein ganzes Jahr vergeht und endet mit zwei unterschiedlichen und zeitgleichen Veröffentlichungen, die auf bestimmte Weise eine exakte Momentaufnahme jener zwei Kräfte darstellen, die ihn beherrschen. Ein Album ist *Human Touch*, eindeutig der klassische Bruce, Radiomusik und ein großartiger Sound, das zweite Album *Lucky Town* hingegen ist sehr schlicht und pur.

112 und 113 *Auf dieser Seite das Cover von „Human Touch"; auf der anderen das von „Lucky Town": zwei Alben, die zeitgleich 1992 veröffentlicht wurden.*

114-115, 116, 117 und 118 *Bruce Springsteen während der Tour „Born in the U.S.A" 1984.*

LUCKY TOWN
BRUCE SPRINGSTEEN

Mit keinem von beiden hat die Öffentlichkeit wirklich gerechnet. Vor allem, weil der „Sound" von Springsteen nicht der der E Street Band ist: Alles klingt zu rein und poliert, überproduziert und wenig gefühlvoll. Es sind Alben, die nicht das Leben derer prägen, die sie hören – nicht gerade eine kleine Veränderung, wenn man es gewohnt ist, Springsteen zu hören, weil er die menschliche Seele berühren kann. Es sind die Platten eines amerikanischen Rockmusik-Profis, mehr nicht. Nur wenige kaufen beide Alben, die den zweiten und dritten Platz der am meisten verkauften Platten belegen, mit 1,5 Millionen Stück, die Hälfte von Tunnel Of Love, ein Zehntel von Born In The U.S.A. Insgesamt dürfte der neue Springsteen 66 % des Publikums verloren haben, das er Mitte der 80er-Jahre auf dem Höhepunkt seiner Karriere hatte. Aber in dem Moment scheint es ihn wenig zu kümmern. Im Übrigen hatte auch Steve Van Zandt das als die richtige Dimension prophezeit, als er die E Street Band verlassen hatte.

1 9 9 2

Zum ersten Mal greift sogar die Presse die Platten an oder ist zumindest gespalten. Und zum ersten Mal sind die Konzerte nicht alle unbedingt ausverkauft (auch das genau hatte Steve Van Zandt gesagt, ausverkauft in der Heimat, aber nicht unbedingt im Ausland). Und es ist das erste Mal, dass Springsteens Konzerte nicht berauschend sind. Die ihn begleitende Band ist komplett neu, vielleicht gut abgestimmt für die neuen Songs, aber vollkommen unpassend zum alten Repertoire, das in den Konzerten sehr begrenzt ist.

Das Einzige, das sich nicht verändert, sind die Benefizkonzerte, die er weiter gibt.

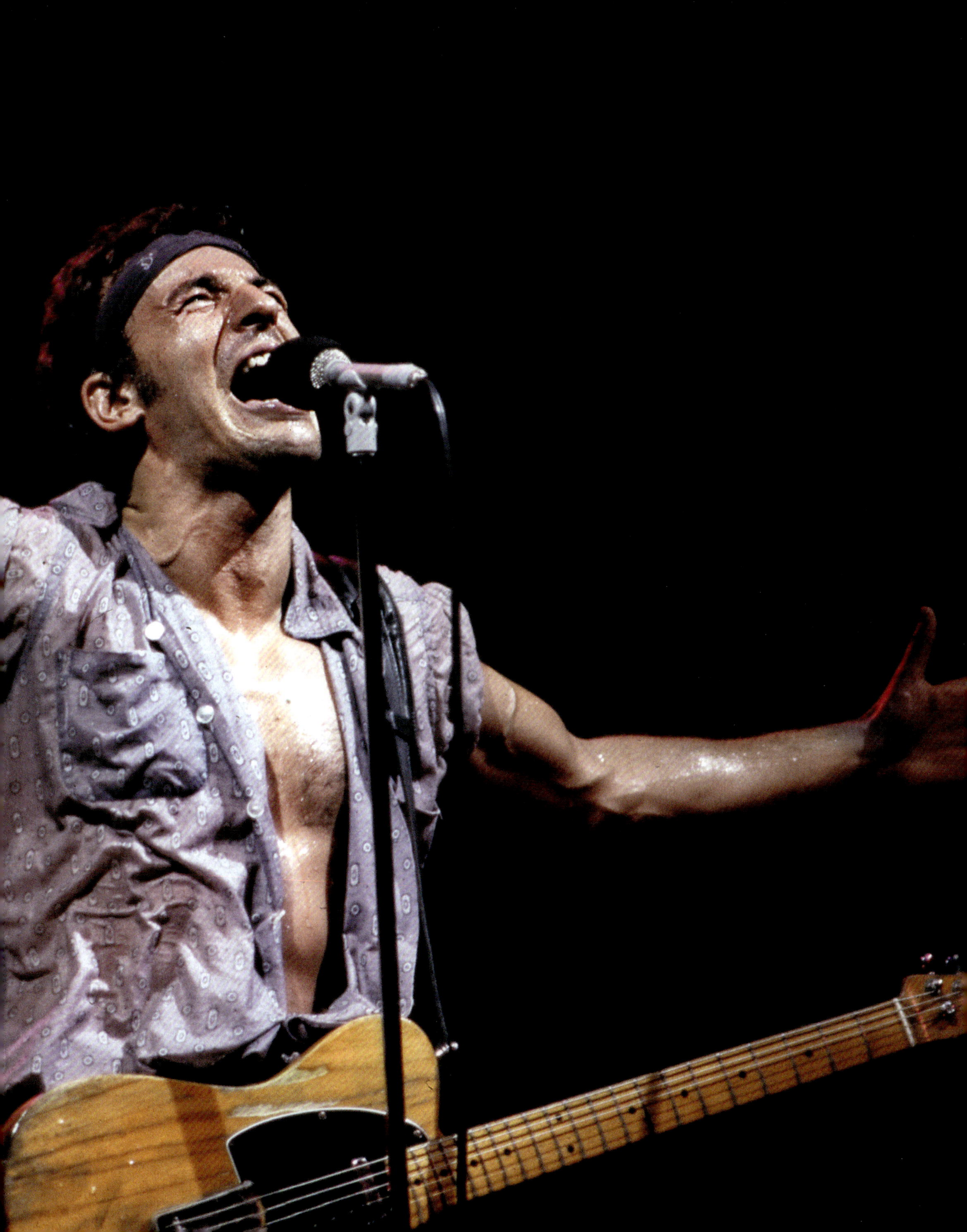

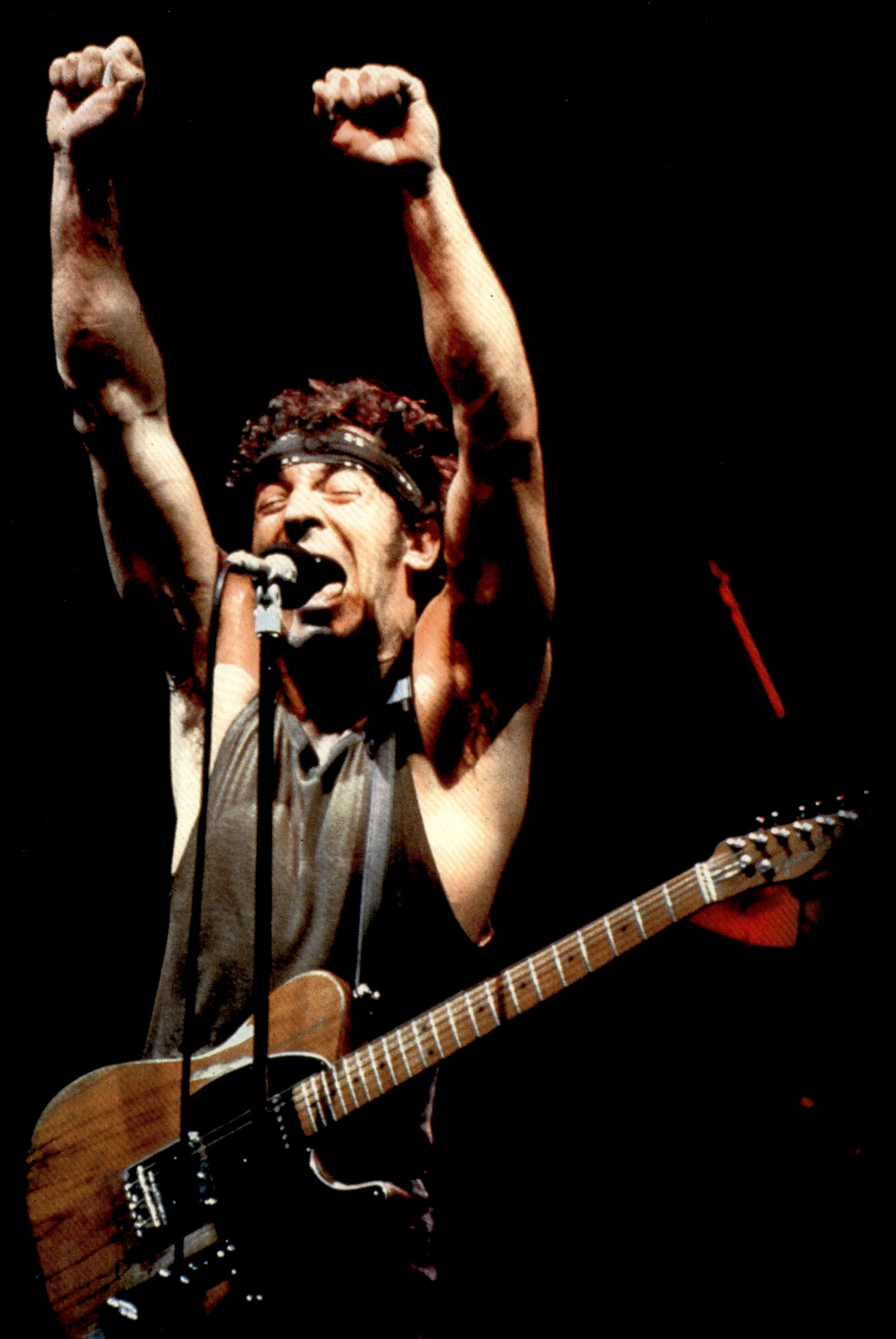

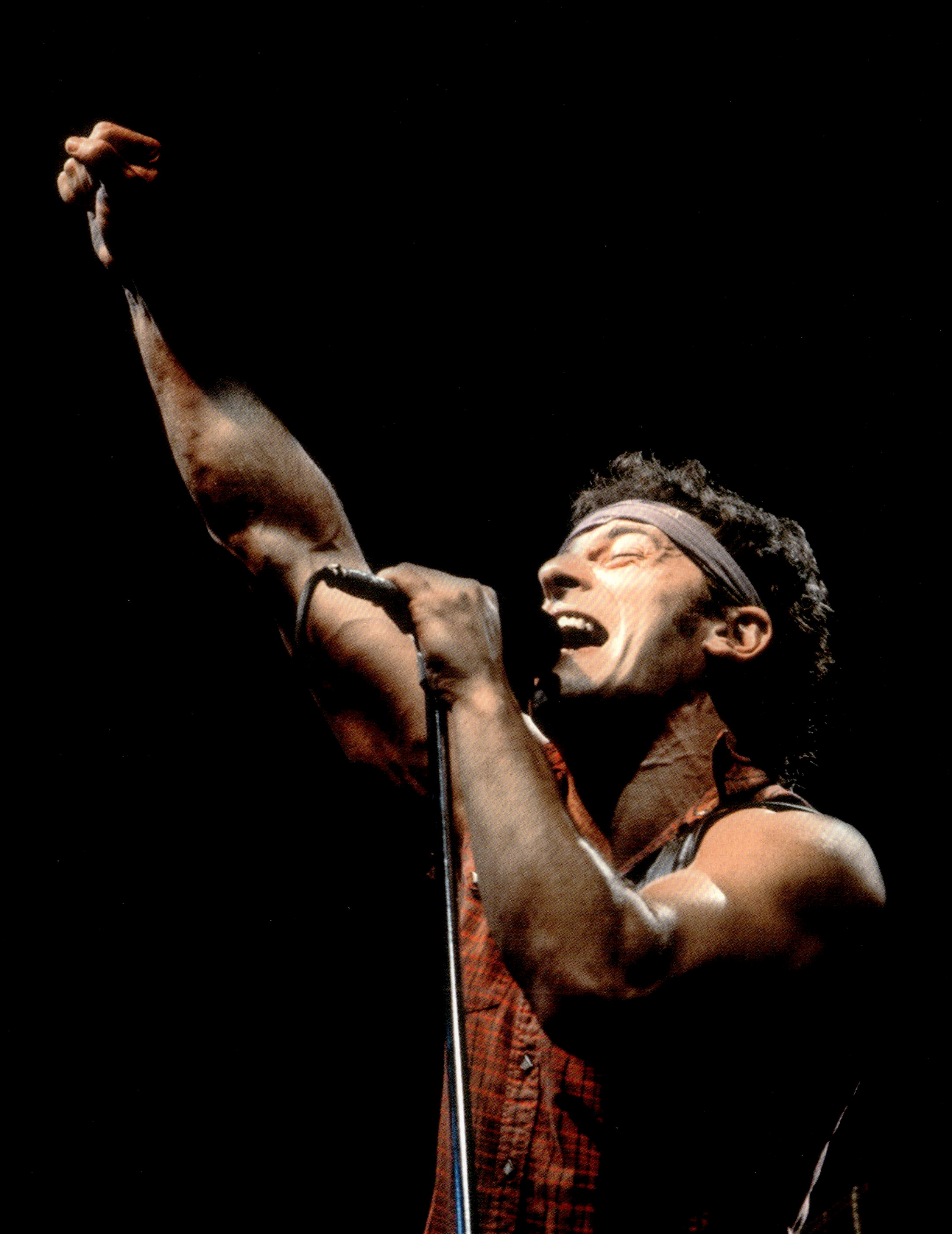

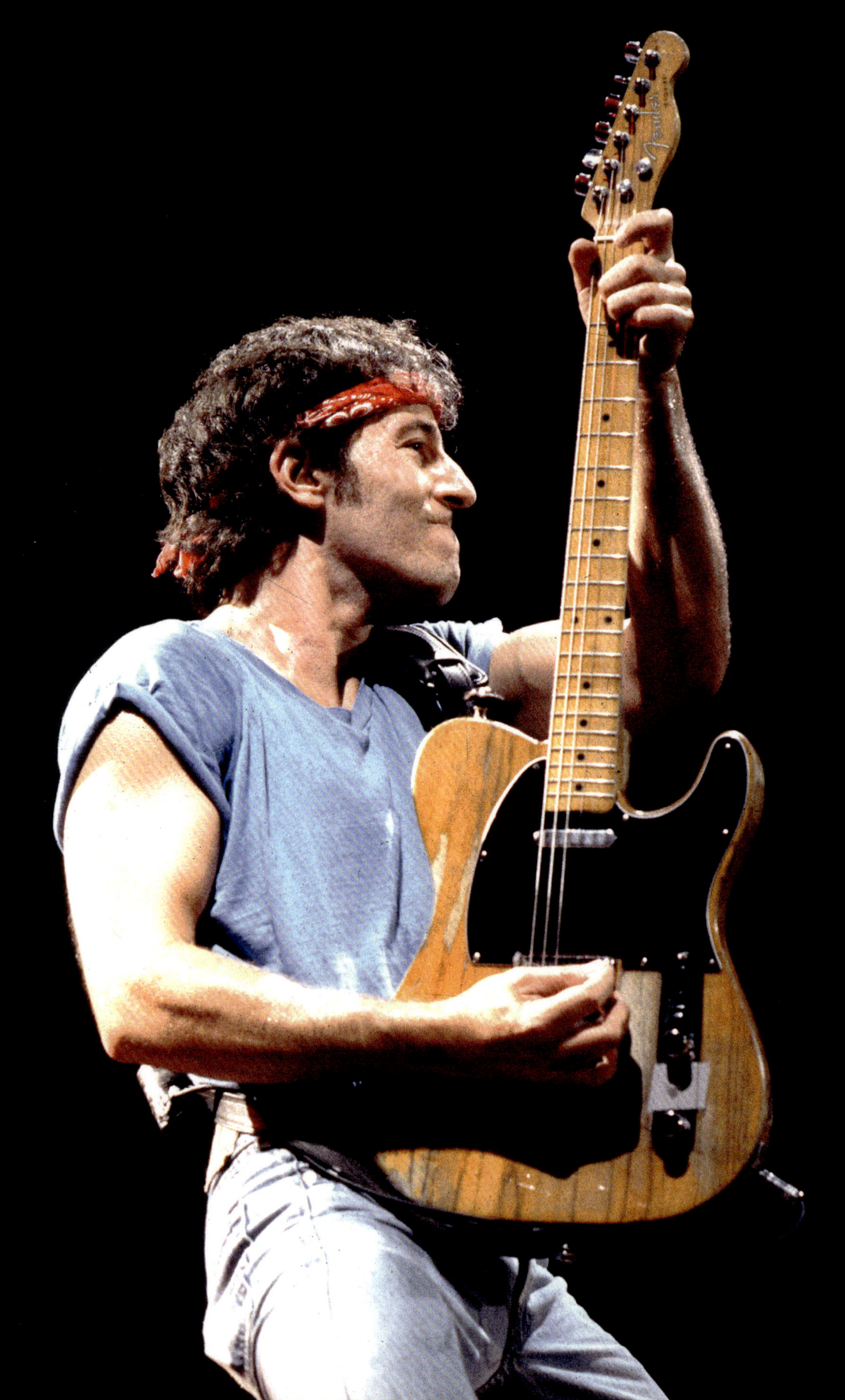
Fender

MIT DEN 90ER-JAHREN ENDET EINE LEGENDÄRE ÄRA.

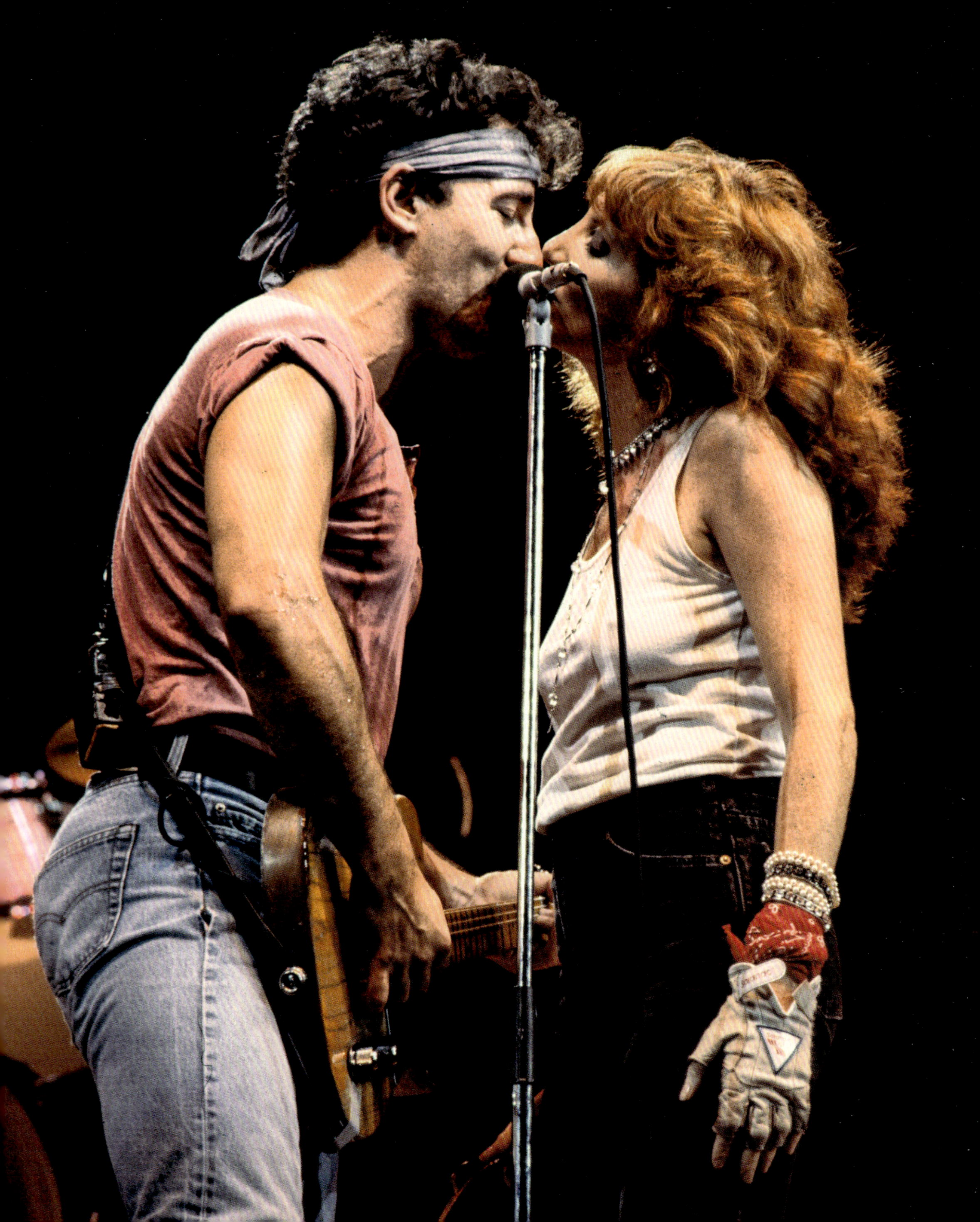

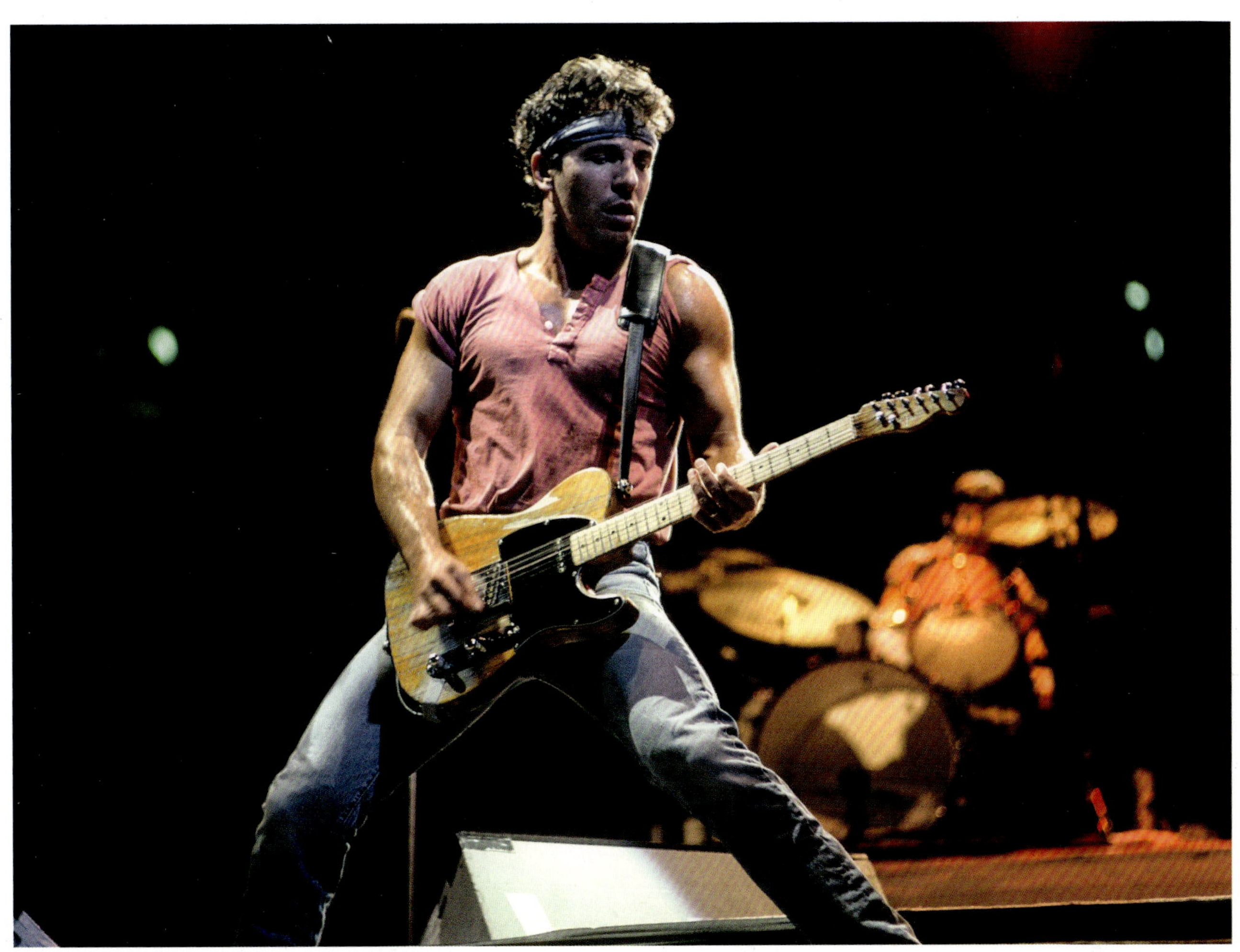

DIE KONZERTE SIND EINE „TOUR DE FORCE" UND DAUERN STUNDEN, ZWISCHEN EXTASE UND LEIDENSCHAFT, TRÄUMEN UND ROCK 'N' ROLL.

120 *Bruce Springsteen und die Backgroundsängerin Patti Scialfa: gemeinsam auf der Tour „Born in the U.S.A." im Giants Stadium in New Jersey am 22. August 1985.*

121 *Springsteen und seine Gitarre auf der Tour „Born in the U.S.A".*

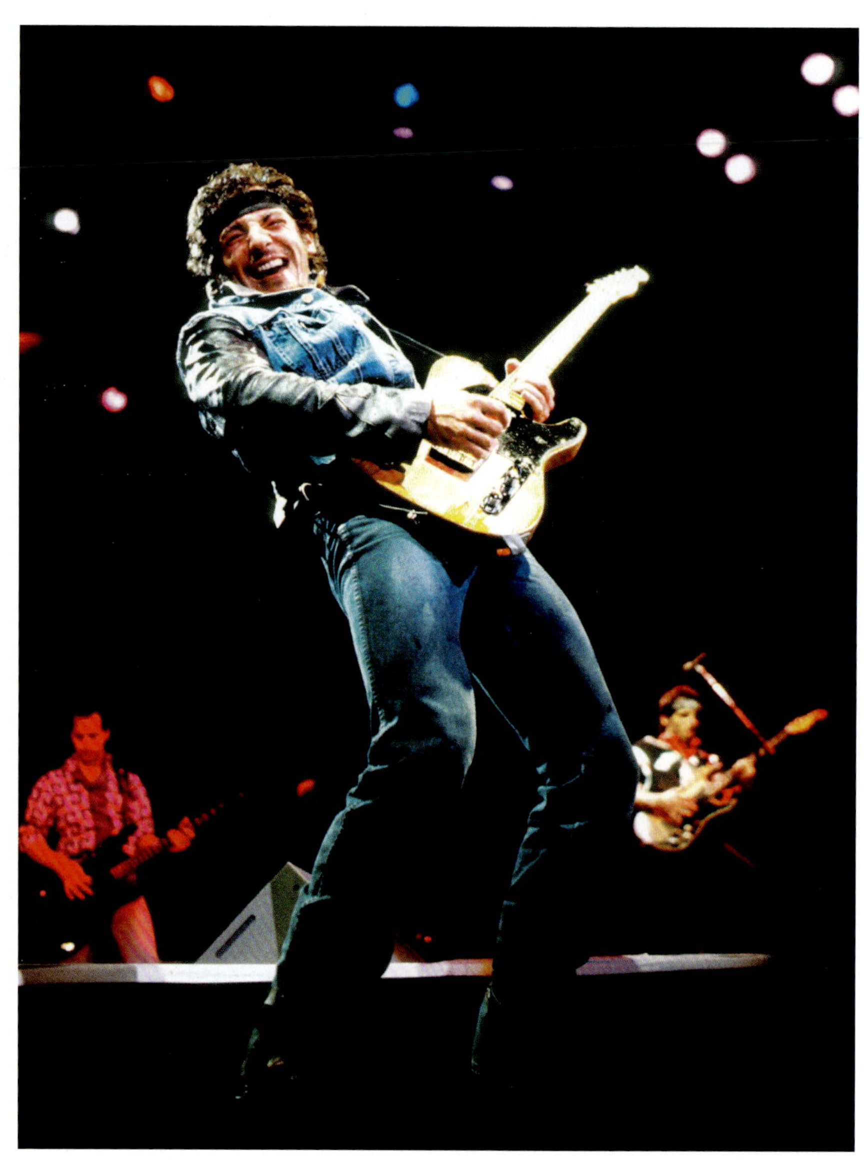

122 und 123 *Zwei Schnappschüsse vom Abschlusskonzert der Tour „Born in the U.S.A." 1985, am 2. Oktober in Los Angeles in Kalifornien.*

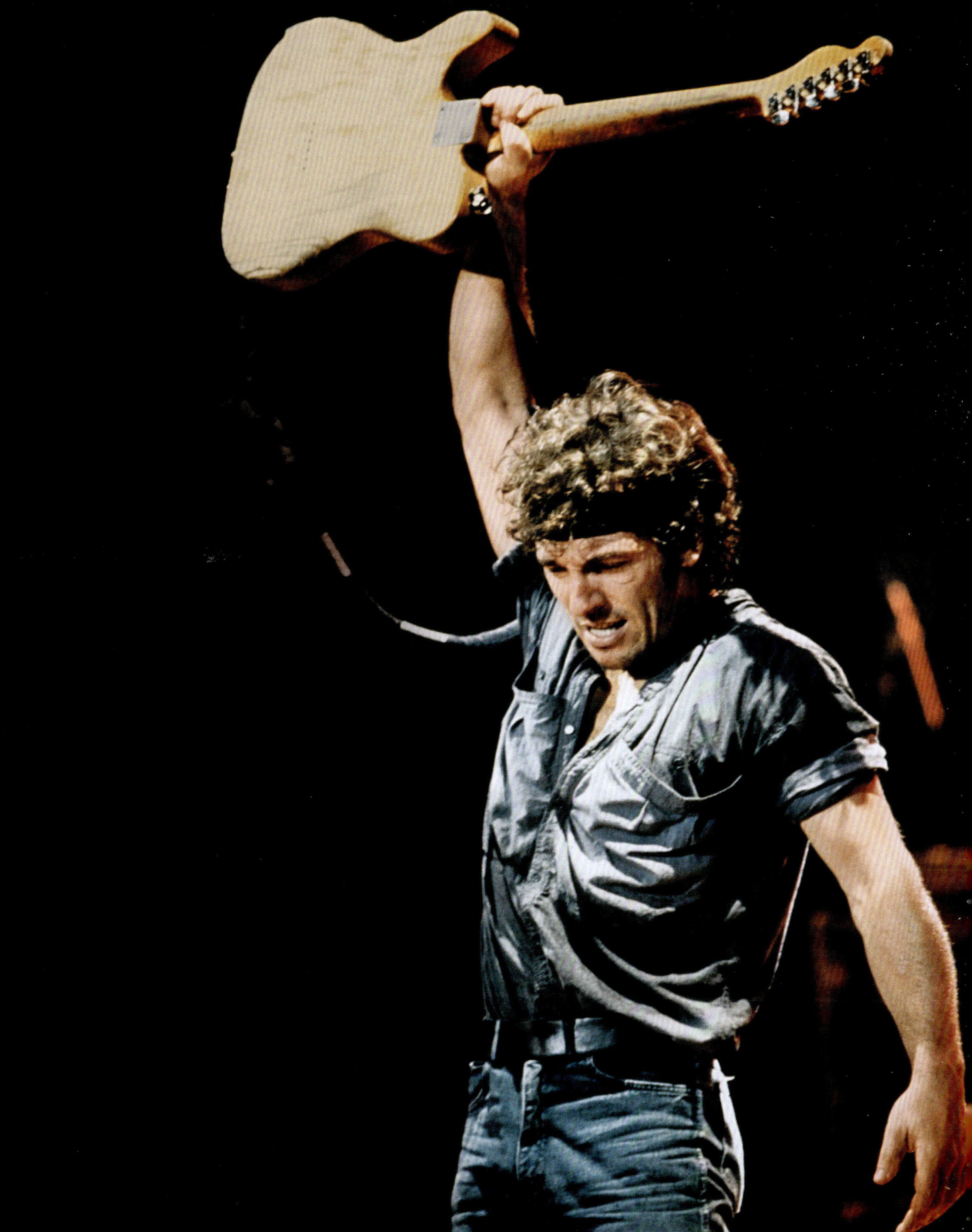

4

1992 - 2012
VON DER KRISE
ZUR WIEDERGEBURT

DAS ENDE DES JAHRTAUSENDS,
DER BEGINN EINES
NEUEN LEBENS

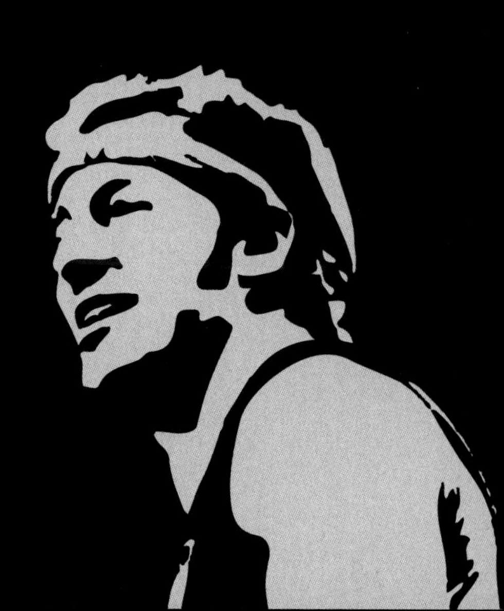

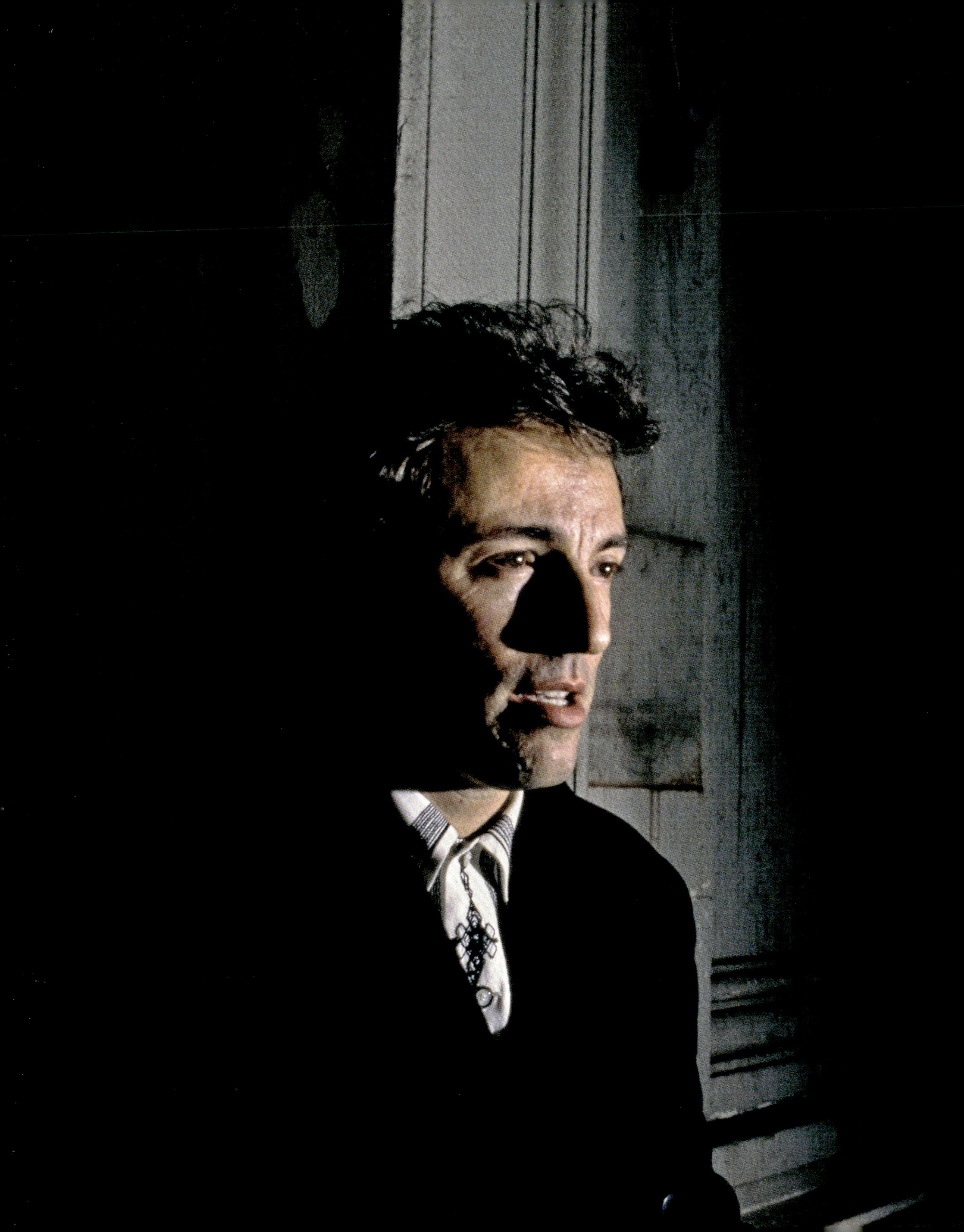

Auf diese Weise beginnt Springsteens lange Zeit als Solokünstler, nicht mehr als Teil einer Band. Bedenkt man, was er in den vorherigen 20 Jahren alles gemacht hat, erscheint es seltsam. Aber tatsächlich ist die andere Seite des Enthusiasmus, der Energie, der Menschlichkeit und des Willens, mit anderen in Kontakt zu kommen, die Depression, die ihn nicht loslässt. Es sind extreme Stimmungsschwankungen, unter denen er schon immer leidet. Springsteen kann furchtbar sein. Zu allen. Der Gang zum Therapeuten wird immer unentbehrlicher. Er spürt Traumata aus der Vergangenheit auf und versucht sie zu verstehen, aber das befreit ihn keineswegs von den Stimmungsschwankungen. In den dunkelsten Momenten beweist er eine beneidenswerte Stabilität und hat dann wiederum heimliche Zusammenbrüche, wenn er am Höhepunkt ist. Manchmal genügt nur eine Erinnerung, die im falschen Moment kommt. Ab einem gewissen Moment 2003 beginnt er auch, Antidepressiva zu nehmen. Aber nicht nur das: Wie bei vielen anderen Persönlichkeiten mit großer Bekanntheit und riesigem Erfolg hat er eine übertriebene Selbstwahrnehmung. Mit Sicherheit narzistisch, aber auf eine tiefgreifende Weise und wieder einmal in gewisser Hinsicht eine Folge seiner katholischen Erziehung. In Springsteen steckt eine tief verwurzelte Überzeugung, die Macht zu haben, das Leben der Menschen zu verändern, oder in seinen Worten „der Wächter der Erinnerungen aller Menschen zu sein, die zu seinen Konzerten kommen".

Springsteen beginnt eine Reise der Analyse und „Einsamkeit", ohne die Band, ins Innere seiner Schattenwelt.

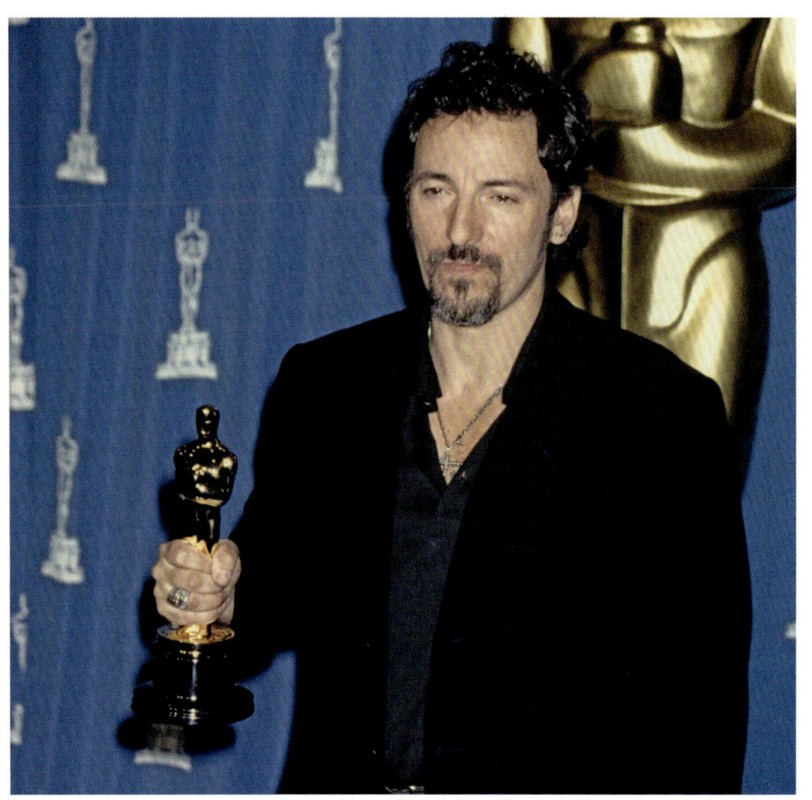

Und vielleicht hat er recht. Er und die E Street Band haben eine Aufgabe und ein klares Ziel in dieser Hinsicht zu erfüllen. Zumindest wenn sie zusammen sind. Jetzt wo er ein Solokünstler ist und ein Mann, der sich der Familie und dem Schreiben neuer Stücke widmet, bleibt mehr Zeit für andere Unternehmungen. Am aufsehenerregendsten wird der Soundtrack zu *Philadelphia* von Jonathan Demme. Der gleichnamige Song ist einfach wunderschön, nur Keyboard und Gesang, keine Gitarre. Der Song wird in der ersten Person gesungen, mit einem Text, der das Herz tief berührt und sich an Amerika und die Welt wendet, so wie es auch der Film offensichtlich tut, und von AIDS und den Folgen handelt. Es ist ein Erfolg, so wie alles, was mit diesem Film zu tun hat. Einnahmen, Verkauf und dann ein Oscar für alle, einschließlich Springsteen.
1994 gewinnt damit erstmals ein Rockstar den Preis für den besten Song. Der Videoclip zum Song stammt ebenfalls vom Regisseur Jonathan Demme, der ein ganz besonderes Gefühl für die Musik besitzt und eine Lösung nutzt, die er bereits beim Video für *Brilliant Disguise* ausprobiert hat: Springsteens Stimme wurde für das Video live aufgenommen. Es ist nicht die Stimme von der Platte. Springsteen singt tatsächlich im Film und verwendet ein verstecktes Mikrofon. Er singt auf den Straßen von Philadelphia.
Im selben Jahr kommt sein zweiter Sohn zur Welt, Sam Ryan. Die Geburt bestärkt Springsteen noch mehr in seinem Wunsch, zu Hause zu bleiben, was wiederum das Label dazu bringt, Compilations der großen Erfolge herauszubringen. Springsteen ist seinen Kindern so nah, dass wenn er ihnen verspricht, mit ihnen gemeinsam *Die schöne und das Biest* anzuschauen, bereit ist, die Aufnahmen mit der E Street Band zu unterbrechen, um das Versprechen zu halten. Er setzt tatsächlich neue Prioritäten.

126 *Ein Porträt von Bruce Springsteen 1995.*

128 *Bruce Springsteen mit dem Oscar, den er am 21. März 1994 bei der 66. Verleihung der Academy Awards im Dorothy Chandler Pavilion in Los Angeles für den „besten Song", nämlich „Streets of Philadelphia", im Film „Philadelphia" von Jonathan Demme erhält.*

129 *Das Cover von „The Ghost of Tom Joad" 1995.*

Bruce erkennt langsam, dass der Weg, den er eingeschlagen hat, nicht der richtige ist. Er versteht, dass das Gefühl, das er mit *Human Touch* und *Lucky Town* gewonnen hat, einer Gleichgültigkeit ähnelt, und ein Jahr lang versucht er nochmals, Songs zu schreiben, die den vorherigen drei Alben gleichen. Als es ihm das nicht gelingt, hört er auf.

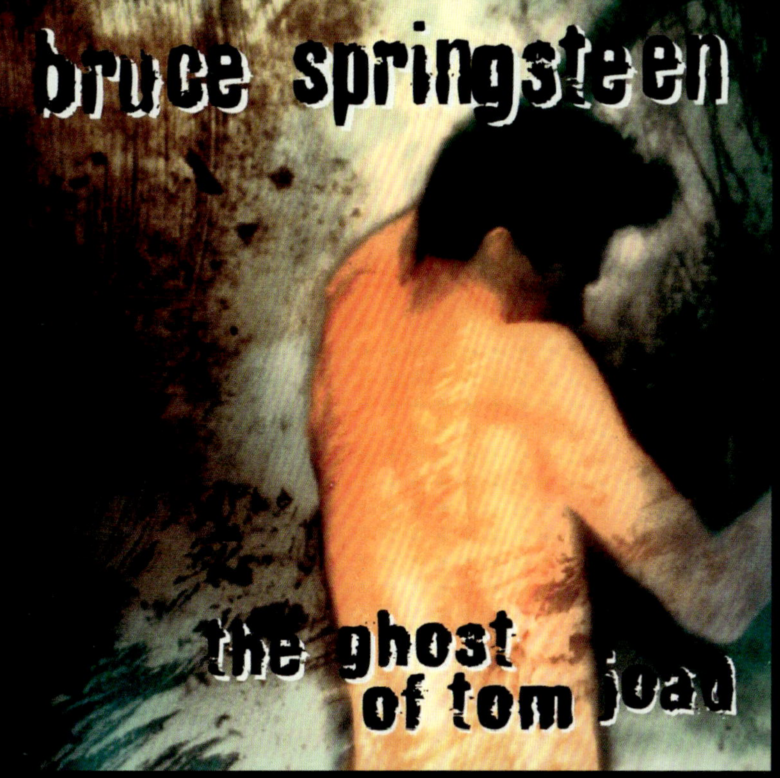

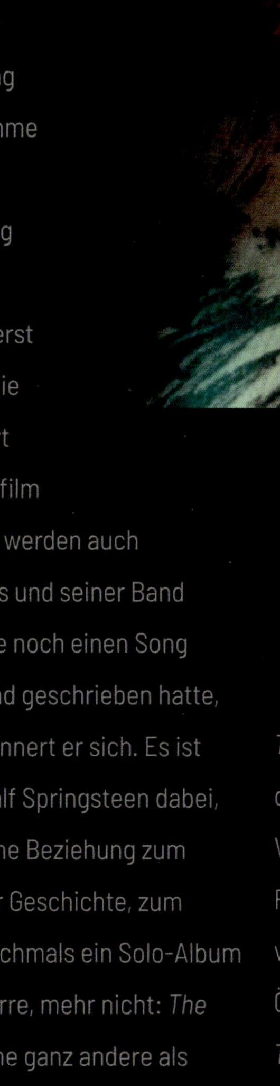

1995

Bei einem Konzert 1995 im Tramps in New York kommt es zu einer Wiederannäherung der Band, die sich vor allem für die Aufnahme einiger unveröffentlichter Songs festigt, die Springsteens erste große Hitsammlung vorantreiben. Das Event hat bereits die Konturen eines Mythos, obwohl die Band erst seit sieben Jahren aufgelöst ist. So wird die Aufnahme so symbolisch, dass sie gefeiert werden muss und daraus ein Dokumentarfilm mit dem Titel *Blood Brothers* entsteht. Sie werden auch „Blutsbrüder" sein, aber die Wege des Boss und seiner Band teilen sich direkt danach erneut. „Ich hatte noch einen Song übrig, einen Rocksong, den ich für die Band geschrieben hatte, aber den ich nicht fertiggestellt hatte", erinnert er sich. Es ist der Song *The Ghost Of Tom Joad* und er half Springsteen dabei, wieder sich selbst, seine Bedürfnisse, seine Beziehung zum Schreiben und den wichtigen Themen, zur Geschichte, zum Leben zu ordnen und trieb ihn dazu an, nochmals ein Solo-Album herauszugeben – nur mit akustischer Gitarre, mehr nicht: *The Ghost Of Tom Joad*. Die Atmosphäre ist eine ganz andere als jene furiose der Band. Das Album ist inspiriert von *Früchte des Zorns* von John Steinbeck (und natürlich auch von dem Film, den John Ford daraus gemacht hatte) und von *Journey to Nowhere: The Saga of the New Underclass*, ein Buch, das Dale Mahardige den Pulitzerpreis einbringt. Wieder einmal ist es Folkmusik, kein Verkaufsschlager, aber Musik, die einen Grammy für das beste Folk-Album abräumt. In genau dieser Phase erhält er mehr Beifall von Obrigkeiten, der Industrie und den Plattenfirmen als von der Öffentlichkeit. Nicht dass es nicht klingen würde. *The Ghost Of Tom Joad* bekommt seine große Welttournee mit 132 Konzerten in 18 Monaten auf Reisen (nicht ohne vorher beim Konzert zum 80. Geburtstag von Frank Sinatra gespielt zu haben, bei dem er eine bewegende Rede hält und dann *Angel Eyes* anstimmt).

Es ist eine Tour ohne Band und das erste Mal seit den 70er-Jahren, dass Springsteen alleine mit Gitarre und Harmonika auf die Bühne geht und unter anderem eine neue Version von *Born In The U.S.A.* vorträgt: Dieses Mal hat er den Ton der Musik angepasst, die hymnenartigen Züge abgeschwächt, und es scheint, als ob alles etwas weniger im Widerspruch zum Text steht. Das ist die Version, die nicht missverstanden wird. Das ist der Springsteen, der sich bedeckt hält und nicht angreift, und es sind im Übrigen nicht gerade die Konzerte, die das Publikum vergrößern. Es ist eine andere Art Liturgie, die während der Tour auf der Bühne inszeniert wird. „In dieser einsamen Dimension, bei der in perfekter Stille nur eine Stimme und eine Gitarre zum Tragen kommen, können noch nie da gewesene Nuancen wahrgenommen werden. Es gibt nicht das großartige Spektakel, die überbordende Energie der typischen Konzerte, sondern ein gespanntes elektrisches Verweisen, wobei jedes Wort schwer ist wie Blei und die Schleier des schlechten Gewissens des neuen Amerika

1997 erhält er in Stockholm den
„NOBELPREIS FÜR MUSIK",
den Polar Music Prize von der schwedischen Königsfamilie.

verbrennt. So wird das amerikanische Wunder des umherreisenden Sängers, des sogenannten „Hobo", der kreuz und quer durchs Land zieht, um für die Menschen zu singen, Geschichten zu erzählen, das Identitätsgefühl eines Volkes zu stärken, das durch Reisen und Verschmelzung entstanden ist, erneuert. Fast wie ein Gegengift, ein natürlicher Antikörper, der jedes Mal von der amerikanischen Kultur geschaffen wird, wenn sich der direkte Weg verliert", schreibt Gino Castaldo. Es verwundert nicht, dass der Beifall aus der Branche und der intellektuellen Welt am lautesten ist. Tatsächlich erhält Springsteen 1997 auch den Nobelpreis für Musik, den Polar Music Prize, der ihm von der schwedischen Königsfamilie in Stockholm überreicht wird. Danach kann er die lange Tour *The Ghost Of Tom Joad* abschließen und spielt für die Ehefrau von John Steinbeck.

131 *Ein Moment bei der Tour „The Ghost Of Tom Joad" im Wiltern Theatre in Los Angeles.*

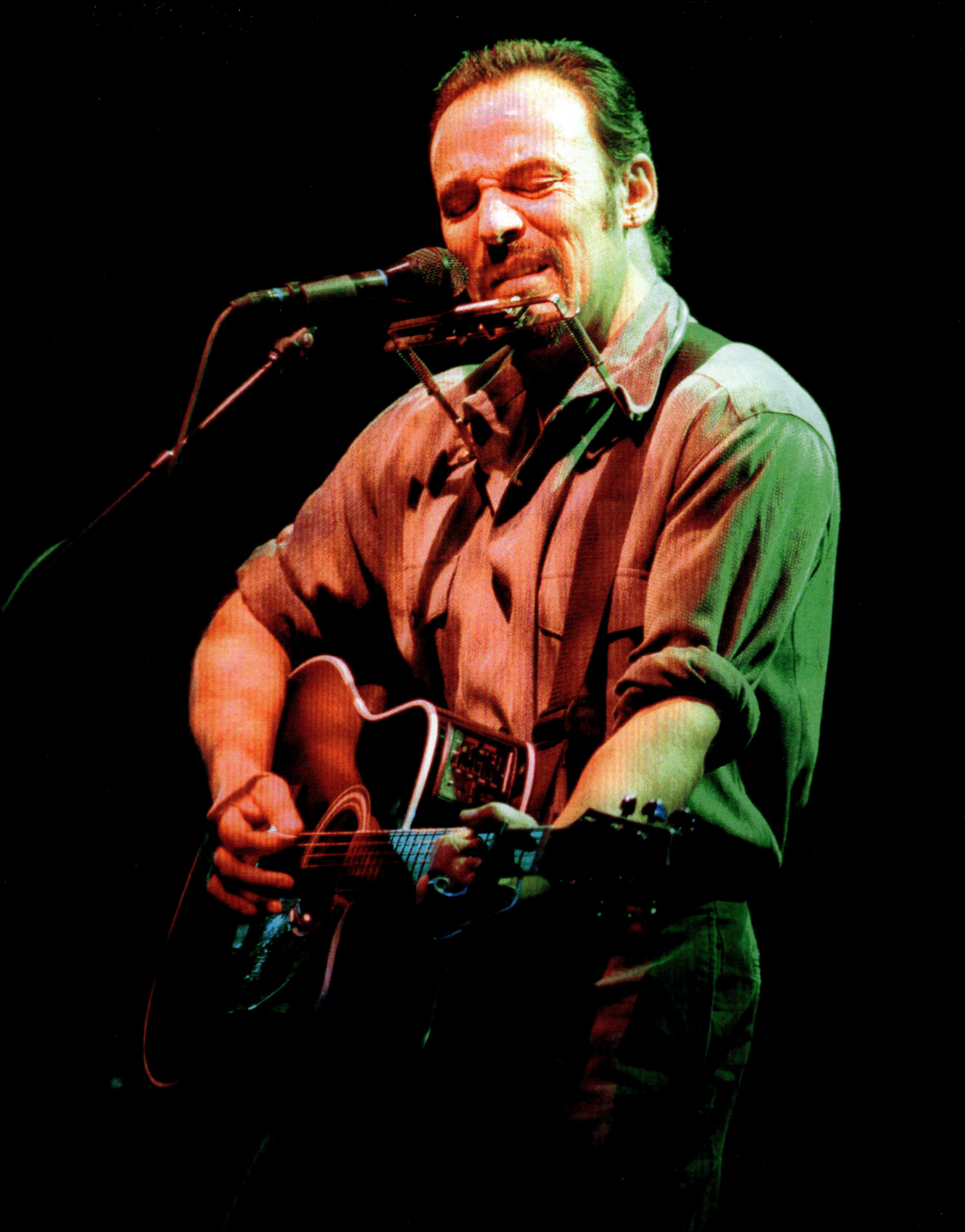

Während in den 70er- und 80er-Jahren kontinuierlich wie in einem Fluss neue Songs und Alben herauskamen, ist jetzt alles anders. Die Neuheiten sind ein Luxus in einem Meer an Compilations, Hits und Veröffentlichungen alter, nie erschienener Songs. All dies kommt am Abschluss eines Jahrzehnts in einer Reihe entscheidender Wendungen, die sich nicht zufällig auf ein paar Jahre konzentrieren und deren diskografisches Symbol *Tracks* ist. Es ist eine unglaublich große Kassette mit 4 Discs und 66 Tracks, die fast alle unveröffentlicht sind, plus B-Seiten und Stücken aus den 27 vorherigen Jahren: Sie kommt 1998 heraus, im selben Jahr, in dem Springsteen von Kalifornien nach New Jersey zurückzieht. *Tracks* ist ein wenig der Abschluss dieser Ära und sinnbildlich kommt das Werk im selben Jahr heraus, in dem Springsteens Vater Douglas stirbt. Darin enthalten sind Stücke aus den dunkelsten und hellsten Zeiten seiner Karriere, Songs, die Springsteen zur Seite gelegt hatte, und Musik, mit der er nun ausgesöhnt ist und bereit ist, sie zu veröffentlichen. Auch wenn es keine Hits sind, ist es doch die Kompilation schlechthin am Ende eines Jahrzehnts voller Compilations. Sie steht für die Systematisierung und Auflösung der musikalischen Reise von Bruce Springsteen und ist der Beginn einer weiteren.

1998 kehrt er nach New Jersey zurück und es beginnt eine neue Phase in seiner Zeit mit der E Street Band.

Die Tour von *Tracks* vereint ihn tatsächlich wieder mit der E Street Band. Obwohl zwischen 1998 und 1999 *My Love Will Not Let You Down* und *Lift Me Up* für John Sayles (Freund und Regisseur zahlreicher Videoclips) anlässlich dessen Films *Limbo* entstehen und aufgenommen werden, ist es Jahre später Springsteen selbst, der mit etwas Wehmut auf dieses Jahrzehnt zurückblickt, und in dem er, wie er zugibt, wenig gearbeitet und nicht das Beste aus seinem Repertoire geholt hat.

All das endet jedoch, weil es wieder aktiver und hektischer wird. Nach *Tracks* kommen weitere Tracks heraus, nämlich das Album *18 Tracks*, eine Sammlung aus Singles, die nie in den anderen Compilations erschienen sind, und es wird eine Tour mit der E Street Band angekündigt, die eine Rückkehr zu den überwältigenden Auftritten bedeutet, obwohl 10 Jahre vergangen sind, seit Springsteen das letzte Mal auf der Bühne gestanden hatte. Und es sind nicht 10 Jahre wie die anderen, sondern genau die zehn zwischen dem 40. und 50. Lebensjahr. Es gab keinerlei Gewissheit, dass dieselbe Magie wieder erschaffen werden könnte. Tatsächlich aber passiert es. Springsteen ist weder ein pathetischer alter Mann, der versucht auf jung zu machen, noch ist er außer Form. Im Gegenteil, er findet eine Art, dieselbe Energie zu zeigen, ohne die verstrichene Zeit zu leugnen.

Seine Teilnahme erstmals als Schauspieler (wobei er sich selbst spielt und nur wenige Sekunden lang) in einem Film, *High Fidelity* von Stephen Frears, und der Eintritt in die Rock And Roll Hall Of Fame (präsentiert von Bono) sind der beste Abschluss der schwersten Zeit.

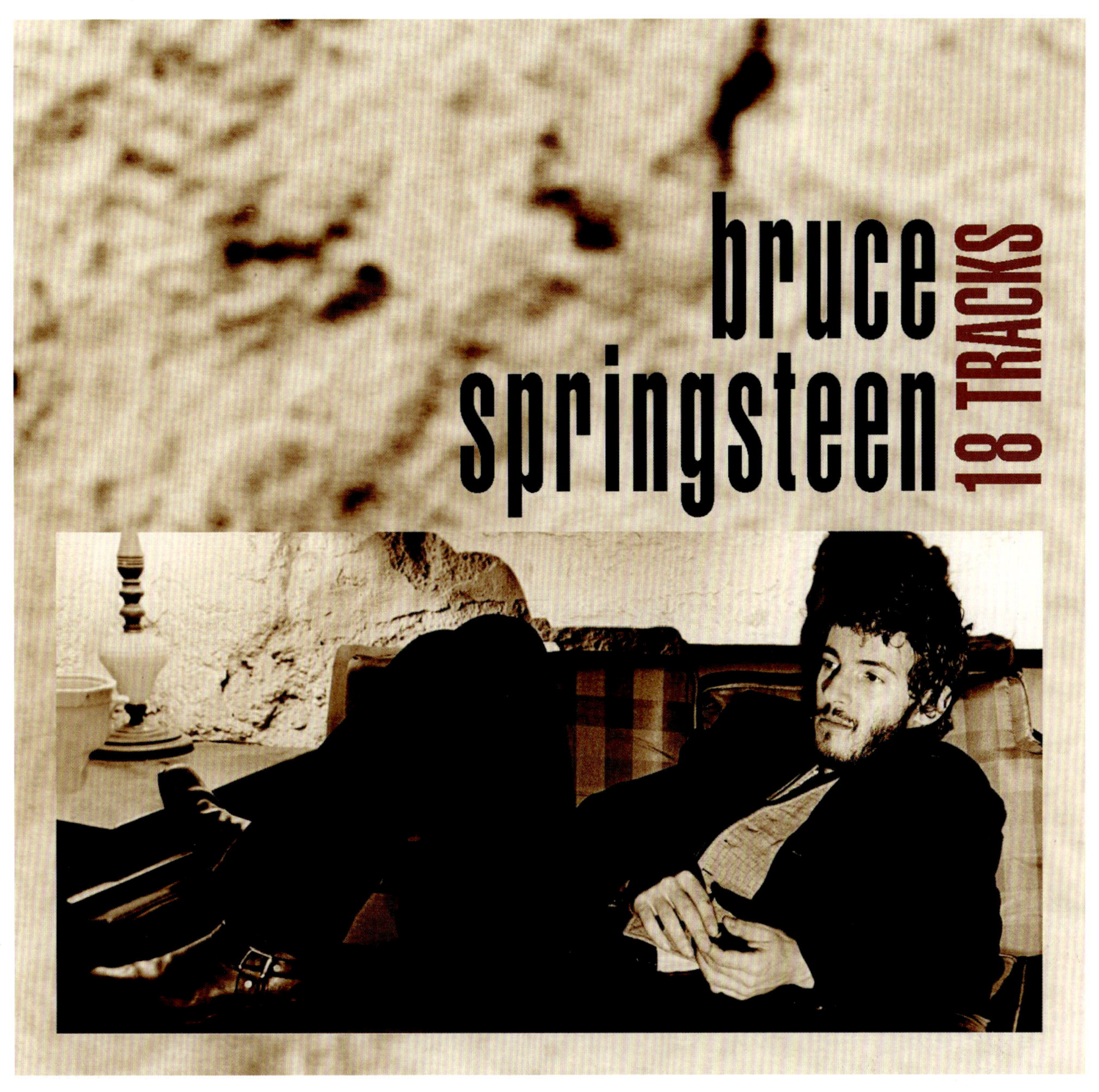

133 *Das Cover von „18 Tracks“ mit Stücken, die in den Jahren zuvor aufgenommen, aber nie vorher veröffentlicht worden waren.*

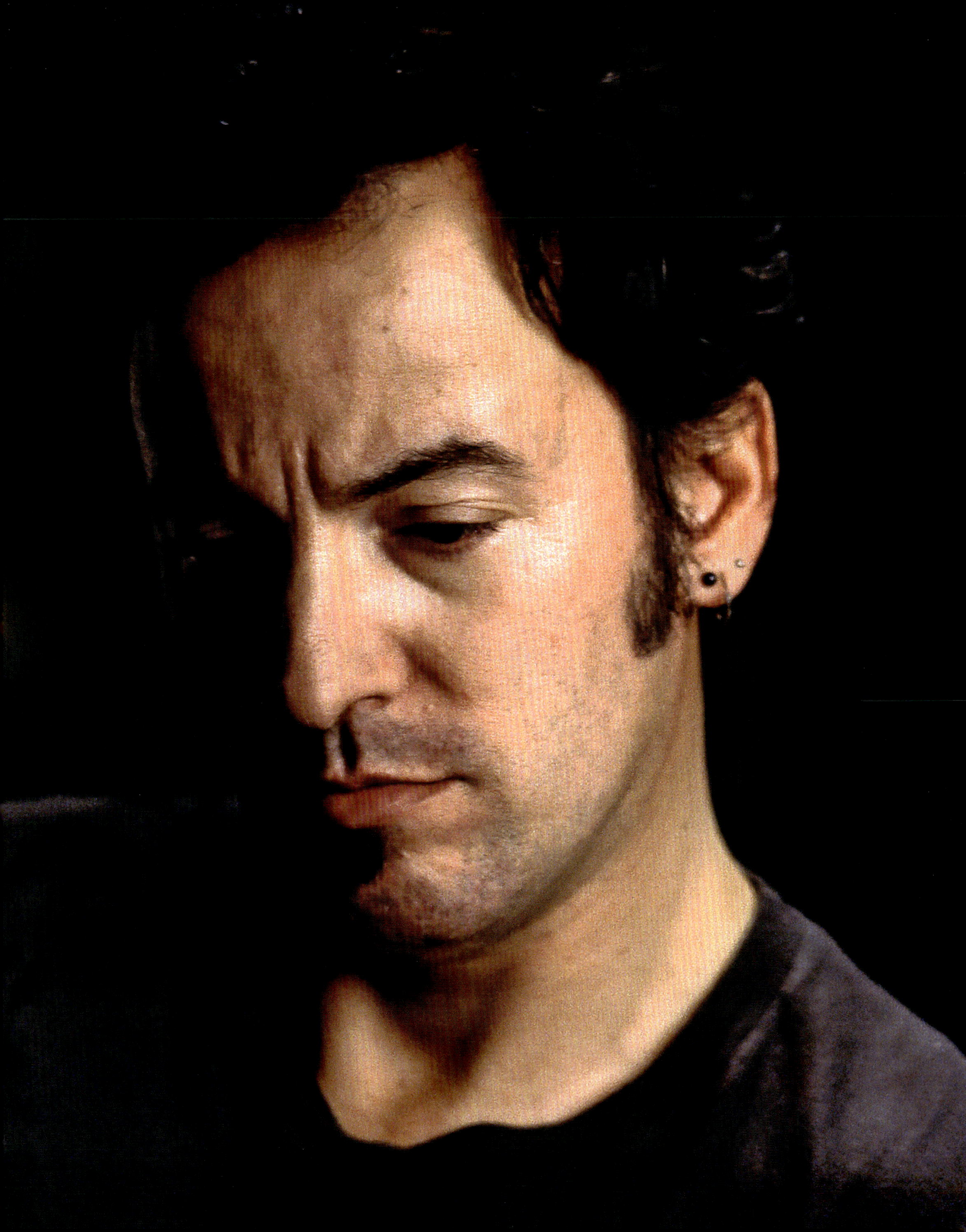

Der große Prozess der Rückkehr zu den Wurzeln seiner Karriere, die großen Shows, beginnen 1999 mit den Proben für die historische Wiedervereinigung von Springsteens Band nach zehn Jahren Abwesenheit. Aus den Proben dieser Tour heraus entsteht *Land Of Hope And Dreams*. Das Stück veränderte laut Springsteen alles. „Es verkörperte den Geist der E Street Band und bekräftigte unser feierliches Gelöbnis gegenüber der Öffentlichkeit, unserem Publikum wieder den Weg zu zeigen und präsent und lebendig zu sein." Nach fast 130 Konzerten beendet Bruce die Tour in New York und entscheidet sich, zu diesem Anlass etwas Neues zu schreiben. Er will über den Tod des jungen Amadou Diallo sprechen, der von 41 Schüssen von Polizisten durchsiebt wurde. Sie hatten auf ihn geschossen, weil er in die Tasche gegriffen hatte, um seinen Geldbeutel herauszuholen – eine Geschichte, die „die tödliche Gefahr zeigte, der farbige Menschen ständig in amerikanischen Metropolen kurz vor Beginn des Jahres 2000 ausgesetzt waren". Es ist ein dramatischer Song, der enorm stark und schmerzhaft ist und auf die Barrikaden geht. Kein Song gegen die Polizei, aber ein furchtbares Beweisstück einer Realität, nämlich der von Afroamerikanern in den USA: „Die Intention war, die Folgen der systematischen rassistischen Ungerechtigkeit, der Angst und der Paranoia um unsere Kinder, unsere Lieben, um uns selbst aufzuzeigen. Eine Ungerechtigkeit, deren Preis blutig sein kann", erklärt Springsteen. Das Lied löste Proteste von Polizisten aus, brachte ihm aber zugleich auch eine Plakette der National Association for the Advancement of Colored People ein: „Ich war froh, dass *American Skin* mich diesen Schwarzen etwas näher gebracht hatte und ich bedaure immer noch, dass ich ihnen nicht mehr helfen konnte." Ein Song über das Amerika voller Hoffnung und Träume sowie ein Song über das Amerika voller Schmerz und Verbitterung. Es sind zwei Songs, die Springsteen helfen, wieder in Gang zu kommen und den Weg aufzunehmen, um sich selbst und die E Street Band wiederzufinden – wie die Tour und das folgende Live-Album, das ein neues Jahrhundert eröffnet, zeigen.

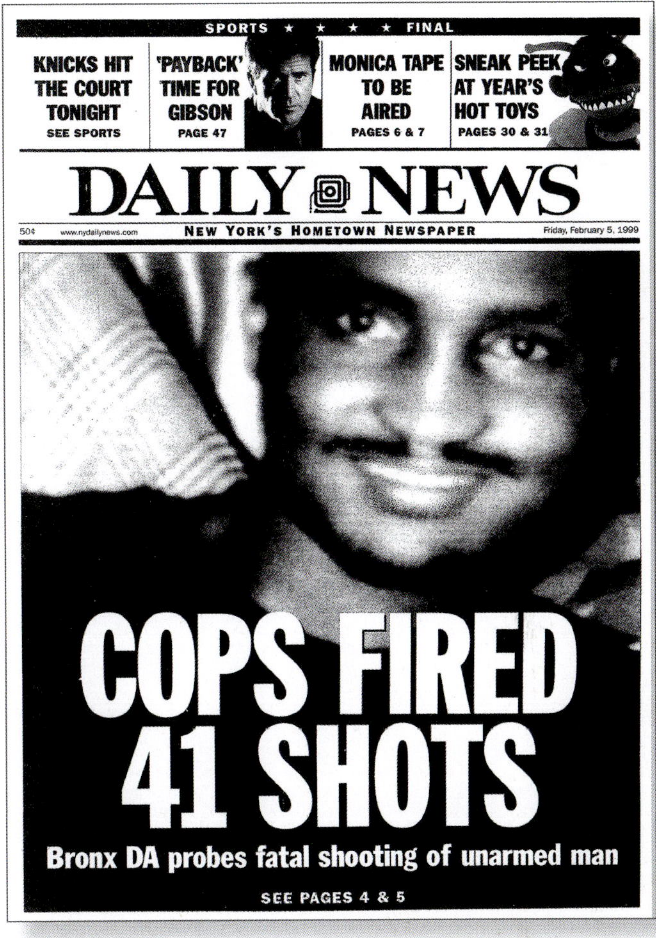

SPORTS ★ ★ ★ ★ FINAL

KNICKS HIT THE COURT TONIGHT SEE SPORTS

'PAYBACK' TIME FOR GIBSON PAGE 47

MONICA TAPE TO BE AIRED PAGES 6 & 7

SNEAK PEEK AT YEAR'S HOT TOYS PAGES 30 & 31

DAILY NEWS

50¢ www.nydailynews.com NEW YORK'S HOMETOWN NEWSPAPER Friday, February 5, 1999

COPS FIRED 41 SHOTS

Bronx DA probes fatal shooting of unarmed man

SEE PAGES 4 & 5

134 *Ein Porträt von Bruce Springsteen aus dem Jahr 1998.*

135 *Das Cover von Daily News mit der Nachricht von der Erschießung von Amadou Diallo mit 41 Schüssen der Polizei.*

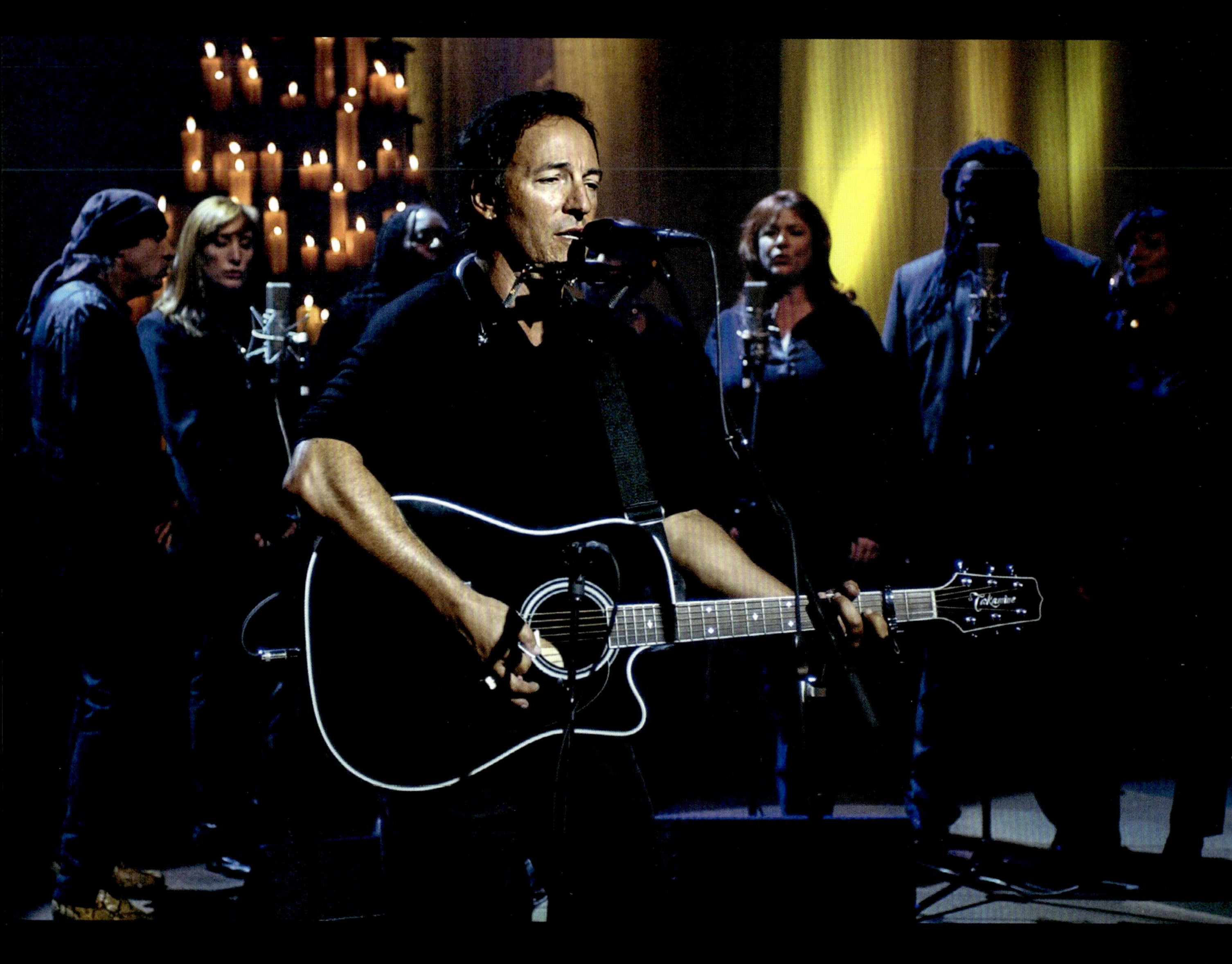

136 *Bruce Springsteen eröffnet die Übertragung von „America: A Tribute to Heroes", eine Fernsehsendung, um nach den Terroranschlägen auf das World Trade Center Spenden zu sammeln. Er spielt am 21. September 2001 „My City in Ruins" in New York.*

2001

Diese Wiedergeburt kulminiert im Beginn der Aufnahmen für ein neues Album. Noch ist nicht klar, welche Songs es beinhalten wird und wann es herauskommt, aber es wird jede Menge mit der E Street Band aufgenommen. Es sollte ein Album sein, das diese Rückkehr von Klang und Geist spiegelt. Aber die Geschichte sollte dazwischen kommen und es so zu einem der bedeutendsten Werke der amerikanischen Populärkultur des Jahrzehnts machen. Denn eines Morgens, als er sich wie immer vor den Aufnahmen sein Müsli macht, wird Bruce Springsteen ins Wohnzimmer an den Fernseher gerufen, um zu sehen, was gerade passiert. Ein Flugzeug ist in einen Turm der World Trade Center geflogen. Wenige Minuten später wird ein zweites dasselbe tun. Es ist ein Wendepunkt für jeden Amerikaner. Noch mehr sogar für jene, die im Staat New Jersey geboren und aufgewachsen sind und dort leben. Noch mehr für jemanden wie Bruce Springsteen, dessen gesamte Karriere auf der Erzählung der reinen amerikanischen Seele basiert, den traditionellen Werten, deren Veränderung und in manchen Fällen deren Ende. Was von da an und in den folgenden drei Jahren im Leben von Bruce Springsteen passiert, ist eine Besinnung auf die eigene Rolle, die sie letztendlich auch verändern wird. Und alles beginnt wie immer auf der Bühne und in New Jersey. Und mehr noch, es beginnt mit den Menschen. Springsteen selbst erzählt, dass er nur wenige Tage nach den Anschlägen von einem Parkplatz in Sea Bright fuhr und sich ihm ein Passant näherte und einfach nur sagte: „Sie werden gebraucht."

Am 21. September geht er mit einem Fernseh-Special auf Sendung: *America: A Tribute to Heroes*. Es beginnt ohne Text und Namen, nur mit Bruce Springsteen mit Gitarre und Harmonika am Hals und einem Chor hinter ihm und er singt und spielt *My City Of Ruins*. Das Stück ist nicht eigens dafür komponiert, im Gegenteil. Der Song stammt aus dem Vorjahr und erzählt nicht von New York, sondern von Asbury Park und dessen Verfall. Dennoch passen Stimmung und Text. Es ist eine Ballade, die als Gebet für alle dient, die nicht mehr am Leben sind. Seit der Zeit auf der katholischen Schule sind viele Jahre vergangen, aber dieser Hintergrund, diese Bildung und Einstellung sind immer wieder in seinem Schaffen wiederzuerkennen. In *My City Of Ruins* werden leere Geschäfte erwähnt, Einwohner, die durch die Straßen streifen und natürlich verlassene Kirchen. All das im Zeichen einer Suche nach neuer Hoffnung irgendwo in Amerika. Er ist nicht nur der richtige Künstler im richtigen Moment. Auch der Moment hilft Bruce Springsteen dabei, den lang erwarteten Sprung in der allgemeinen Wahrnehmung zu machen. Während er in den 90er-Jahren mit Compilations, Wiederveröffentlichungen großer Hits und bearbeiteten Songs durch große Erfolge, Oscars und Grammys sowie Engagement zu einem Stück Rockgeschichte wurde, ist er nun auf dem besten Weg, ein Symbol zu werden. In erster Linie ein Symbol der Rockmusik, aber auch einer bestimmten Art, über Amerika zu denken und den Status eines Amerikaners zu leben. Auch wenn man seine Musik nicht mag, so kommt man doch nicht umhin, seine vollkommene Hingabe zum Rock zu bewundern. Man kann nicht anders, als die Art und Weise zu bewundern, wie er diese Rolle verkörpert.

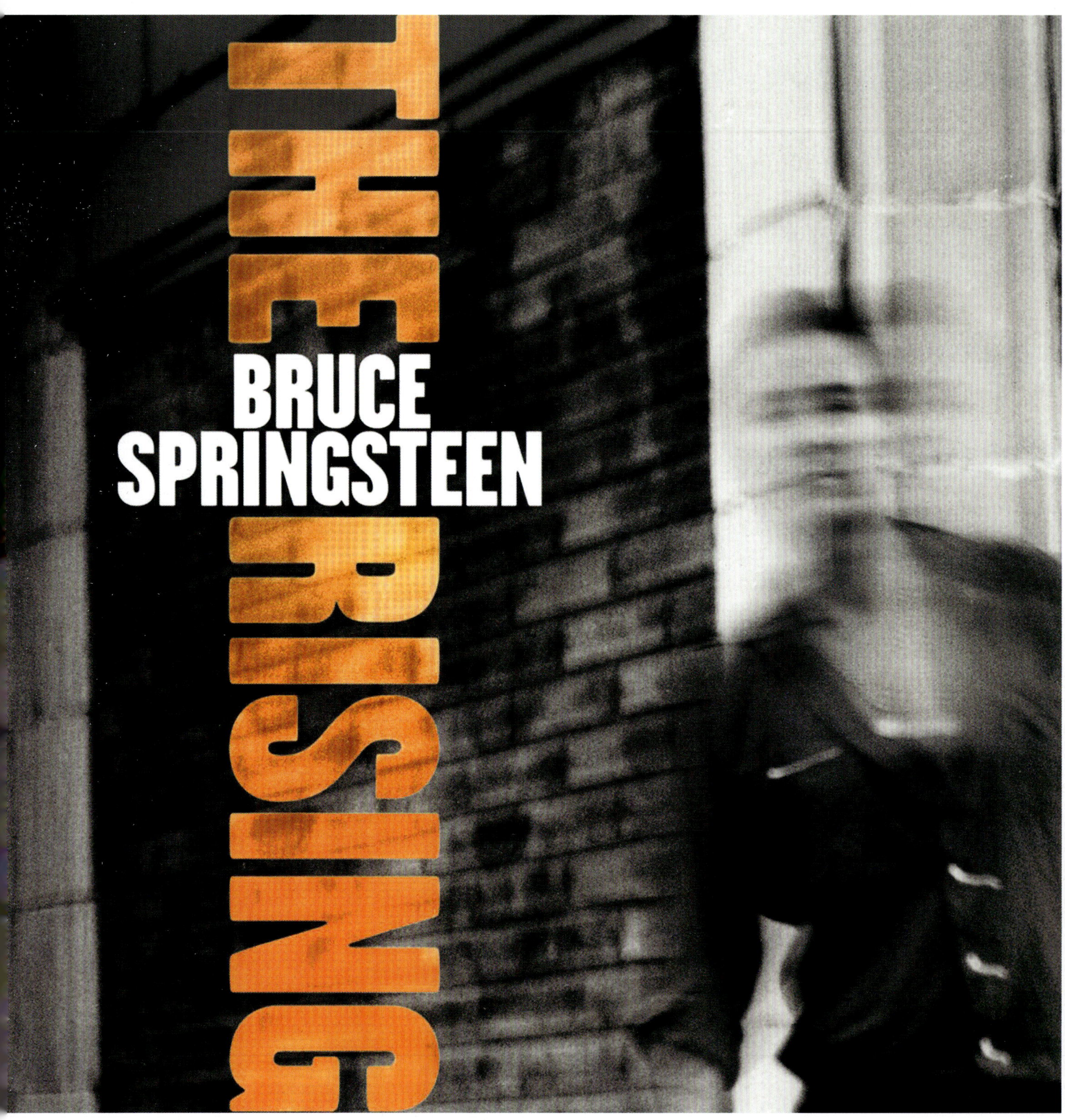
THE RISING
BRUCE
SPRINGSTEEN

Nach den Anschlägen auf das World Trade Center ruft die *New York Times* die Initiative *Portraits of Grief* ins Leben, mit Porträts der Opfer, die durch Gespräche mit Angehörigen und Freunden rekonstruiert werden. Ziel ist es, den Verstorbenen nicht nur ein Gesicht zu geben, sondern auch Persönlichkeit und Tiefe. Springsteen liest alle und ist überrascht darüber, wie oft in diesen Profilen auf ihn verwiesen wird, wie viele dieser Opfer möglicherweise seine Fans gewesen waren. Der Giants-Fanatiker, der Hobbygärtner, der Tangotänzer und viele mehr, die sich alle *Born In The U.S.A.* als Musik zu ihrer eigenen Beerdigung gewünscht hatten. In einem anderen Porträt ist ausschließlich die Rede von *Thunder Road* und in einem weiteren ist die Rede von ihm, weil im Auto nichts anderes zu hören war als Springsteen. Und Springsteen ruft sie alle an. Er spürt sie auf, lässt sich die Telefonnummern geben und ruft einen nach dem anderen an, um mit den Angehörigen zu sprechen, um Trost zu spenden und sein Beileid auszudrücken. Es sind harte Telefonate, ohne Umschweife und Höflichkeiten, nur Beileidsbekundungen und ein paar Fragen zum Tod. Als wollte er sie besser kennenlernen.

Und genau das passiert zwischen den ersten Aufnahmen vor dem 11. September und dann den endgültigen Aufnahmen, bei denen *The Rising* Gestalt annimmt, die erste wirkliche Rockplatte seit *Lucky Town* 1991. Mehr noch, angesichts der Präsenz der E Street Band, die erste wirkliche Rockplatte von Bruce Springsteen seit *Born In The U.S.A.*, seit fast 18 Jahren. So kommt es, dass die Rückkehr zur diesen Klängen auch eine Art der Verarbeitung der Ereignisse ist. Und angesichts dessen, wie schnell das Album 2002 erschien, ist es das erste Stück Populärkultur, das sich ernsthaft mit den Anschlägen auseinandersetzt. Springsteen trauert nicht nur um die Opfer und fragt sich, was da gerade passiert, sondern schließt auch pakistanische Musiker mit ein, das heißt Persönlichkeiten aus der islamischen Welt. Und er ist der Erste und in dieser Zeit auch Einzige, der sich fragt, was im Kopf dieser Attentäter vorgehen mag.

The Rising ist ein Meisterstück: Es ist in jeder Hinsicht ein vollkommenes Rockstück, mit einer Kraft, Wucht und Energie, die nur sehr wenige andere zeitgenössische (aber auch vergangene) Rocksongs besitzen. Und der Text enthält keine Spur von Wut, keinen Groll, keinen Wunsch nach Rache und Bestrafung, sondern ausschließlich den Wunsch, wieder aufzuleben, aufzustehen – der Wunsch nach einem neuen Leben inmitten von Tränen und Schmerz. „Steh auf, steh auf und lege deine Hände in meine" singt Springsteen in der Überzeugung, dass alle zusammen sein können und niemand ausgeschlossen wird.

„The Rising" ist ein Meisterstück, ein Rockstück, das die Geschichte der Wiedergeburt erzählt.

138 *Das Cover von „The Rising", das 2002 veröffentlicht wurde.*

Auf dem Album zu hören ist insbesondere erstmals die neue E Street Band: die „erweiterte" mit Nils Lofgren, Patti Scialfa und Soozie Tyrell, deren Klang eine perfekte Mischung aus Kraft und Kontrolle ist. Außerdem enthalten sind die kleinen und großen Juwelen und Songs *My City Of Ruins*, *Waitin' On A Sunny Day*, *Lonesome Day*, *Countin' On A Miracle*. Es ist ein Springsteen zu hören, der sich seiner Mittel, seiner Rolle und seiner Stimme sehr bewusst ist. Mehr noch: Er ist sich bewusst, dass seine Stimme definitiv eine kollektive Stimme ist und dass das allgemeine Gefühl, das er in einem für die USA schwierigen Moment transportiert, das Rückgrat seines Künstlerdaseins ist.

Natürlich reicht eine solche Platte allein nicht aus. Wenn es diesen Antrieb, diese Rolle und diese Dringlichkeit gibt, lautet das Ziel, von so vielen Menschen wie möglich gehört zu werden. Springsteen schlägt Columbia eine sehr große, noch nie da gewesene Kampagne vor und natürlich ist das Label darüber mehr als erfreut. Der Zeitplan ist von der absurden Sorte, einer für Künstler in bester körperlicher Verfassung und in der Blüte ihres Lebens. Es beginnt mit Zeitschriften, Interviews für Monatsmagazine und dann Tageszeitungen, geht weiter im Fernsehen sowohl am Tag vor der Veröffentlichung und auch am Tag selbst, mit der gesamten Today-Sendung von NBC – die aus Asbury Park ausgestrahlt wird und mit gewöhnlichen Menschen spricht, während Springsteen und die Band Songs von der Platte spielen – dann die Late Shows (David Letterman ist der Auserwählte und die Aufführung von The Rising ist meisterhaft) und schließlich die Tournee, deren Tickets zu diesem Zeitpunkt in kürzester Zeit ausverkauft sind.

The Rising ist der größte Erfolg Springsteens seit *Tunnel Of Love*. Springsteen landet erneut auf der Titelseite des *Time*, aber dieses Mal lautet der zugehörige Titel „Wiedergeboren in Amerika (Reborn In The USA)" und beschreibt ihn als einen Künstler, der einen Dialog über die Überlebenden des 11. September eröffnet hat. Es geht aber nicht nur darum, ausverkauft zu sein, sondern darum, wirklich über das gesprochen zu haben, worüber gesprochen werden musste, und zwar mit den Menschen, mit denen gesprochen werden musste. A. O. Scott nennt ihn im Slate „den offiziellen Poeten des 11. September".

Niemand wird Ende 2003 so viel verdient haben, wie Springsteen mit seinen Live-Konzerten: 115 Millionen Dollar. Im Jahr danach kommt 11 Jahre nach der ersten auch eine neue Platte von Patti Scialfa heraus: *23rd Street Lullaby*.

141 *Die Titelseite des Time vom 4. August 2002.*

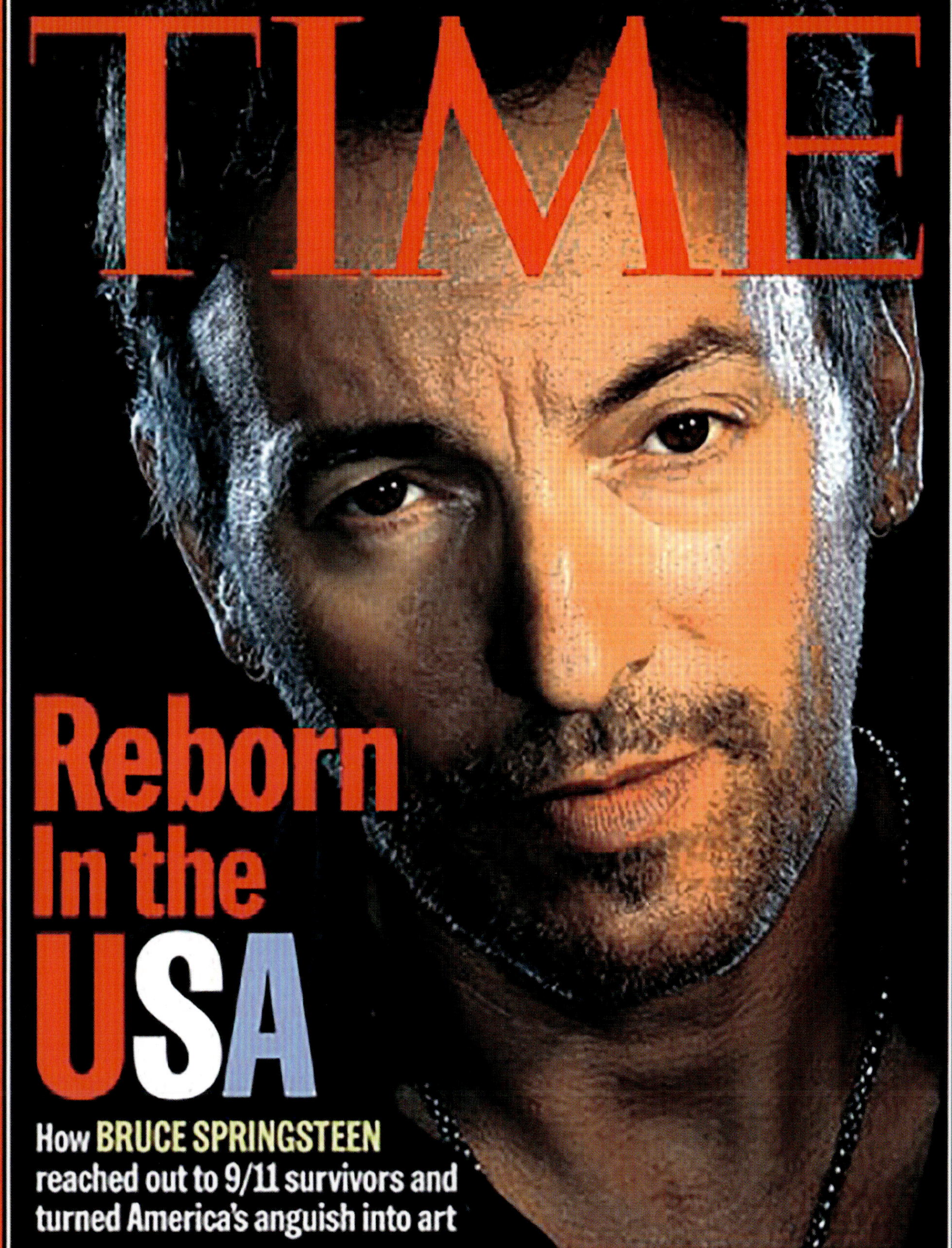
AUGUST 5, 2002
AOL Keyword: TIME
TIME
Reborn In the USA
How BRUCE SPRINGSTEEN reached out to 9/11 survivors and turned America's anguish into art

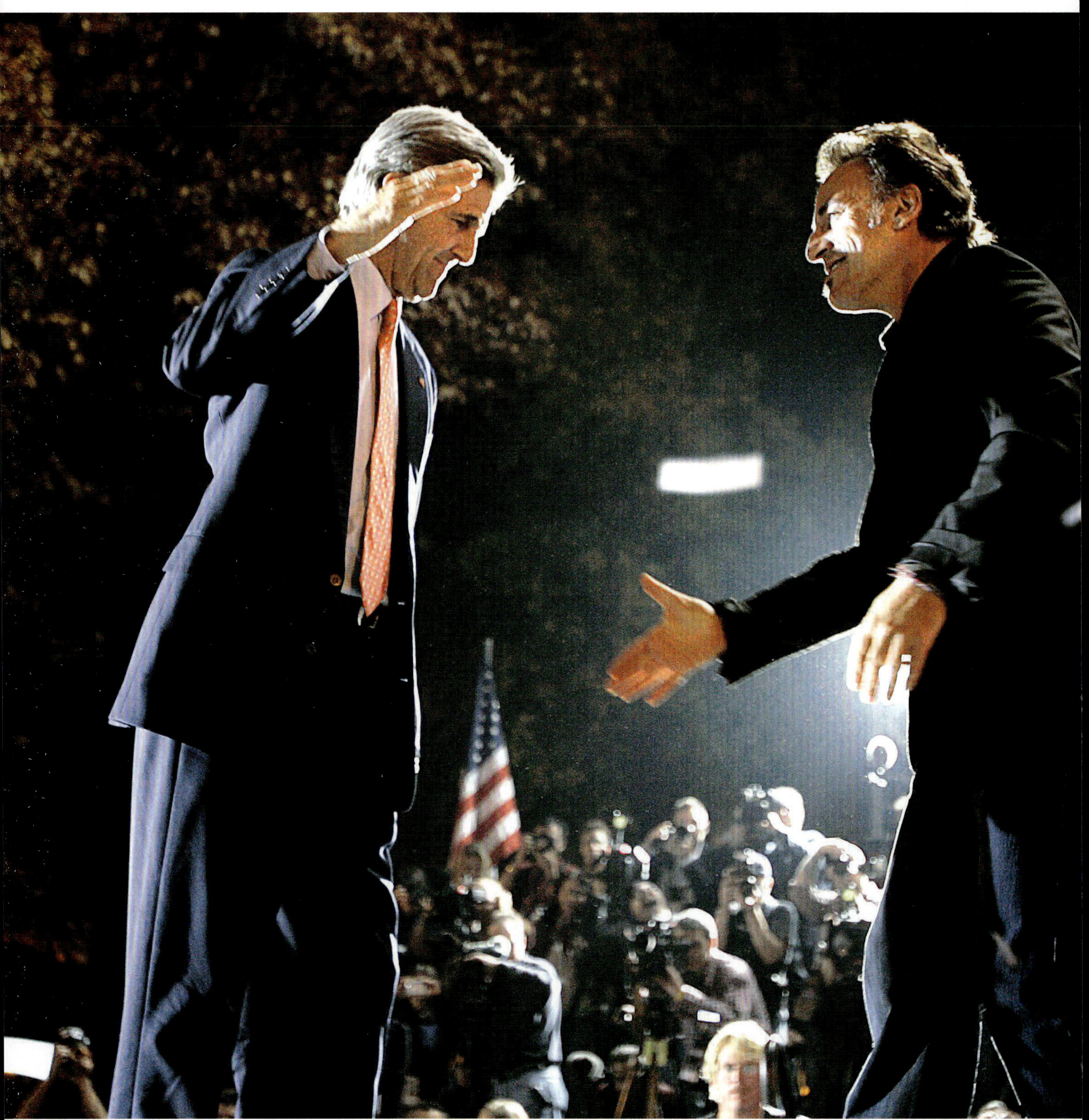

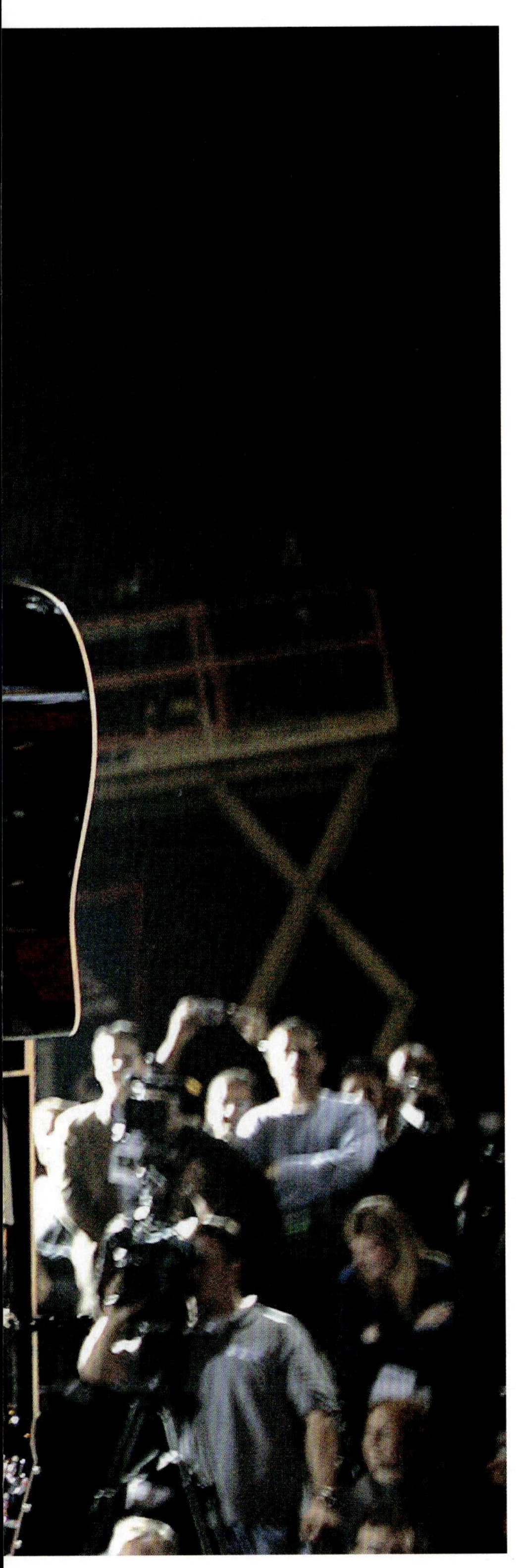

Das ist aber noch nicht alles. Als die Promotion von *The Rising* beendet ist, beginnt 2003 der Krieg. Die Bilder von der Bombardierung Bagdads treiben Springsteen noch mehr an in seinem Engagement und bringen ihn dazu, etwas zu machen, was er bislang noch nie getan hatte. Auch wenn er ein paar Mal auf der Bühne auf Reagan reagiert und geäußert hatte, dass er vor dessen Wahl Angst habe, hatte er doch nie offen einen Kandidaten unterstützt oder gar einen mit einer Konzerttournee unterstützt! Aber genau das macht er bei seiner nächsten Tour. *Vote For Change* im Jahr 2004, um John Kerry zu unterstützen. Es muss nicht erwähnt werden, dass sich Engagement bei Springsteen natürlich auf der Bühne abspielt. Es ist die größte politisch motivierte Konzertreihe. Neben Springsteen treten auch REM, Pearl Jam, James Taylor, Jackson Browne und John Fogerty auf. Die Republikaner schlagen ein Boykott seiner Konzerte vor, das jedoch nichts fruchtet.

2003 beginnt der Irak-Krieg und 2004 unterstützt Springsteen die Präsidentschaftskampagne von John Kerry.

Auch wenn er bereits bei *The Rising* während der Zugaben Pausen eingelegt hatte, um das Publikum vor den Machenschaften der Regierung im Namen der „nationalen Sicherheit" zu warnen, so ist es aber die erste Tour, bei der die Musik nicht im Mittelpunkt steht. Erstmals dient die Musik einem politischen Ziel und ist ein Mittel zum Zweck. Er beißt sich für diese Wahl so sehr die Zähne aus, dass – als sie 2004 vorüber ist und Kerry verliert und George W. Bush gewinnt – die Enttäuschung groß ist und das einzig mögliche Heilmittel die Rückkehr ins Studio ist, um Musik aufzunehmen: „Wir starten wieder", sagt er am Telefon zu Brendan O'Brien, dem Produzenten seiner letzten Alben, am Tag nach Kerrys Niederlage.

142-143 *Der US-Präsidentschaftskandidat John Kerry und Bruce Springsteen bei einer Wahlkampfveranstaltung an der Ohio State in Columbus am 28. Oktober 2004.*

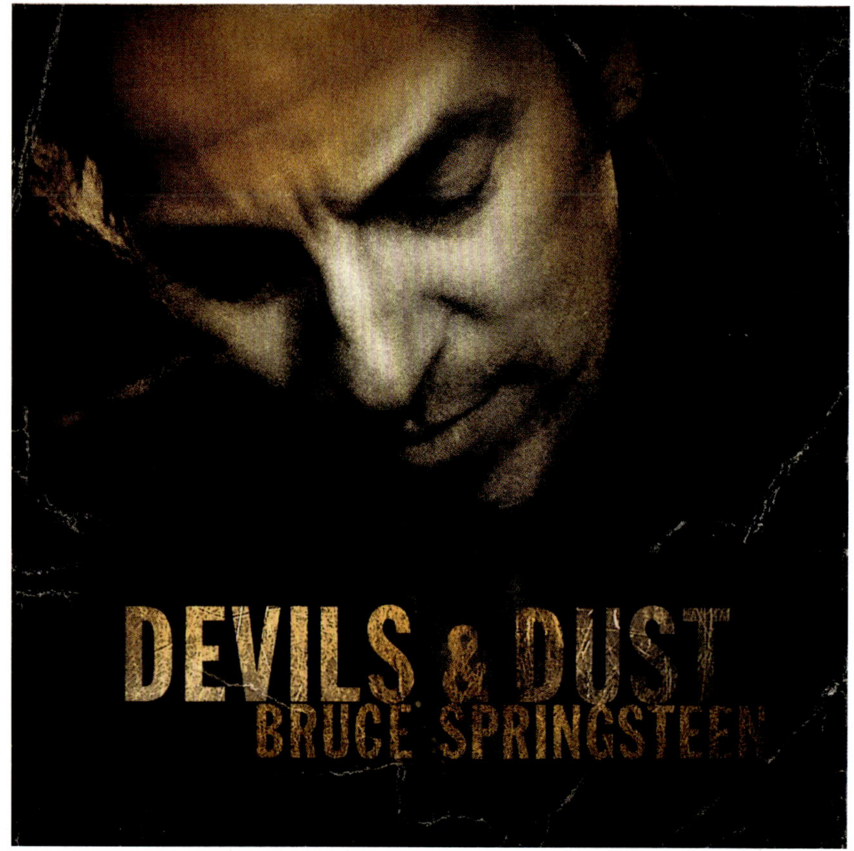

144 *Das Cover von „Devils & Dust" aus dem Jahr 2005.*

145 *Eine Momentaufnahme vom Tourkonzert der Seeger Sessions am 19. Oktober 2006.*

Das Ergebnis dieser Aufnahmen ist *Devils & Dust*, ein Solo-Album für Gitarre und Gesang, das mit zahlreichen Instrumenten auf Tour geht. Brendan O' Brian unterstützt ihn, nicht die E Street Band, und von der ursprünglichen Band erscheint nur Danny Frederici auf einem Track. Viele der Stücke wurden in früheren Jahren geschrieben, das älteste ist sogar aus dem Jahr 1991. Andere stammen aus der Zeit von *The Ghost Of Tom Joad*, und der Titel-Track wurde bereits seit einigen Jahren während der Soundchecks gespielt. Aber die Geschichte ist aktuell. Es handelt von den Zweifeln eines im Irak stationierten Soldaten. Es ist ein Song gegen den Krieg, aber auf ganz unkonventionelle Art und Weise. Bei den nachfolgenden Konzerten geht es um die Geschichte der Rockmusik. Nach den Comeback-Auftritten der E Street Band, nach denen von *The Rising* und den Konzerten von *Vote For Change* ist die Anzahl der Instrumente sogar noch größer und das Spektakel und der Unterhaltungsgrad werden immens. Springsteen selbst spielt nicht nur die Gitarre, sondern unterschiedliche Instrumente, die jeden Abend je nach Lage wechseln. Langsam entsteht das neue und sehr besondere Projekt, das den Namen *Seeger Sessions* tragen sollte. Seeger steht natürlich für Pete Seeger, den Nachfolger von Woody Guthrie, den Sänger des anderen, populären Amerikas, das dem Fernsehen oder den großen Tageszeitungen verborgen blieb. Jenes Amerika, das seit den 40er-Jahren für die Bürgerrechte einstand, für Frieden und gegen soziale Ungerechtigkeit und Rassismus. Seeger stand mit mit seinem Schaffen, ja mit seinem Leben stets an der Front für Gerechtigkeit und Freiheit. 1997 hatte Springsteen eine eigene Version des Songs *We Shall Overcome* für ein Pete Seeger Tribute-Album aufgenommen, ihn so entdeckt, sich für seine Musik interessiert, und seine Einstellung in Sachen Folkmusik geändert.

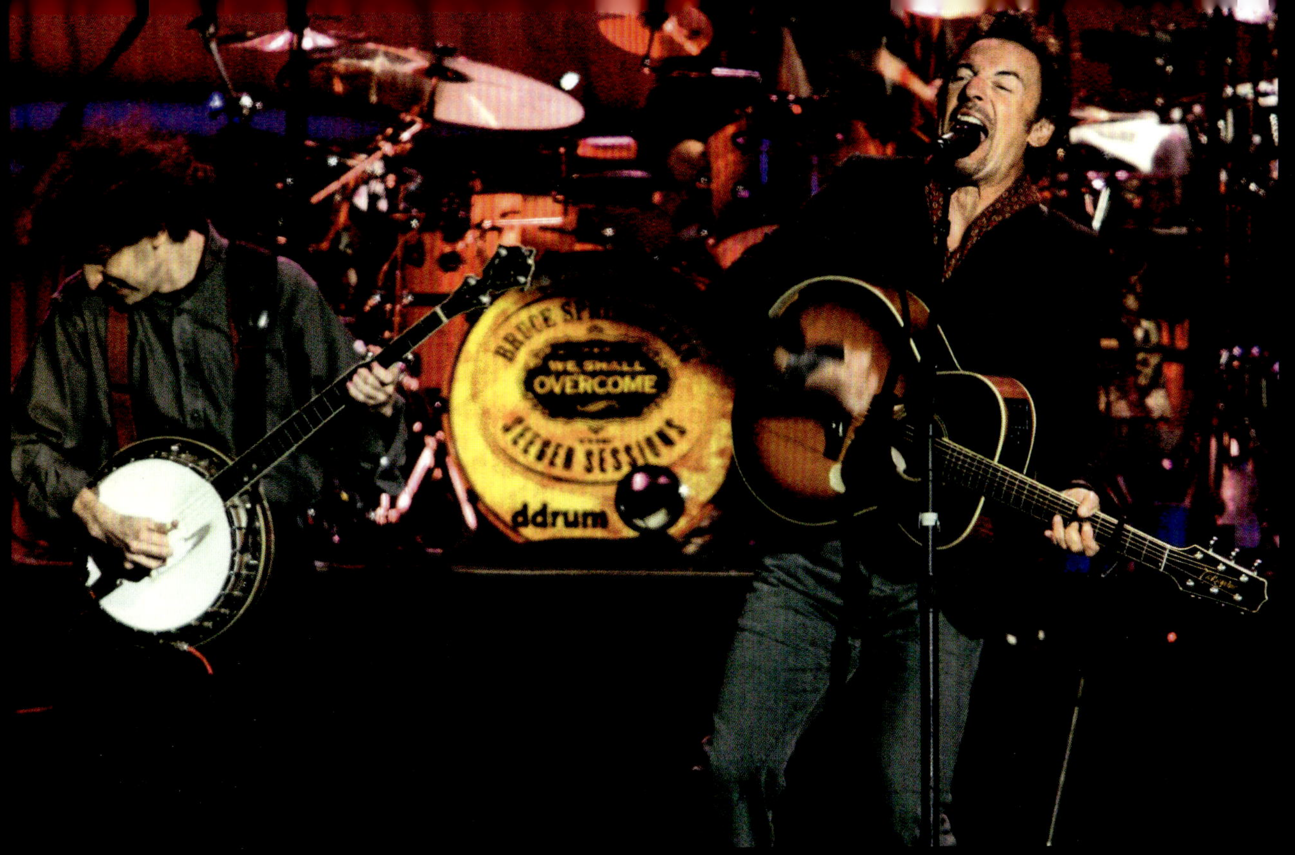

Sessions zu diesem Stück 1997 führten dazu, dass Bruce weitere fünf oder sechs Songs derselben Art aufnahm: Country und Folk, mit Violine, Waschbrett, Banjo, Akkordeon und keine E-Gitarre, also kein Rock. Ab und zu hörte er sie wieder an, aber erst 2005 wandte er sich diesem Repertoire wieder zu und nahm weitere Stücke auf. Es ist das Jahr 2006. Und so wurden diese Sessions zu den *Seeger Sessions*, und die Band aus Country- und Folkmusikern, mit denen er noch nie zuvor gespielt hatte, wurde zur Sessions-Band. Es ist ein Album mit Country- und Folkmusik und ebenso die Tour. Das Album wird mit einer Mischung aus Neugier und Sympathie aufgenommen. Es ist ein weiterer Schritt Springsteens hin zu seiner „Vollständigkeit", hin zur Geschichte der USA, einschließlich dessen, was nicht erzählt wird, was zur traditionelleren Kultur gehört. Die Tournee sorgt für ein paar mehr Kritiker, die eingefleischten Fans verziehen den Mund, aber nur schwer kann man der besonderen Musikalität und Energie der Konzerte von Springsteen und der Sessions Band nicht erliegen. Es ist einzigartig, wie Tausende von Rock-Fans im Chor *Old Dan Tucker* oder *John Henry* mitsingen. Die Stücke sind teils mehr als 100 Jahre alt und Teil der amerikanischen traditionellen Musik. Diese Musik aus der Versenkung zu holen ist eine vernünftige Entscheidung: Amerika muss Springsteens Meinung nach wachgerüttelt werden und zu seinen Wurzeln zurückkehren oder besser, über seine Identität und Werte nachdenken, die die amerikanische Demokratie geformt haben, und verstehen, welche Fehler begangen wurden, und wieder Inspiration und Hoffnung finden. Einige Dinge, die Sinn machen und im Einklang mit den Folksongs stehen, sind enthalten, wie *My City Of Ruins* oder *The River*, aber die Schönheit der Platte und der Tour ist die andere Seite Amerikas, die gezeigt wird: das idealistische und revolutionäre Amerika

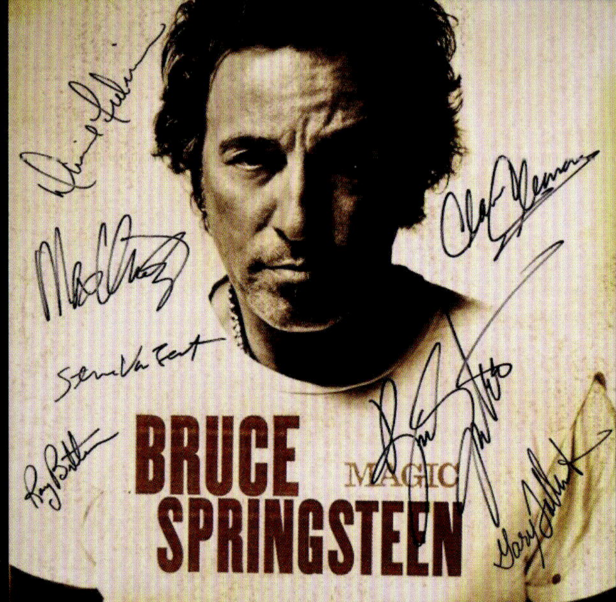

Als er schließlich zum Rock zurückkehrt, ist er immer noch im Einklang mit diesem Amerika und entscheidet sich bewusst dafür, ein Album zu machen, das wie er sagt „mein Protest gegen den Irak-Krieg und die Bush-Regierung ist, aber zugleich ein Album, bei dem ich versucht habe, Persönliches und Politisches miteinander zu vermischen". Die zwei Seiten vereinen sich schließlich miteinander.

Er eröffnet das Album mit einem Stück, das keine Missverständnisse zulässt: *Radio Nowhere*, ein Radio sendet Signale, die niemand hört. Und so geht es über die gesamten 48 Minuten und zwölf Tracks des Albums lang weiter, wobei die Rockmusik das klangliche und die Leidenschaft das emotionale Zentrum bilden. Leidenschaft fürs Leben, Leidenschaft für die Menschen, Leidenschaft für Amerika – ein Land, das er liebt, das er aber oft und immer häufiger nicht wiedererkennt. So ist zwischen süß und bitter *Long Walk Home* zu hören, der lange Weg zu einem Zuhause, in dem man sich sicher fühlt, *Last To Die*, mit den „versehentlichen" Toten auf jeder Straße der Welt, mit *Your Own Worst Enemy*, in dem Springsteen über uns spricht, über die Angst, die jeden erreicht und die die Regierung selbst fördert. Aber es gibt auch Lichtblicke, wie der schöne Song *Girls In Their Summer Clothes*, und schmerzvolle Songs wie der sehr persönliche „Ghost Track", der das Album abschließt, *Terry's Song*. Es ist nicht das schönste Album, im Gegenteil. Es bietet keine Hits, aber es zeichnet sich durch eine wiedergefundene und sichere Balance aus, ohne Erfolgsangst, ohne Verlangen nach Bestätigung. Springsteen sagt und tut, wonach ihm der Sinn steht, und das genügt. Die Tour von *Magic* ist die letzte, bei der die E Street Band in ihrer ursprünglichen Zusammensetzung zu bewundern ist. 2007 nämlich muss während einer Konzertreihe der legendäre Keyboardspieler Danny Federici abbrechen, um ein Melanom zu behandeln. Er kehrt im März 2008 zu einem Konzert in Indianapolis zurück und möchte *Sandy* spielen. Nur wenige Tage später stirbt er am 17. April. Er war von Beginn an Teil der Band gewesen und Springsteen spielt bei seiner Beerdigung *Sandy*. Natürlich fallen alle Konzerte zwischen dem Todestag und der Beerdigung aus. Aber weil in seinem Leben nichts existiert, sofern es nicht auf der Bühne existiert, spielt die Band am Tag nach der Beerdigung wie geplant in Tampa. Das Konzert beginnt mit einem Film von Danny Federici und Blumen auf seinem Hocker hinter der leeren Orgel. Es ist eine einzige große Feier, die echte Totenwache, mit der die Band dem Verstorbenen Tribut zollt, bestehend aus Anekdoten, Geschichten, Gelächter und Ergriffenheit zwischen den einzelnen Songs.

146 *Das Cover von „Magic" mit den Autogrammen aller Mitglieder der E Street Band.*

147 *Das Foto entstand am 19. November 2007 in Boston: Bruce Springsteen, der den Freund und Keyboardspieler der E Street Band, Danny Federici, im Arm hält.*

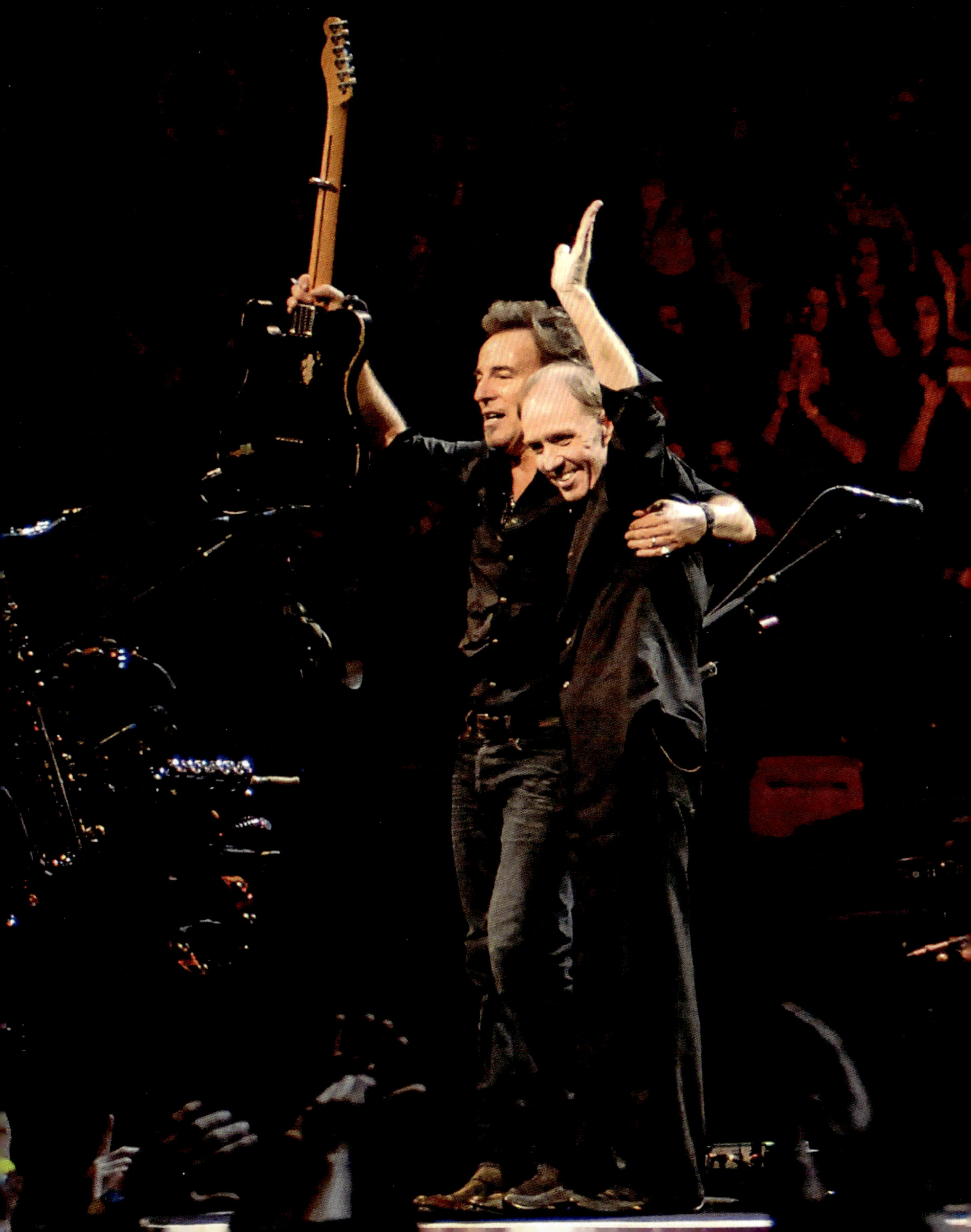

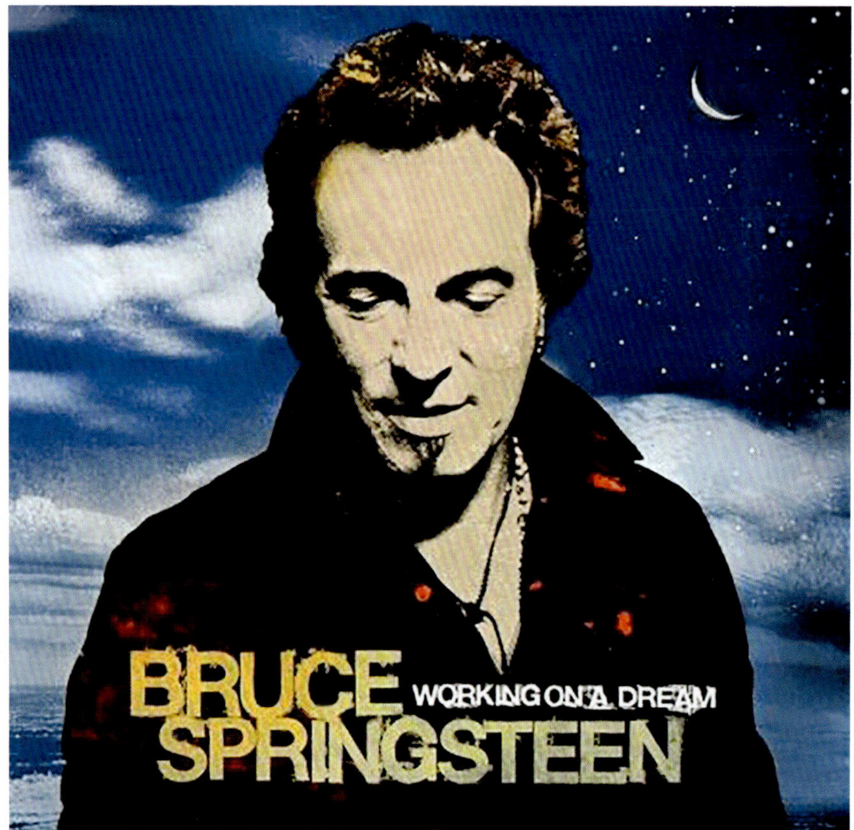

148 *Das Cover von „Working On A Dream".*

149 *Der US-Präsident Barack Obama umarmt Bruce Springsteen vor einer seiner Reden in der Nähe des Wisconsin State Capitol am 5. November 2012.*

Bei der Aufnahme von *The Last Carnival* wird Danny Federici für einen der Tracks des neuen Albums *Working on a Dream* an seinem Instrument von seinem Sohn Jason ersetzt, was zu einer Art Tradition werden sollte. Das Album wird 2009 veröffentlicht, einige Konzerte gehen dem aber zugunsten der Wahlkampagne von Barack Obama voraus. Das Stück *Working On A Dream*, das zugleich der Titel des Album ist, wird tatsächlich zum Schlusslied der Demokraten. Dieses Mal jedoch klappt die „Arbeit am Traum" und die Wahlen verlaufen deutlich besser als die letzten. Obama wird gewählt, einer der großen Momente der amerikanischen Geschichte, und das Stück, das am Ende seiner ersten Rede als Präsident direkt nach Verkündung der Ergebnisse gespielt wird, ist *The Rising*, als ob es die Enttäuschung von vor vier Jahren wiedergutmachen wolle. Und als ob es die Hoffnung unterstreicht, die durch diese Wahl mit dem Slogan „Yes, we can" in Bewegung gesetzt wird und die sich im gesamten Springsteen-Epos wiederzuspiegeln scheint.

Für den Traum arbeiten bedeutet, vor allem wenn die E Street Band an seiner Seite ist, sanfter zu werden, sowohl politisch als auch musikalisch. Man könnte fast sagen, dass *Working On A Dream* das erste bewusste „Pop"-Album des gesamten musikalischen Abenteuers des Boss' ist. Die Farben werden feiner, die Melodien gehen mit dem Rhythmus voran, alle Elemente der Rock-, Soul-, Folk-Geschichte verschmelzen in einer Reihe an Songs miteinander, die

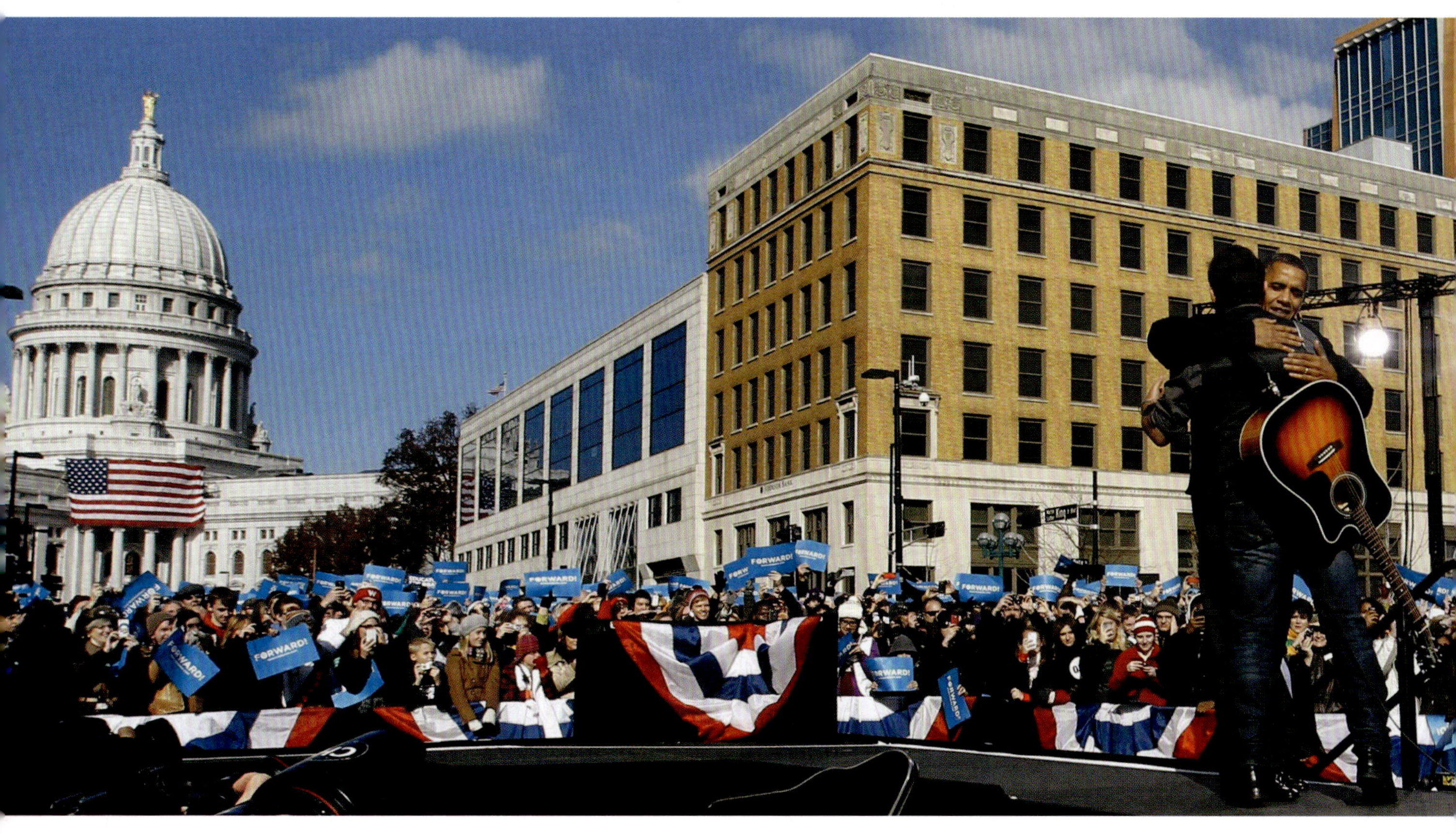

offenbar all jene ansprechen sollen, die bislang noch nie Springsteen gehört haben. Ein Mainstream-Publikum, dem vielleicht zu Recht die Tür geöffnet wird. Das Ergebnis ist durchaus interessant: wieder einmal ohne denkwürdige Hits, aber intensiv, ruhig und tiefgründig. Einige, die genannt werden sollten, sind folgende: zu Beginn *Outlaw Pete*, mit einem neuen und bedeutenden Morricone-Zitat, das schöne Stück *Queen Of The Supermarket*, mit seiner schlichten und direkten Liebe, das schmerzvolle und bereits erwähnte Stück *The Last Carnival*, und vor allem ein Song, der für eine Filmfigur geschrieben wurde, die einem Text Springsteens entnommen zu sein scheint, *The Wrestler*. Es ist die Geschichte von Mickey Rourke in der Rolle eines erfolgreichen Ringers, der alles verloren hat, ein amerikanischer Verweigerer aus der Provinz, der unglaublich konsequent ist und bereit zu sterben, um den Ruhm wieder zu erlangen, den er immer gesucht hat, in einem Film von Darren Aronofsky. Einen Oscar gewinnt er nicht, aber einen Golden Globe.

Er gewinnt einen Golden Globe für den Song „The Wrestler", der Teil des Soundtracks des gleichnamigen Films mit Mickey Rourke als Hauptdarsteller unter der Regie von Darren Aronofsky ist.

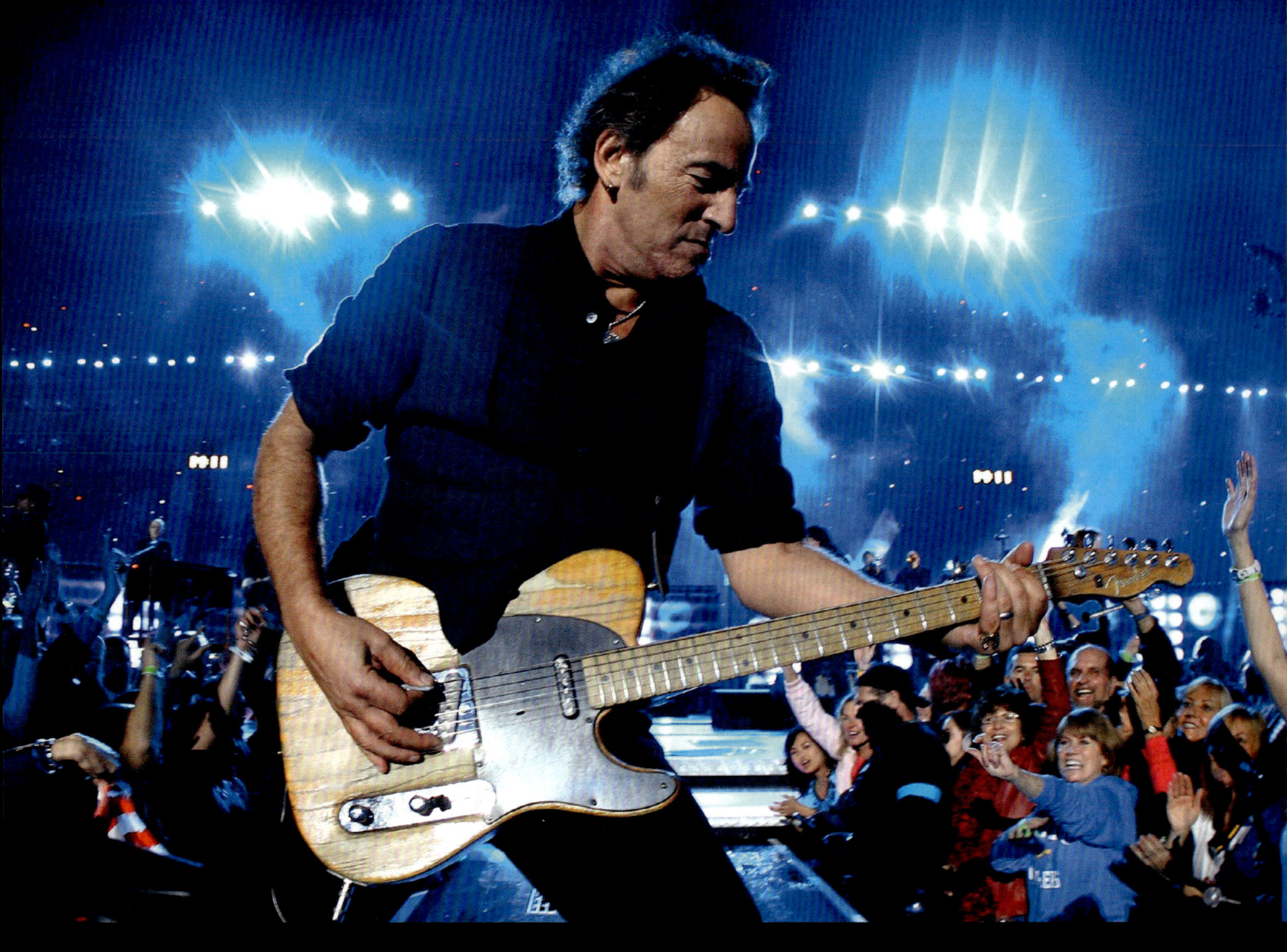

150 *Springsteen live während der Halbzeitshow des Superbowl XLIII zwischen den Arizona Cardinals und den Pittsburgh Steelers am 1. Februar 2009 im Raymond James Stadium in Tampa in Florida.*

2009

Gehen wir nochmals einen kleinen Schritt zurück. 2008 war noch etwas anderes passiert: Während des Super Bowl sieht Bruce Springsteen den Auftritt von Tom Petty & The Heartbreakers in der Halbzeitpause des Spiels. Ein Jahr zuvor war Prince aufgetreten und davor die Rolling Stones, während 2005 Paul McCartney gespielt hatte. Es sind nur zwölf intensive und sehr spektakuläre, aber auch sehr beachtete Minuten (mehr als 100 Millionen Zuschauer weltweit), die jahrelang von den großen Musikern gemieden wurden. Die Welt hatte sich aber ziemlich verändert, insbesondere die Musikindustrie und Erträge. Als in diesem Moment Tom Petty in der Halbzeitpause des Super Bowl spielt, spürt es auch Bruce Springsteen und auf einmal stellt er sich eine Frage, die er sich nie zuvor gestellt hatte. Er nimmt den Hörer ab, ruft seinen Produzenten O'Brien an, um sie ihm zu stellen, und erfährt, dass auch er am Fernseher sitzt und Teil dieser 100 Millionen Zuschauer ist. Und er fragt ihn: „Warum habe ich noch nie dort gespielt?"

Und so steht im Jahr 2009 zwischen der ersten und zweiten Spielhälfte des Super Bowl Bruce Springsteen mit der E Street Band auf der Bühne. Es sind nur 12 Minuten, sogar 13, weil Springsteen sich nicht an die Regeln hält und auch bei dem einzigen Event, bei dem es allen untersagt ist, überzieht und dafür sorgt, dass ein Schiedsrichter auf die Bühne kommt, um ihm zu sagen, dass er die Bühne verlassen muss, bevor dieser eine weitere Minute spielt und sich am Ende scherzhaft beschwert: „Ich gehe ins Disneyland!" (der Super Bowl findet in Florida statt, wo es auch einen der Disney-Parks gibt), aber das ist keine Kleinigkeit.

2009 spielt er 12, nein, sogar 13 Minuten lang vor 100 Millionen Menschen in der Halftime Show des Superbowl.

Für einen Künstler, der seine Karriere und dann sein Leben zu einem Fest der Live-Musik und der Beziehung zum Publikum gemacht hat, ist das das größtmögliche Publikum. Zum ersten Mal hat man den Eindruck, dass er für alle spielt und nicht nur für einige. Diesen Eindruck haben auch andere. Nachdem er die 13 Minuten gespielt hat, in denen er eine kurze Zusammenfassung der Live-Shows gegeben hat, wie er sie sonst mit der E Street Band gibt (ein guter Teil der Routine, Bewegungen, Tricks und den Nummern mit garantiertem Beifall sowie Begeisterung, wofür er bekannt wurde), und in Rekordzeit im Privatjet nach Hause zurückgekehrt ist, ist sich Springsteen nicht sicher, wie es gelaufen ist. Zum ersten Mal wusste er es nicht. Es ging alles sehr schnell und er hatte keine Zeit, den Puls eines heterogenen Publikums zu spüren, das nicht gerade „seines" war. In den Tagen danach jedoch wird der Effekt für ihn, der einer der bekanntesten und beliebtesten Musiker Amerikas ist, absolut greifbar: Viele Menschen, die er trifft, beglückwünschen ihn oder erkennen ihn wegen genau der Show wieder. Er hatte wirklich für

Vielleicht aufgrund der riesigen Show, vielleicht aus dem Wunsch heraus, den Wünschen des Publikums mehr entgegenzukommen, füllen sich ab diesem Moment die Konzerte mit mehr alten Stücken. Bis 2009 hatte er es nicht so gemocht, seine Karriere nochmals Revue passieren zu lassen, sondern eher die neuen Songs gespielt, auch wenn in den Jahren des Internets die Fans mehrfach die Entscheidung kritisiert und nach alten Songs verlangt hatten. Diesen Druck hatte Springsteen als lästig empfunden, gibt ihm aber auch teilweise von den letzten Konzerten 2009 an nach, als er mit Monografien beginnt und live einige seiner bedeutendsten Alben von Anfang bis Ende spielt. Die gesamten Alben *Born To Run*, *Darkness On The Edge Of Town*, *Born In The U.S.A.* Oder auch *The River*, und sogar das gesamte Album *Greetings From Asbury Park*! Das Musikmagazin *Rolling Stone*,das Springsteen eigentlich jegliche Art Ehrung, Titel, Preis und Anrede einbrachte, sollte ihn Ende des Jahres 2000 „Künstler des Jahrzehnts" nennen.

Das zweite legendäre und langjährige Mitglied der E Street Band, das 2011 nach Dany Federici verstirbt, ist Clarence Clemons, The Big Man oder wie Springsteen ihn bei Vorstellung auf der Bühne immer nannte „der größte Mann, den ihr je gesehen habt". Clemons war tatsächlich sehr groß, als junger Mann einer professionellen Football-Mannschaft beigetreten, hatte sich aber für das Saxofon entschieden. Und es war eine gute Entscheidung: Von Anfang an war er ein gefragter Mann. Der aus Virginia stammende Musiker war nach New Jersey gekommen, um Bands und Musiker zu finden, und hatte dort auch eine Platte mit Norman Seld & The Joyful Noize aufgenommen. Weil es um 1970 unmöglich gewesen war, in New Jersey zu spielen und Springsteen nicht zu kennen, hatte er auch ihn getroffen. Die zwei hatten sich gemustert und verstanden sich, aber das erste Mal, dass sie wirklich zusammen spielen konnten war, als Clemons den Mut zusammennahm und sich an einem Abend Springsteens Band vorstellte und eine Tür eintrat. Es regnete und stürmte heftig und das hatte laut Clemons zur Folge, dass die Tür einbrach, als er sie öffnete. Wenn jedoch Springsteen seine Version erzählt, dann wird sie noch viel größer und Clemons trat die Tür aufgrund seines starken Körperbaus ein. Tatsächlich war der Schreck der Band groß und als Clemons noch immer wegen des Vorschlags etwas nervös im eingetretenen Türeingang stand, sagte er nur: „Ich möchte mit euch spielen." Und die einzige Antwort an diesen großen Mann, wie ihn noch nie jemand gesehen hatte, war: „Du kannst alles machen, was du willst." Sie spielten *Spirits In The Night* und es war sofort Liebe. Natürlich wurde er für die Saxofonparts dieses Stücks und für *Blinded By The Light* aus *Greetings From Asbury Park* genommen. Bei der Tour für das Album war Clemons bereits Bandmitglied (wie auch übrigens Federici) und er blieb bis zu seinem Tod am 18. Juni 2011, obwohl er massive Probleme mit den Gelenken und Schmerzen hatte, die ihn sehr häufig beeinträchtigten.

2011 verliert die E Street Band nach Danny Federici ein weiteres Mitglied und einen sehr lieben Freund, Clarence Clemons.

Sechs Tage vor seinem Tod hatte er einen Schlaganfall erlitten. Springsteen erfuhr es, als er seinen 20. Hochzeitstag mit Patti Scialfa in Frankreich feierte, und nahm den ersten Flug nach Palm Beach, wie es auch alle anderen Bandmitglieder

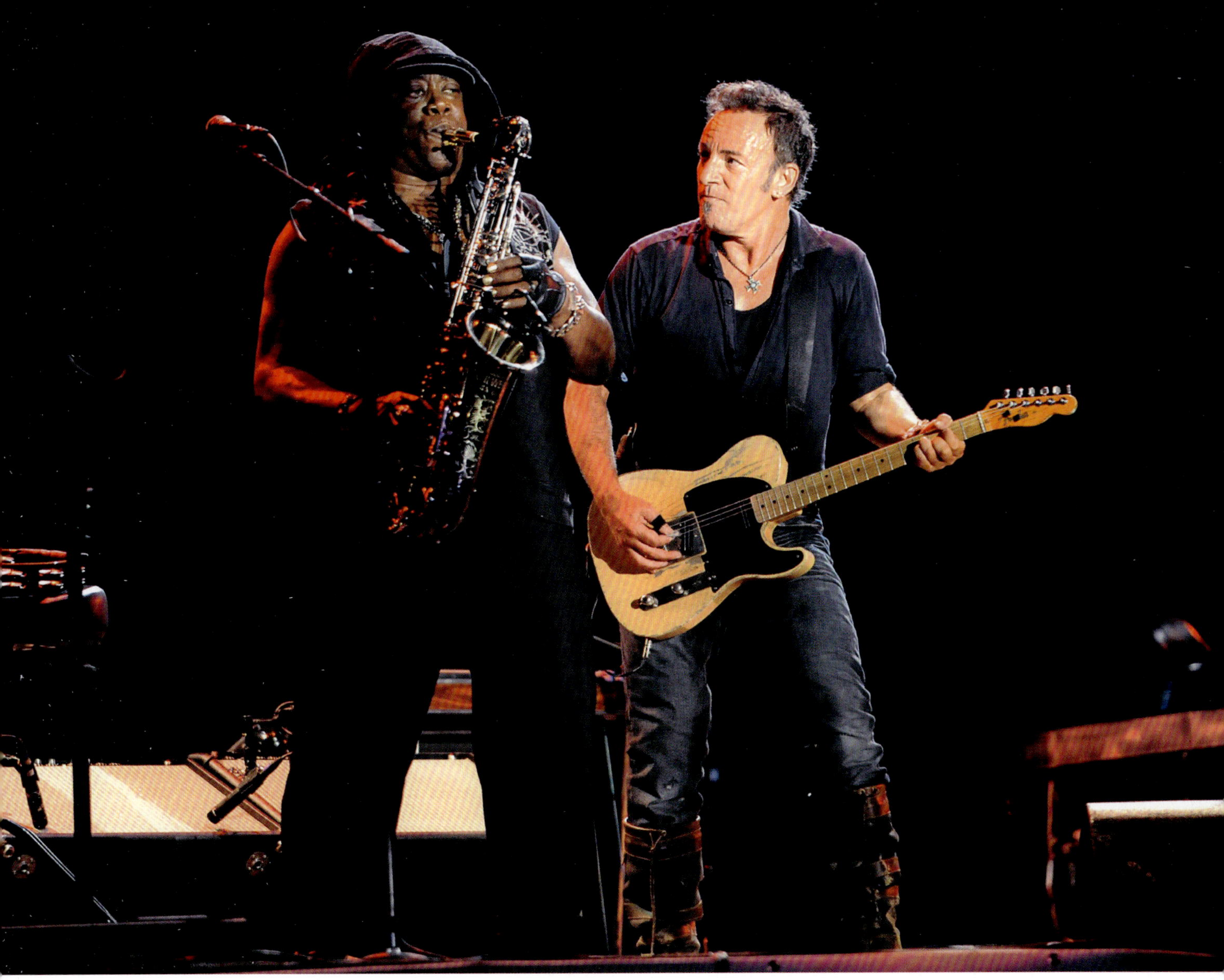

153 *Bruce Springsteen und Clarence Clemons, das Herz der E Street Band, auf der Bühne beim Festival von Glastonbury 2009.*

taten. Die sechs Tage Bangen wurden von einem Schimmer Wohlbefinden aufgehellt, der allen vorgaukelte, dass er von diesem Abgrund nochmals zurückkehren könne. Am Tag danach jedoch erlitt Clarence Clemons einen Rückschlag, dass man beschloss, die Maschinen, die ihn am Leben hielten, abzustellen, weil seine „Seele längst seinen Körper verlassen hatte". Als die Entscheidung fiel, nahm Bruce Springsteen die Gitarre, schloss sich drei Stunden lang im Krankenhauszimmer ein und spielte und sang für Clemons und dessen Familie.

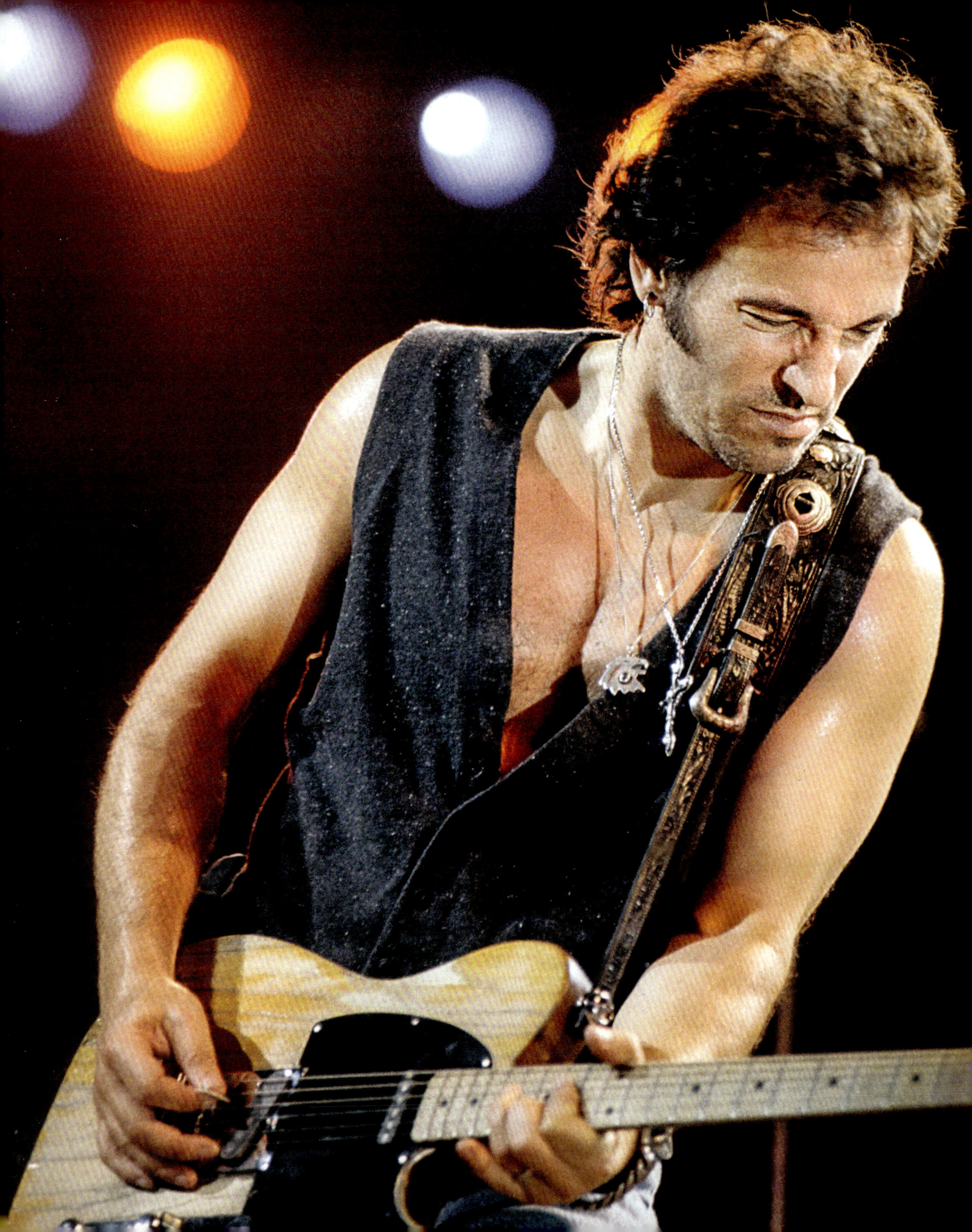

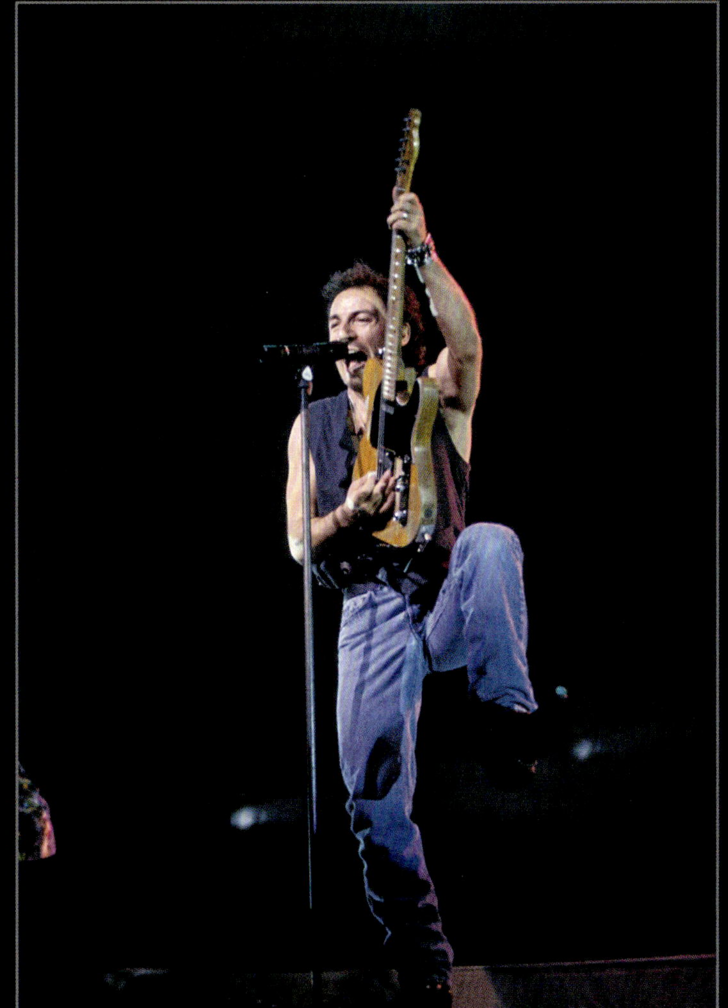

HNE CLEMONS IST SPRINGSTEEN EINSAMER
MITTEN VON HUNDERTEN UND TAUSENDEN
ON MENSCHEN, DIE IHN LIEBEN.

154 und 155 *Zwei Bilder von Springsteen live in Paris im Palais Omnisport in Bercy am 29. Juni 1992.*

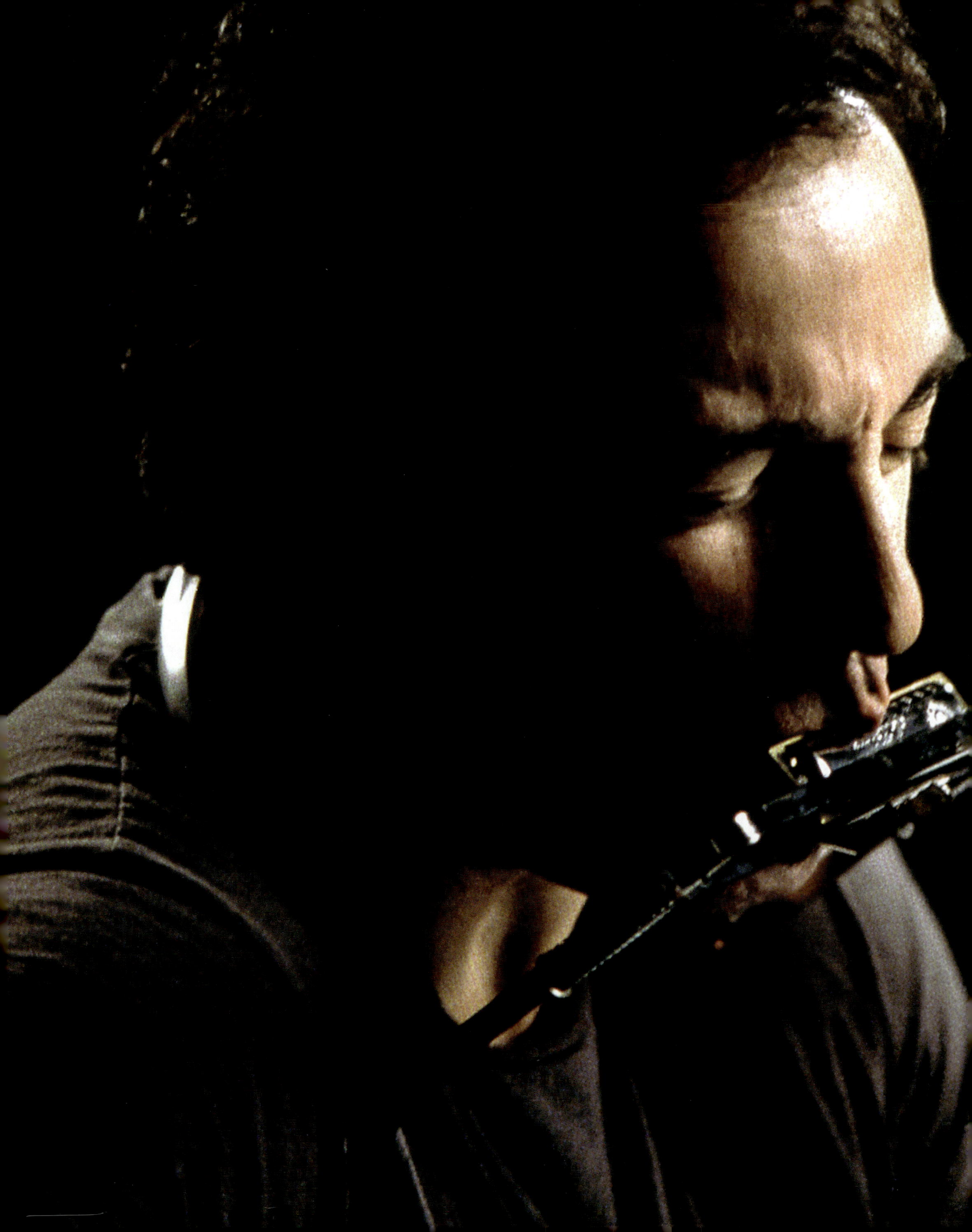

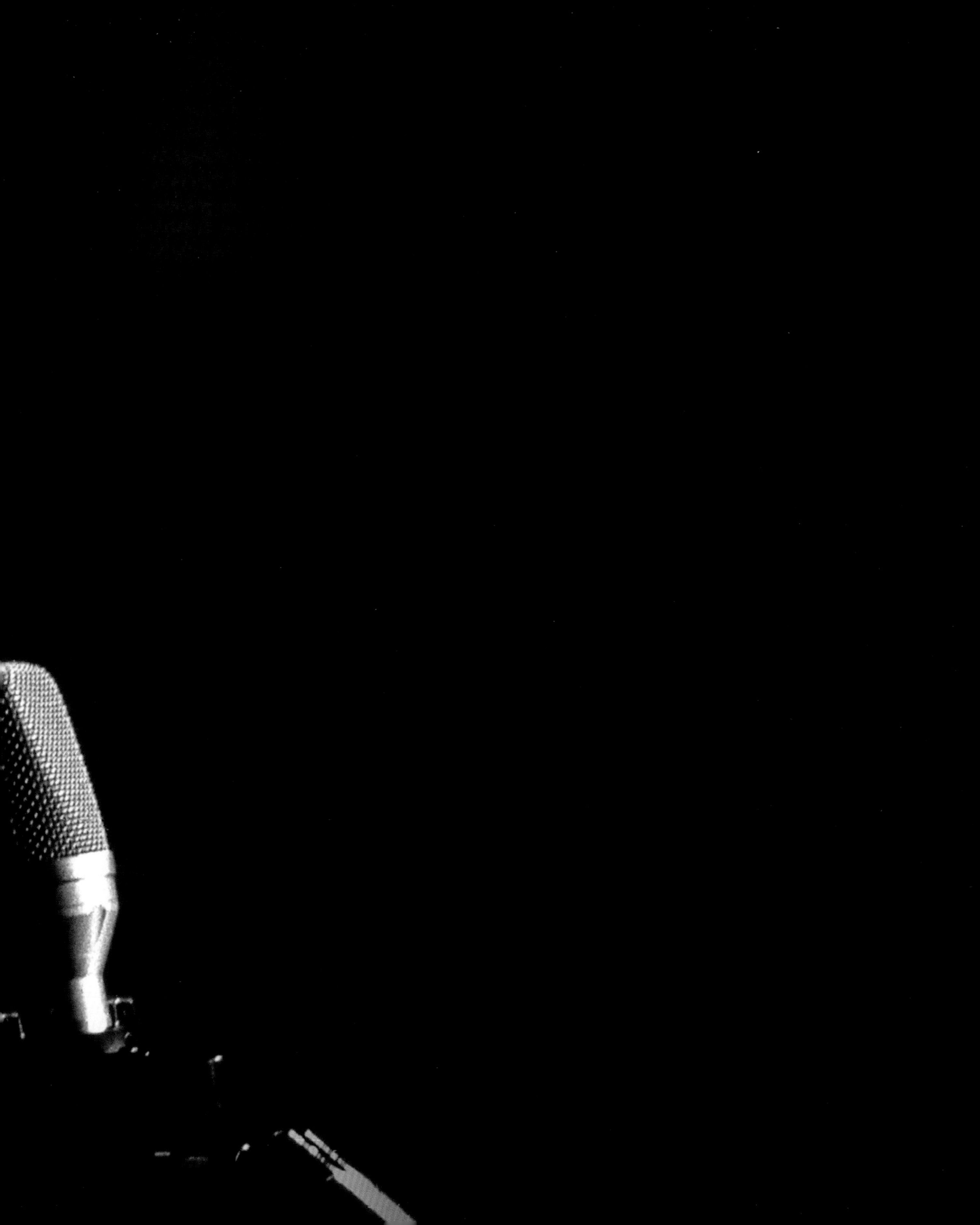

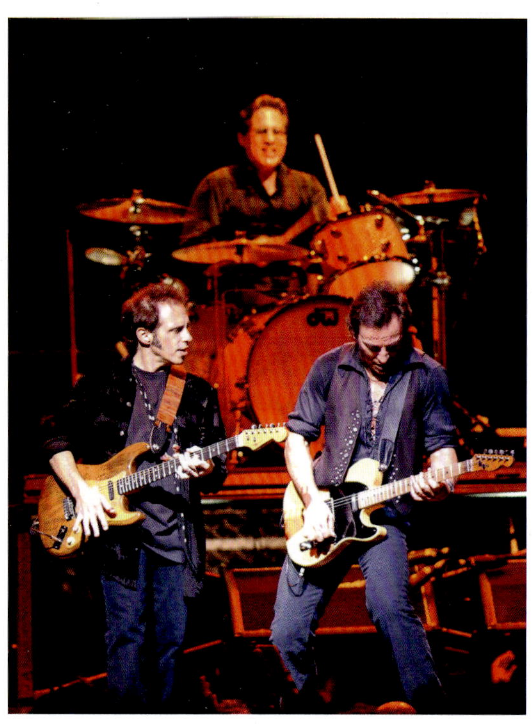

158 *Bei einem Konzert überragt Max Weinberg am Schlagzeug Nils Lofgren und Bruce Springsteen.*

158-159 Von links: *Nils Lofgren an der Gitarre, Clarence Clemons am Saxofon und Bruce Springsteen an der Gitarre.*

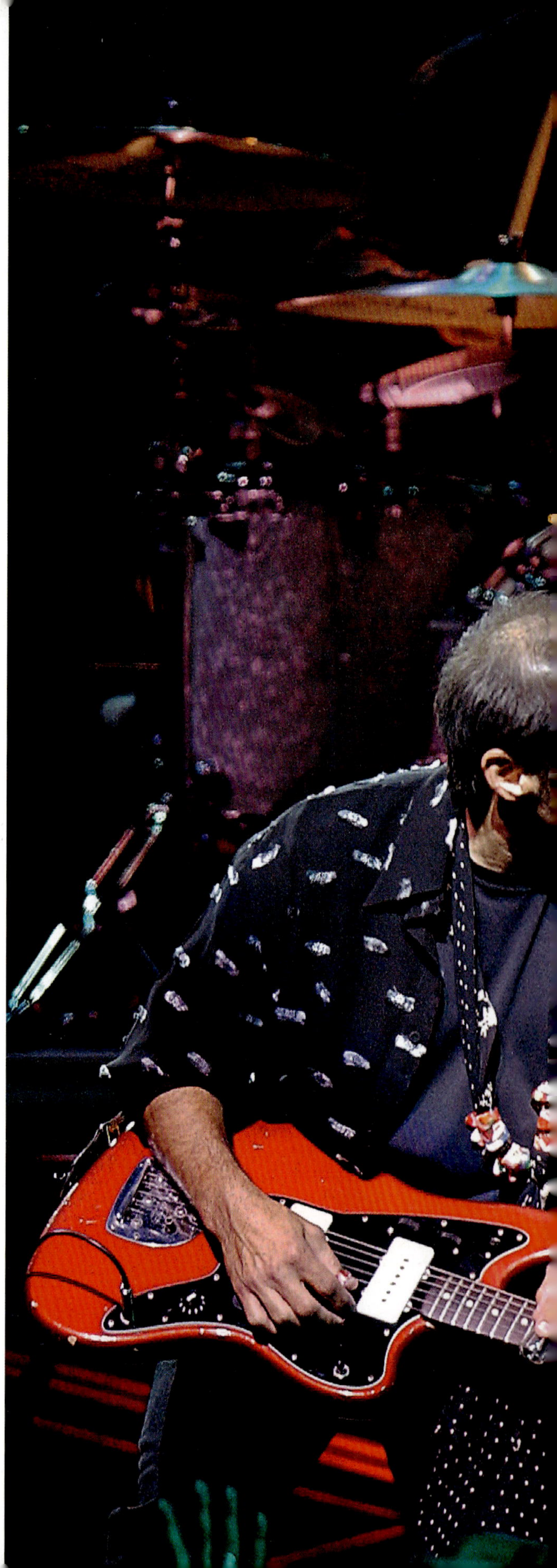

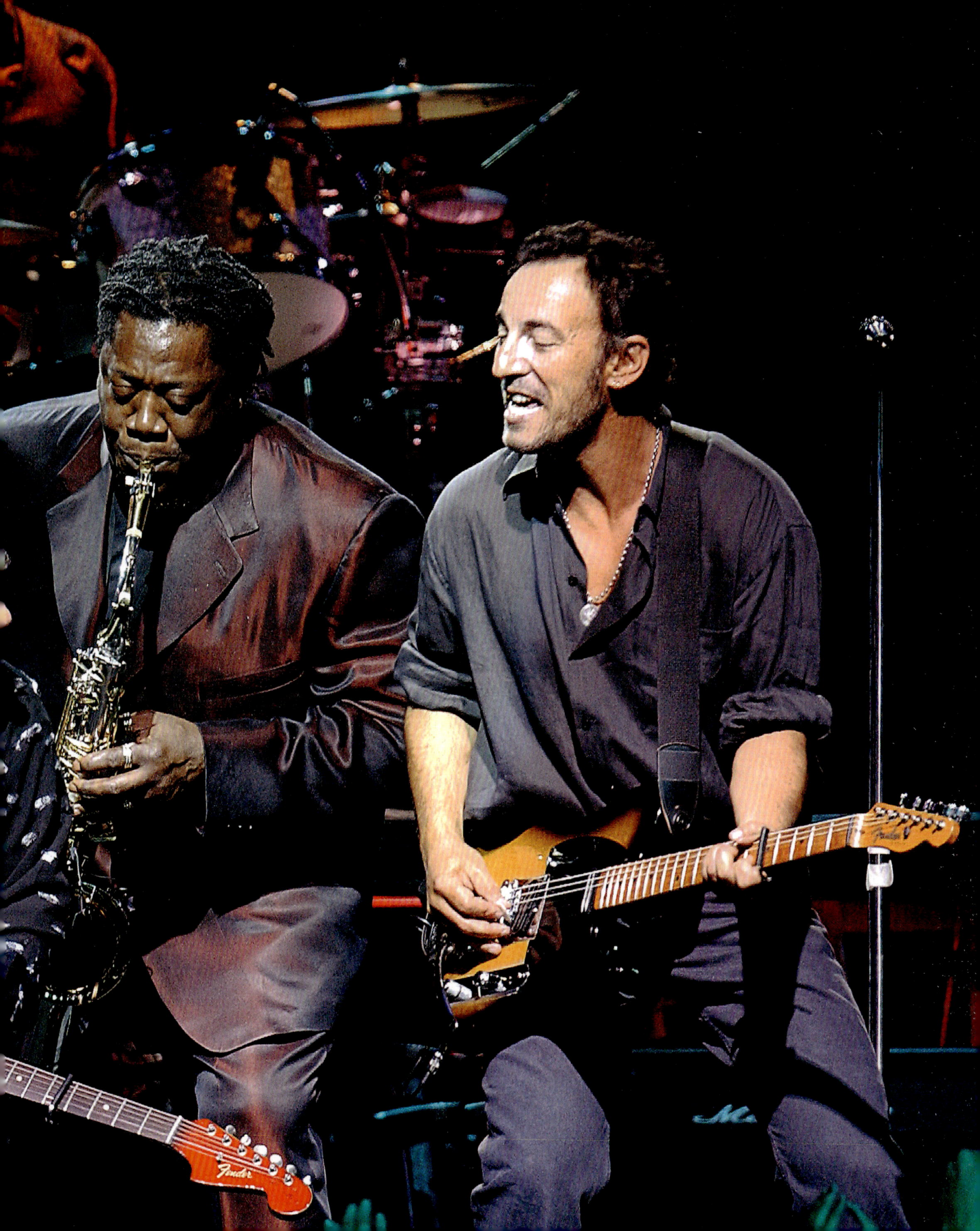
Fender

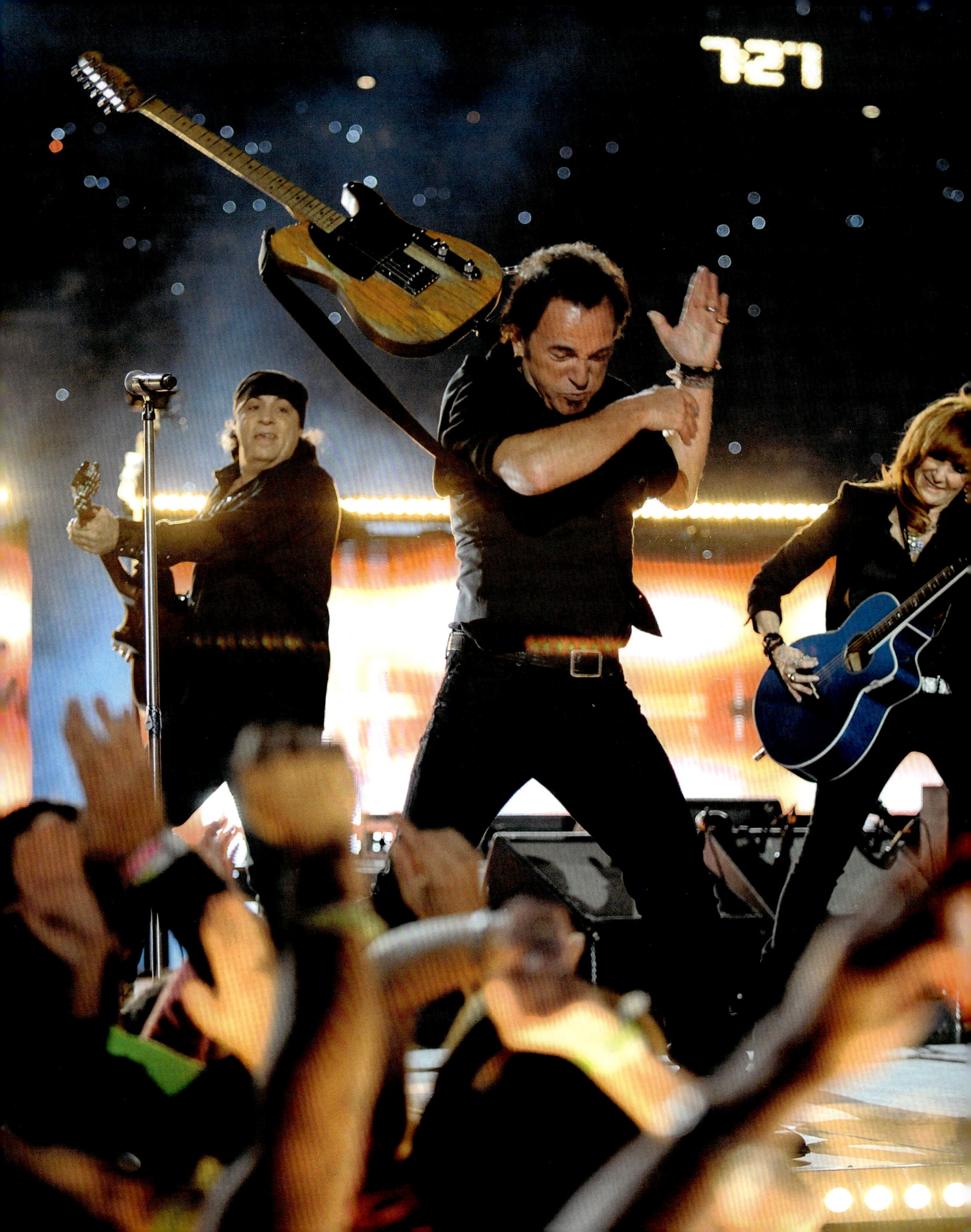

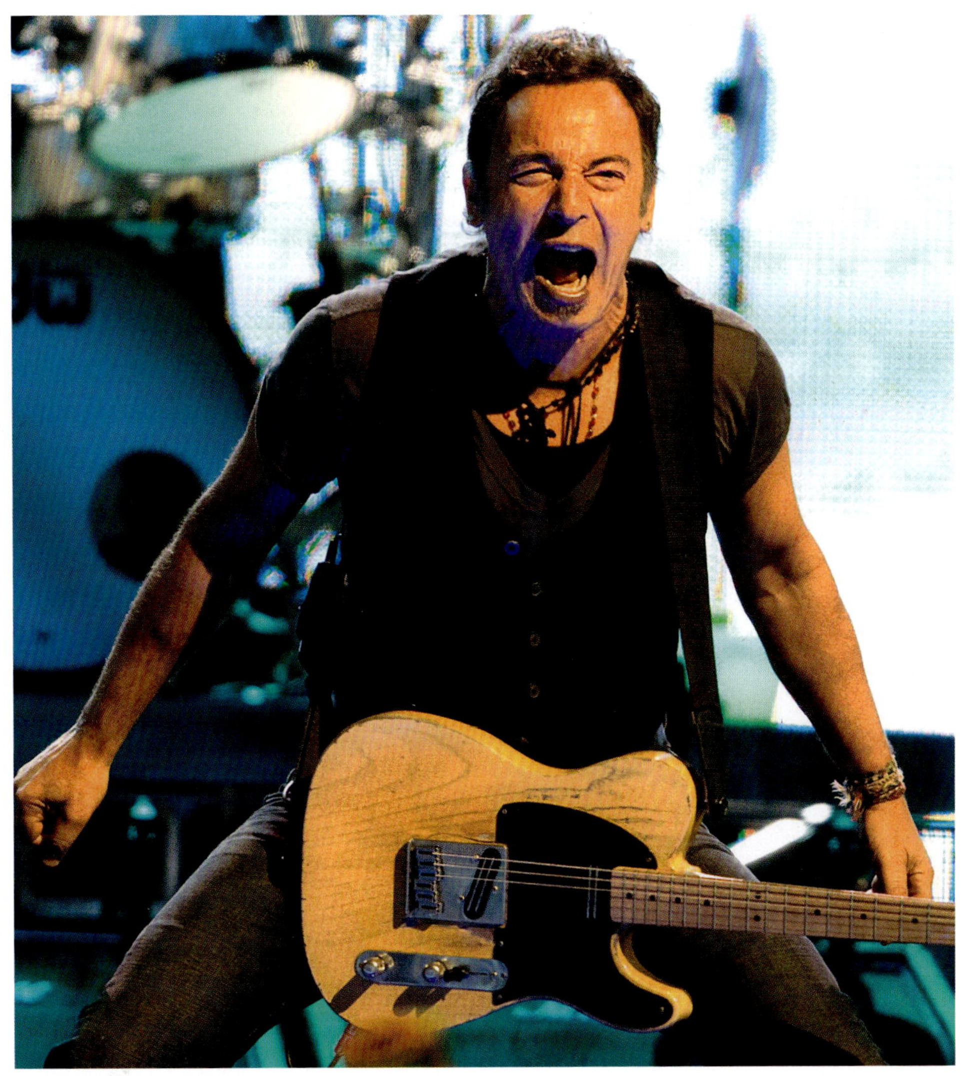

2009

160 *Von Links: Steve Van Zandt, Bruce Springsteen und Patti Scialfa.*

161 *Springsteen voller Enthusiasmus bei einem Konzert am 8. April 2009 im Toyota Center in Houston in Texas.*

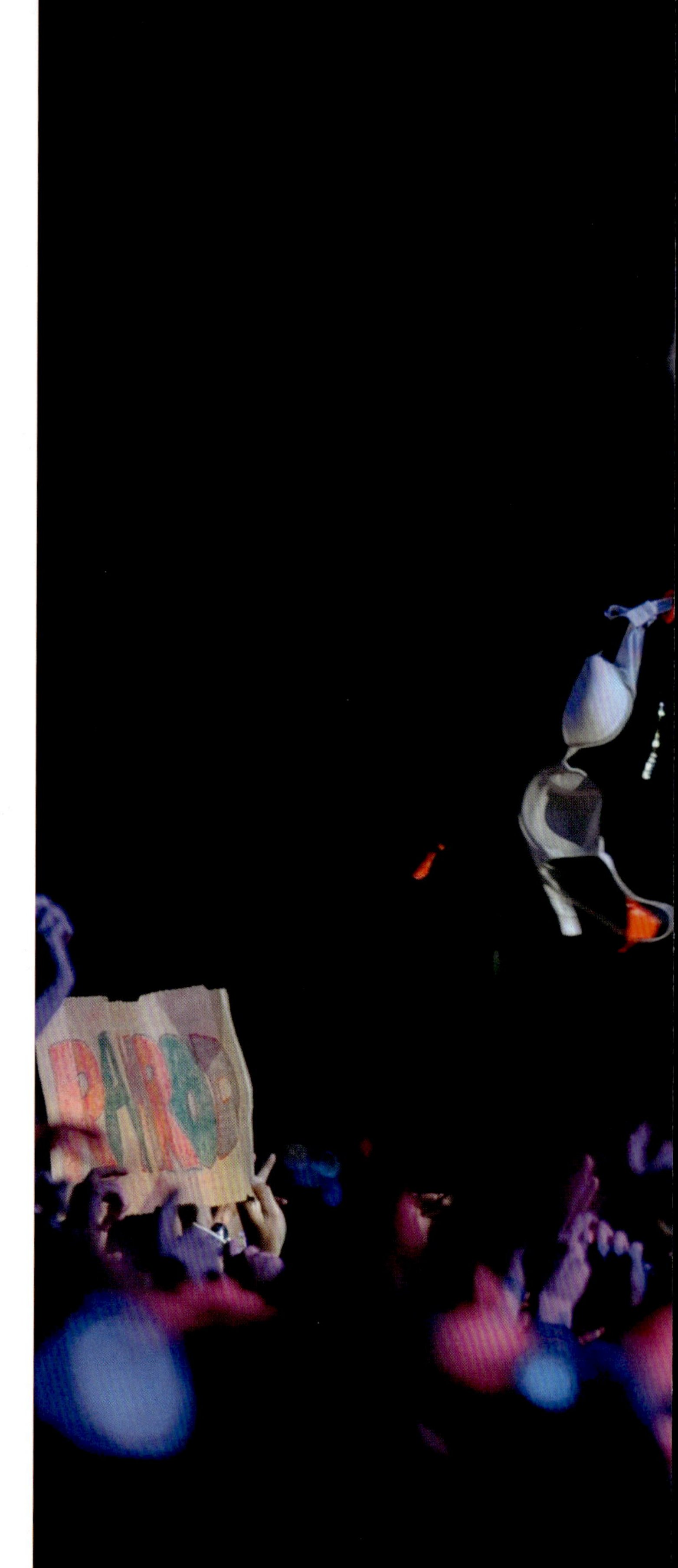

162-163 *Springsteen 2009 inmitten der bunten Fahnen, die immer im Publikum beim Festival in Glastonbury zu sehen sind.*

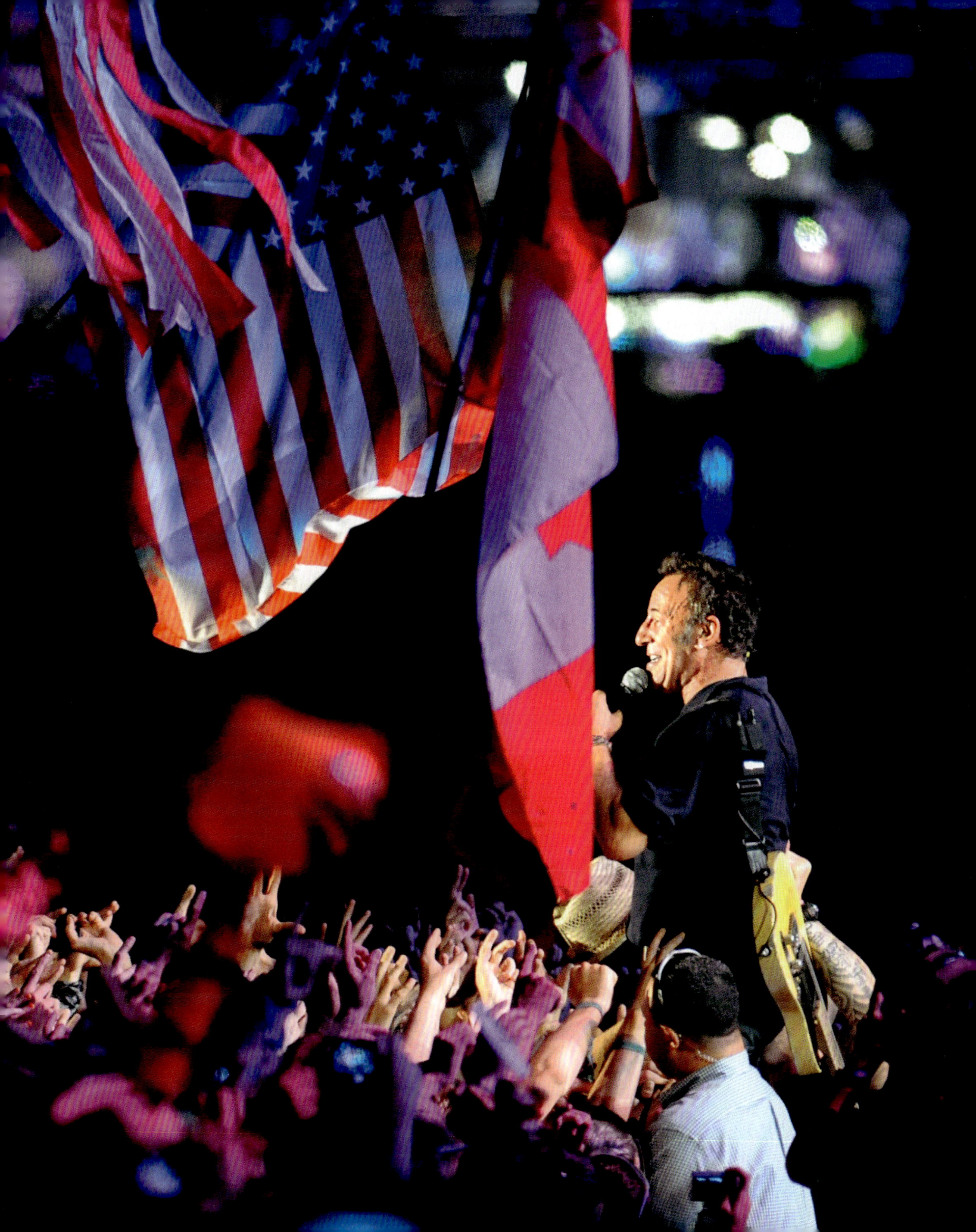

5

2012 - 2023
GROSSE TRÄUME, GROSSE HOFFNUNGEN

DER RUF DER STRASSE,
DIE REVANCHE FÜR DEN TOD,
DAS BEDÜRFNIS
EINES NEUSTARTS

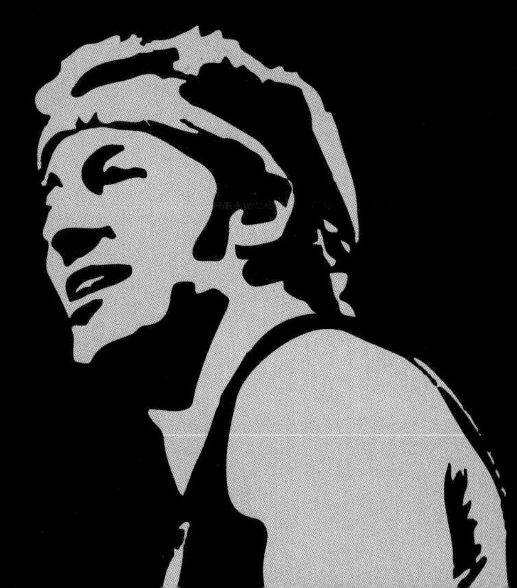

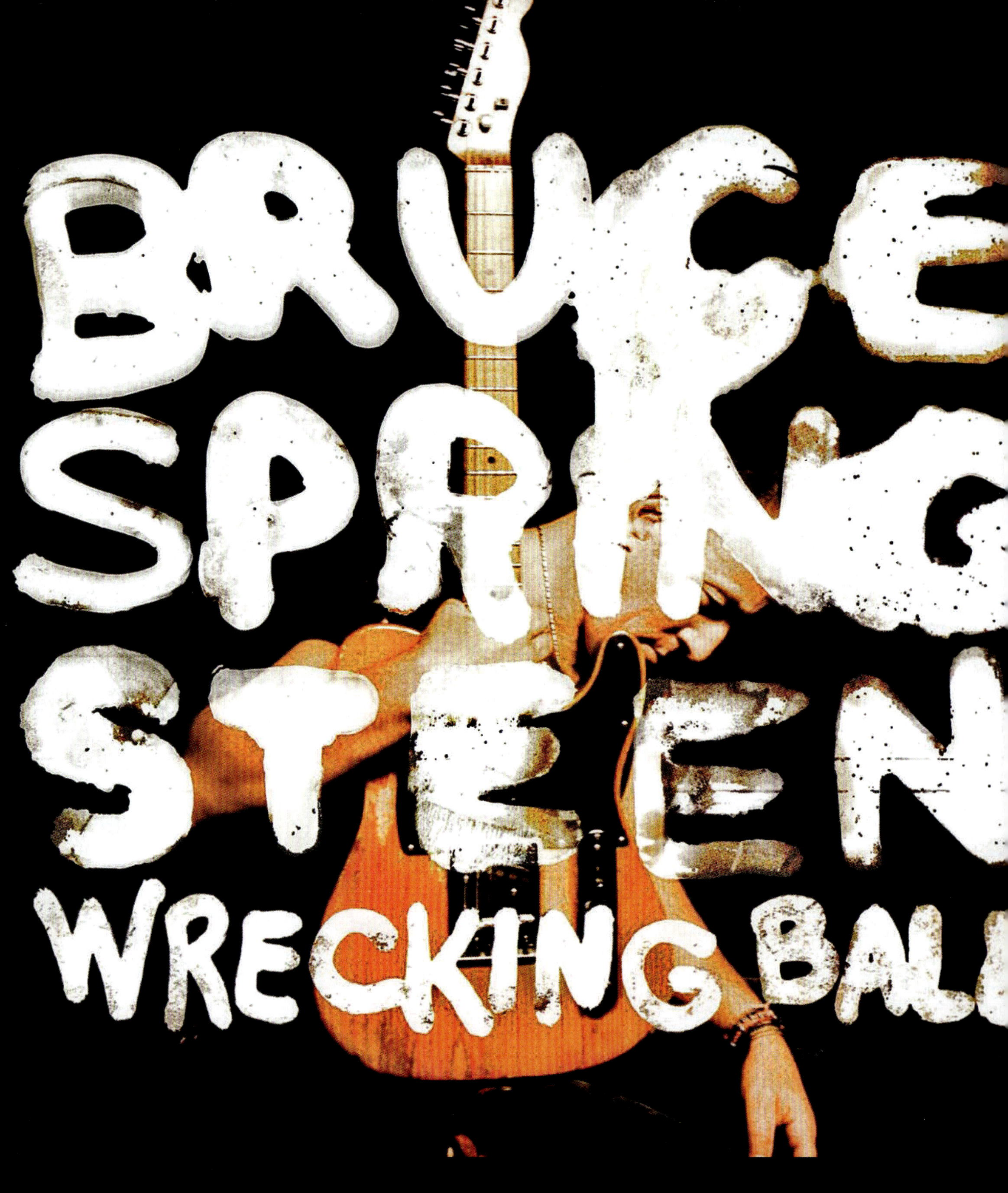
BRUCE
SPRING
STEEN
WRECKING BAL

Das neue Album, das 2012 unter dem Titel *Wrecking Ball* herauskommen soll, ist stark geprägt von der schwer zu überwindenden Trauer. Die Musik ist da, die Songs werden zusammengestellt und eines Tages, als er in einem Restaurant in Freehold eine Pizza isst, denkt er darüber nach, dass diese Jahre von einem Abdriften von den amerikanischen Wurzeln geprägt sind, einem Abdriften von jener Dynamik, die die Grundlage des amerikanischen Lebens im 20. Jahrhundert bedeutet, die immer von Springsteen gefeiert wurde, weil viele einen einfacheren Weg zum Geldverdienen gewählt und alles andere vernachlässigt haben, auch den amerikanischen Spirit. So entstehen *Easy Money* und die gesamte Stimmung, welche die Platte ausmacht. Die Aufnahmen beginnen nur vier Monate nach dem Tod von Clemons, auch wenn in *Land Of Hopes And Dreams*, das endlich auf der Platte ist, noch ein Saxofonsolo zu hören ist, das aus Teilen anderer, im Verlauf der Jahre aufgenommener Soli zusammengestellt wurde, die bislang nie veröffentlicht worden waren. Die Entscheidung dazu war nicht gerade leicht gefallen.

Nur vier Monate nach dem Tod von Clemons hat Springsteen das Bedürfnis, ins Studio zurückzukehren.

Wrecking Ball ist ein großartiges Album, eines der besten seiner gesamten Karriere. Vielleicht lag es am Schmerz, an der Krise des Landes oder etwas anderem, aber das Album enthält die besten Songs von Springsteen seit Jahren. Es ist eine Platte, keine Stücksammlung. Sie besitzt Rückgrat, Atmosphäre, Klang und die Stücke scheinen vollständig von Anfang bis Ende.

166 *Das Cover von „Wrecking Ball".*

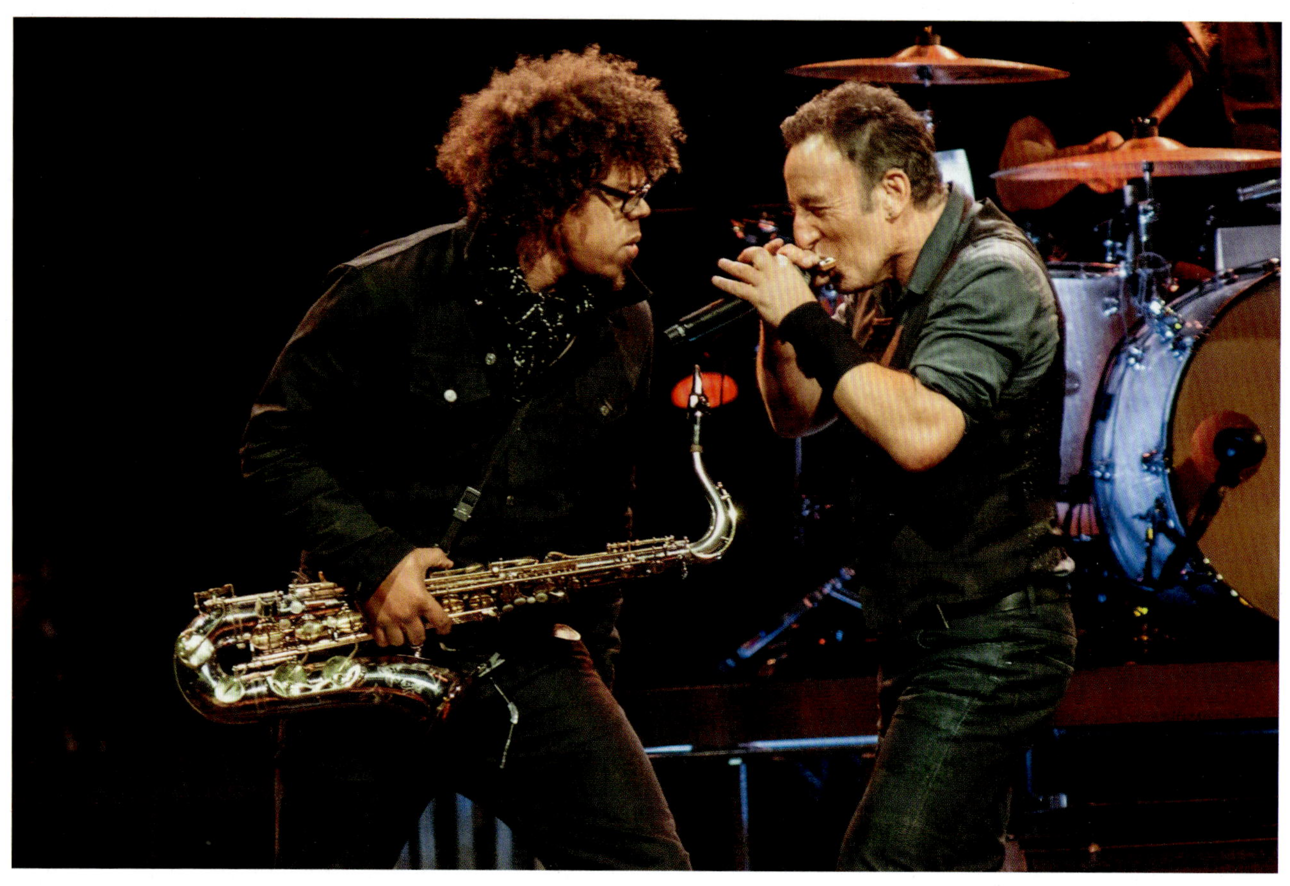

GENERATIONSWECHSEL 2012

168 *Bruce auf der Bühne mit dem Neffen von Clarence, Jake Clemons, der den Platz seines Onkels in der E Street Band einnimmt.*

Und sie besitzt lobenswerte Offenheit und Stärke. Auch Wut ist enthalten: „Nach der Finanzkrise 2008 war ich stocksauer darüber, was eine Handvoll Handelsunternehmen an der Wall Street gemacht hatte. *Wrecking Ball* war die wütende Anklage gegen den Würgegriff, in dem sich das Land auch heute noch befindet, und der durch Deregulierung, ineffiziente Regulierungsbehörden und einen Kapitalismus, der auf Kosten der amerikanischen Arbeiter verrückt spielt, noch verschärft wird." Deutlicher kann man es nicht sagen. Aber das reicht nicht. Um deutlich zu machen, dass alles wahr ist, dass Springsteen nicht lügt, dass er nicht Dinge sagt, von denen er nicht auch selbst überzeugt ist, bekennt er sich offen vor allen in *This Depression* zu seiner Depression und spricht über das schwarze Loch, in das er fällt, über das Bedürfnis nach Hilfe, das er vor allem verspürt. Es ist ein aufsehenerregender Einblick in sein Leben, ein Riss im Mythos des unvergänglichen Bosses, des Helden des Rock 'n' Roll, der fällt: „Ich war verloren, aber noch nie so sehr, ich war am Boden, aber noch nie so sehr, noch nie habe ich mich so schwach gefühlt", singt er und trägt sein Unbehagen nach außen. Die Depression war einige Zeit zuvor gekommen, kurz nach seinem 60. Geburtstag 2009, und wie Springsteen selbst sagte, „war es verheerend". Sie dauert eine ganze Weile, sie dauert noch immer an, aber der Abgrund wurde erstmals zwischen dem 60. und 62. Lebensjahr erreicht und dann noch einmal zwischen 63 und 64.

Als Springsteen es in einem Song ausspricht, kehrt er langsam zu sich selbst zurück. „Es war die Musik, von der ich wusste, dass ich sie unter diesen Umständen machen musste. Es ist mein Beruf."

Aber Amerika ist nicht mehr dasselbe, auch nicht mehr in den Köpfen der Menschen. Die Amerikaner sind geteilt, mehr als je zuvor, und das Album erzielt trotz exzellenter Kritiken und Platz eins in den Charts (zum zehnten Mal) nicht den Erfolg und die Anerkennung, die es hätte haben sollen.

Und Springsteen erkennt, dass es auf gewisse Weise „Schuld der Rockmusik ist". „Ich musste mich damit abfinden: In den USA hatte die Kraft des Rock als Vehikel für die Ideen nachgelassen."

Aber das Schöne ist, dass es nicht eine Platte mit „altem" Rock ist. Im Gegenteil, es ist einer der bewusstesten und gelungensten Versuche Springsteens, seine Musik zeitgemäß zu halten. Die E Street Band als solche gibt es auf dem Album nicht. Roy Bittan und Garry Tallent fehlen zum Beispiel in der langen Liste der mitwirkenden Musiker. Dafür sind viele neue dabei, darunter in erster Linie Morello, Supergitarrist von Rage Against The Machine, der Teil von Spingsteens Welt wird.

Aber es gibt einige denkwürdige Songs wie *We Take Care Of Our Own*, *Jack Of All Trades*, *Shackled And Drawn*, der fantastische Song *Rocky Ground und das intensive Stück Death To My Hometown*. Es sind Songs, die live geradezu episch werden.

Die Tour ist eine Feinabstimmung der neuen Klangfülle der erweiterten E Street Band und die Konzerte kommen trotz des Todes des Big Man hervorragend an.

Wie bereits bei Federici liegt die Lösung in der Familie. Jake Clemons, der Neffe von Clarence und ebenfalls Saxofonist, stößt für die große Tour zur Band, welche direkt nach den Engagements für die Wiederwahl von Barack Obama starten soll.

Bruce Springsteen ist ein Musiker im Alter von 64 Jahren und mit einer unglaublichen Geschichte. 2012 landet er mit seiner Tour mit der größten Besucherzahl erneut auf Platz eins in den Charts. Es ist normalerweise ein Alter, in dem die meisten Musiker sich zurückziehen. Springsteen hingegen erhöht sogar noch die Anzahl und Dauer der Konzerte, aber auch das Publikum wächst. Denn man kann sich seinem Enthusiasmus, dem Schweiß, dem Lachen, dem Willen, einfach für sich und für andere zu spielen, den er und seine „the heart-stopping, pants-dropping, house-rocking, earth-quaking, booty-shaking, Viagra-taking, love-making - le-gen-dary E-STREET-BAND!", wie der Boss sie gerne ankündigt, gar nicht entziehen. Man muss einem 64-jährigen Mann geradezu Glauben schenken, der dreieinhalb Stunden lang ohne Pause spielt und dabei mit ausdrucksstarker, kräftiger, sauberer und absolut beneidenswerter Stimme singt, der Hände schüttelt, Fans umarmt, auf Tuchfühlung mit dem Publikum geht – und das einen ganzen Abend lang. Es ist schwer, nicht an seine Musik zu glauben: „Can you feel the spirit?", fragt er das Publikum zu Beginn des Abends, und wer den „Spirit" nicht fühlt, wer nicht dran glaubt, hat mit großer Wahrscheinlichkeit am Ende eines Konzerts seine Meinung geändert. Weil Bruce Springsteen der größte lebende Rock-Interpret ist. Weil er eine Mission hat. Wie jedes Mal vermittelt Springsteen auf der Tour den Eindruck, da zu sein, weil er nicht anders kann, weil das sein Leben ist, seine Mission, nicht seine Arbeit. Wie jedes Mal in den Konzerten verlässt er die Bühne und geht ins Publikum. Nicht um sich als Gott feiern zu lassen, sondern umgekehrt, um die Distanz zu nehmen, um noch einmal den Auftrag anzunehmen, den ihm die Menschen seit 40 Jahren geben. Den Auftrag, mit seinen Songs Träume, Hoffnungen und Leidenschaft auszudrücken.

Es ist schwer, einem 64-Jährigen keinen Glauben zu schenken, der jeden Abend mindestens dreieinhalb Stunden lang spielt und dem Publikum seine Seele hingibt.

Natürlich ist das eine Illusion. Das Leben bietet nicht immer die Möglichkeiten, die man sich wünscht, auch wenn man weiß, dass man „zum Laufen geboren ist".

Aber diese Illusion, die bei den Konzerten anderer Rockstars offenkundig und deutlich ist, wird bei Springsteen zur Realität. Denn er singt nicht von einem anderen Leben, er erzählt keine Geschichten, in denen man sich nicht wiedererkennt. Seine Geschichten von Verlierern, die immer noch spielen wollen, von Träumern, die, obwohl alles zerbricht, nicht aufhören wollen zu träumen, von Männern und Frauen, die vielleicht nie Erfolg, Geld, Ruhm haben werden, aber auch ohne diese Dinge ein wunderbares Leben führen können.

Und dann ist da noch das Nachempfinden. Natürlich ist er ein Gott, hat Geld, Erfolg, Ruhm, aber er interpretiert das, was die Menschen fühlen, so wie nur wenige vor ihm und sehr wenige nach ihm es konnten. Er macht es nicht auf den Platten, er macht es auf den Konzerten, wenn Körper und Seele mitspielen, wenn er nicht mehr ein „Künstler" ist, der seine Musik vermittelt, sondern auf die Bühne geht, um die Herzen der Menschen zu berühren. Wenn es ein modernes Wort gibt, das ausgezeichnet zu den Konzerten von Springsteen passt, ist es „Teilen": Das Publikum des Boss teilt eine Erfahrung, Gefühle und keiner ist allein. Das sieht man.

Die Platten mögen einem nicht gefallen. Man mag sogar zu Recht denken, dass die besonders kreative Phase seiner Karriere als Songwriter Ende der 80er-Jahre geendet hat. Man mag denken, dass er alt ist, standardisiert, repetitiv, immer sich selbst gleich seit den 70er-Jahren, aber sobald man nur eine Show erlebt und glaubt, dass die Musik, der Rock, das Leben verändern kann, dann ist es Bruce Springsteen, dem das noch gelingen kann. Mit überwältigender Energie. Man muss die Studioaufnahmen seiner Songs nicht mögen. Denn jedes Mal, wenn er live auftritt und sie interpretiert, wirken sie ganz anders: Sie sind lebendige Materie, pulsierend, starke Emotionen. Diese Songs sind Rock 'n' Roll, der kein Genre ist, sondern eine Art und Weise, die Dinge zu tun. Und das versteht Springsteen besser als jeder andere. Nur wer taub ist, will nicht zuhören, nur wer blind ist, sieht nicht. Die anderen, die jedes Konzert füllen, kommen am Ende jedes kräftezehrenden, endlosen Konzerts erschöpft, aber glücklich heraus. Glücklich. Gibt es noch jemanden, der innerhalb von dreieinhalb, manchmal sogar vier Stunden Rock 'n' Roll-Glücksgefühle schaffen kann?

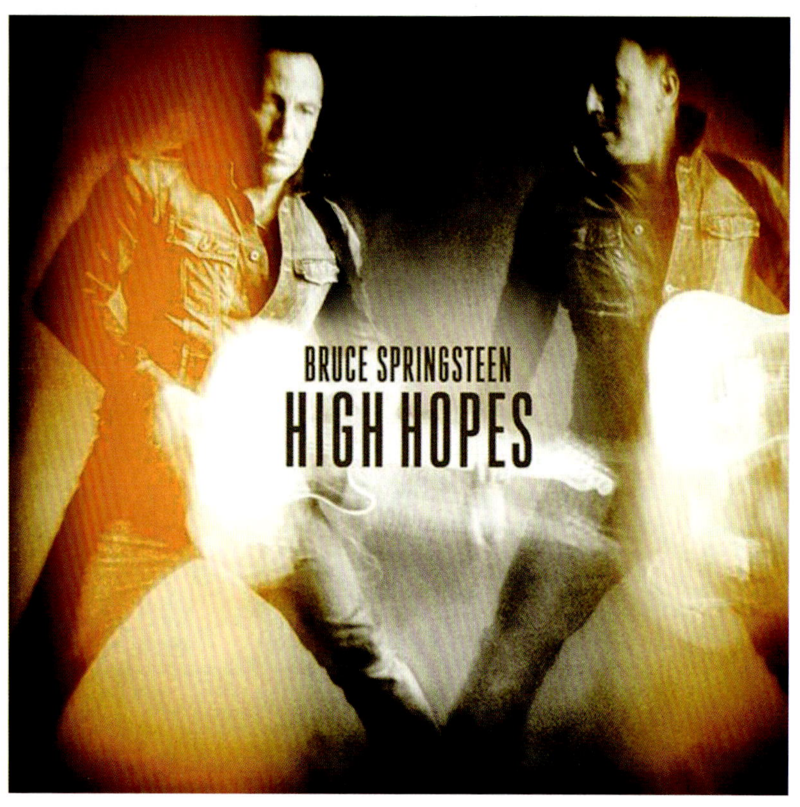

2014 kommt *High Hopes* heraus und es ist das erste Album für ihn, auf dem es keine bislang unveröffentlichten Songs gibt, sondern nur Cover-Songs und Neuaufnahmen bereits veröffentlichter Songs. Das bedeutet, das bei vielen Stücken noch Federici und Clemons präsent sind. Federici ist seit sechs Jahren tot, Clemons seit drei. Dem Anschein nach ist es ein „kleineres" Album mit wenigen veröffentlichten Songs, mit Stücken aus der Vergangenheit, die mithilfe von Morello und der „neuen" Band wieder aufgenommen wurden, und mit vier Cover-Songs. Aber ist es wirklich eine „kleinere" Platte? Bedenkt man das gute Ergebnis des vorherigen Albums *Wrecking Ball*, hält *High Hopes* objektiv dem Vergleich nicht stand. Aber dank der Zusammenarbeit mit Tom Morello gibt es bei acht von zwölf Stücken auch Neuerungen bei Klang und Sprache, angefangen bei der Tatsache, dass Springsteen seit *The Rising* kein vollständiges Rock-Album mehr herausgegeben hatte wie dieses, mit Unterstützung der E Street Band einschließlich der verstorbenen Federici und Clemons, weil einige der Tracks erstmals im vorherigen Jahrzehnt aufgenommen worden waren. Der Klang und Ansatz der Songs ist heterogen, angefangen beim Titelstück des Albums *High Hopes*, einem Stück der Havalinas, das Springsteen bereits aufgenommen und in Form einer EP 1996 veröffentlicht hatte und hier mit der Gitarre von Morello neu interpretiert wird, über *Harry's Place*, bei dem Morello virtuell mit dem Saxfon von Clarence Clemons im Duo spielt, bis hin zu einem der Höhepunkte des Albums, dem wunderschönen Song *41 Shots*, eine leidenschaftliche und schmerzvolle Version mit Morello an der Gitarre. Ein Stück, das in Bezug auf Thematik und Ausdruckskraft hervorsticht, ist die neue Version von *The Ghost Of Tom Joad*, das unvermeidbare Bindeglied zwischen Tom Morello und Bruce Springsteen. Hier übernimmt der Gitarrist der Rage Against The Machine, singt eine Strophe und spielt unterstützt von der E Street Band in einer weniger faszinierenden, aber sehr explosiven Version als das Original. Überraschend ist auch das Cover von *Dream Baby Dream* von Suicide, ein wunderbares Beispiel dafür, wie Springsteen die gesamte Rock-Geschichte neu interpretieren und sich zu eigen machen kann. Es ist nicht der einzige Moment, um zurückzublicken, bevor man nach vorne schaut.

Die „großen Hoffnungen" sorgen für ein Album, auf dem Tom Morello Gitarre spielt.

2015 kommt nämlich *The Ties That Bind: The River Collection* heraus, 4 CDs mit unterschiedlichen bislang unveröffentlichten Stücken, drei Discs (DVD oder Blu-Ray) und einem 148-seitigen Buch.

Es ist das 35. Jubiläum der Veröffentlichung von *The River* und mit dieser Veröffentlichung beginnt eine Tour, die nicht konservativ ist, sondern diese Art des Musikverständnisses zelebriert und eine noch extremere Tour wird, bei der Springsteen und die E Street Band das längste Konzert ihrer Karriere spielen: 4 Stunden und 4 Minuten. Und es ist von keiner geringeren Tour als der erfolgreichsten Tour 2016 die Rede.

Wieder einmal. Mit 67 Jahren.

Die einzige Möglichkeit, einer solchen Tour zu folgen, ist das genaue Gegenteil. 2017 spielt Springsteen acht Wochen lang am Broadway im Walter Kerr Theatre. Es bietet Platz für 970 Zuschauer, bedeutend weniger als die 80.000 seiner sonstigen Konzerte, „der kleinste Ort, an dem ich seit den 40er-Jahren je gespielt habe", sagt er später. Geplant waren vier Wochen, am Ende gibt er 236 Konzerte. Es ist eine Show mit Songs, aber vor allem mit Gesprächen, Reden und Monologen über die Karriere und die Weltanschauung von Bruce Springsteen. Aus der Show folgen ein Album und ein Special auf Netflix mit demselben Titel: *Springsteen on Broadway*. „Ich habe nie mehr als 5 Tage am Stück in meinem Leben gearbeitet. Bis jetzt", debütiert Springsteen. Das ist im Winter. Im Sommer sollte es immer noch Wiederaufführungen geben, aber im St. James Theatre, mit 31 Shows. An fünf Tagen die Woche hat der „Gefangene des Rock" einen festen Job und füllt den Saal im Walter Kerr Theatre nicht mit einem Konzert, sondern mit einer Show, die sehr theatralisch ist, mit einer weitgehend festen Gliederung und vielen gesprochenen Parts.

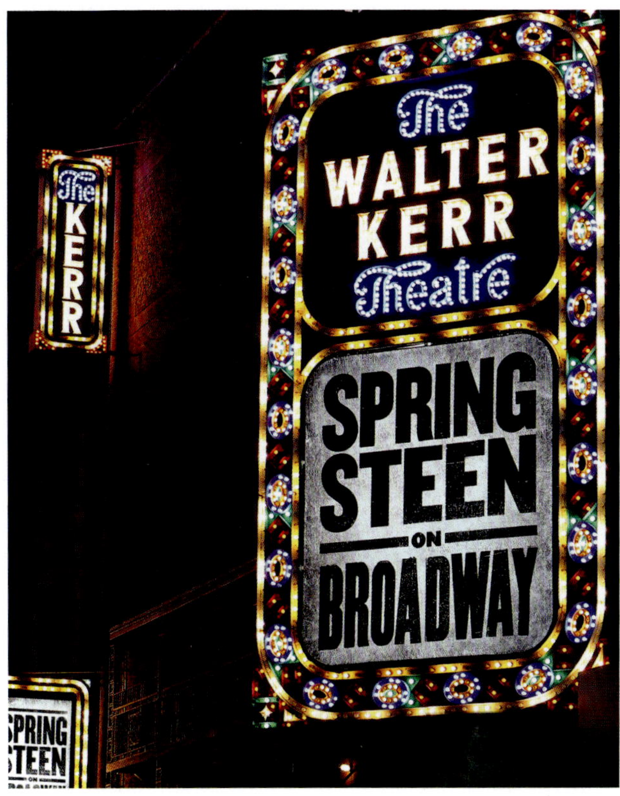

Er inszeniert seine Biografie, das Regiebuch der Show ist sein Leben, ohne Tricks und Täuschungen – 15 Stücke von *Growin' Up* bis *Born To Run*, auf den Spuren seiner geschriebenen Autobiografie, die er herausgebracht hat: *Born To Run* lautet der offensichtliche, aber unvermeidliche Titel. Die Show ist mitreißend, sehr persönlich, intim, Lichtjahre entfernt vom Springsteen der Arenen und Stadien, des Rock 'n' Roll, der überwältigenden Energie der Band, der „Mission", die Menschen drei Stunden lang beglücken zu wollen.

172 *Das Cover von „High Hopes".*

173 *Die Ankündigung am Walter Kerr Theatre am 10. August 2017 zur Show „Springsteen on Broadway".*

Einfach nur er, mit seinen Grenzen, Schwächen, Vorzügen, seiner Einzigartigkeit, in einer unglaublichen Intimität mit dem Publikum. Aber die Show hat auch einige deutliche Kritikpunkte: in erster Linie die allabendliche Wiederholung eines vorwiegend geschriebenen Drehbuches, von dem der Boss nur wenig abweicht. Was in den Konzerten Improvisation, Enthusiasmus, Echtheit des Moments war, wird stattdessen fest, statisch und nach einer Weile rezitiert. Künstlich, sagen die dickköpfigsten Fans. Bruce erwidert, dass er es als Form des Respekts gegenüber jenen macht, die nur zu einem Konzert kommen können, und dass es nicht fair ist, wenn sie mehr oder weniger haben als die anderen. Ein weiteres, nicht zweitrangiges Problem sind die Preise, die übertrieben teuer sind und auf dem Zweitmarkt häufig zu absoluten Wucherpreisen werden. Für den Helden der „working class" ist das nicht wirklich passend. Aber zum Ausgleich wird am Ende die Show auf Netflix gestreamt und erzählt und dabei seine Songs singt. Es ist, als würde man einen Abend mit Bob Dylan ausgehen oder mit Lennon und McCartney oder mit John Rotten und nicht ihren offensichtlichen und bekannten Geschichten lauschen, sondern die intimsten und tiefsten Wahrheiten über sie erfahren. Trotz der vielen Wiederholungen ist die Show einzigartig und authentisch: Die ganze Zerbrechlichkeit Springsteens kommt zum Vorschein, wobei seine Geschichte und all seine Songs in neuem Licht erscheinen. Es ist eine Show, bei der Springsteen, indem er von sich selbst erzählt, mit sich selbst abrechnet, und das tut er wie bei jedem bedeutenden Ereignis seines Lebens, auf der Bühne.

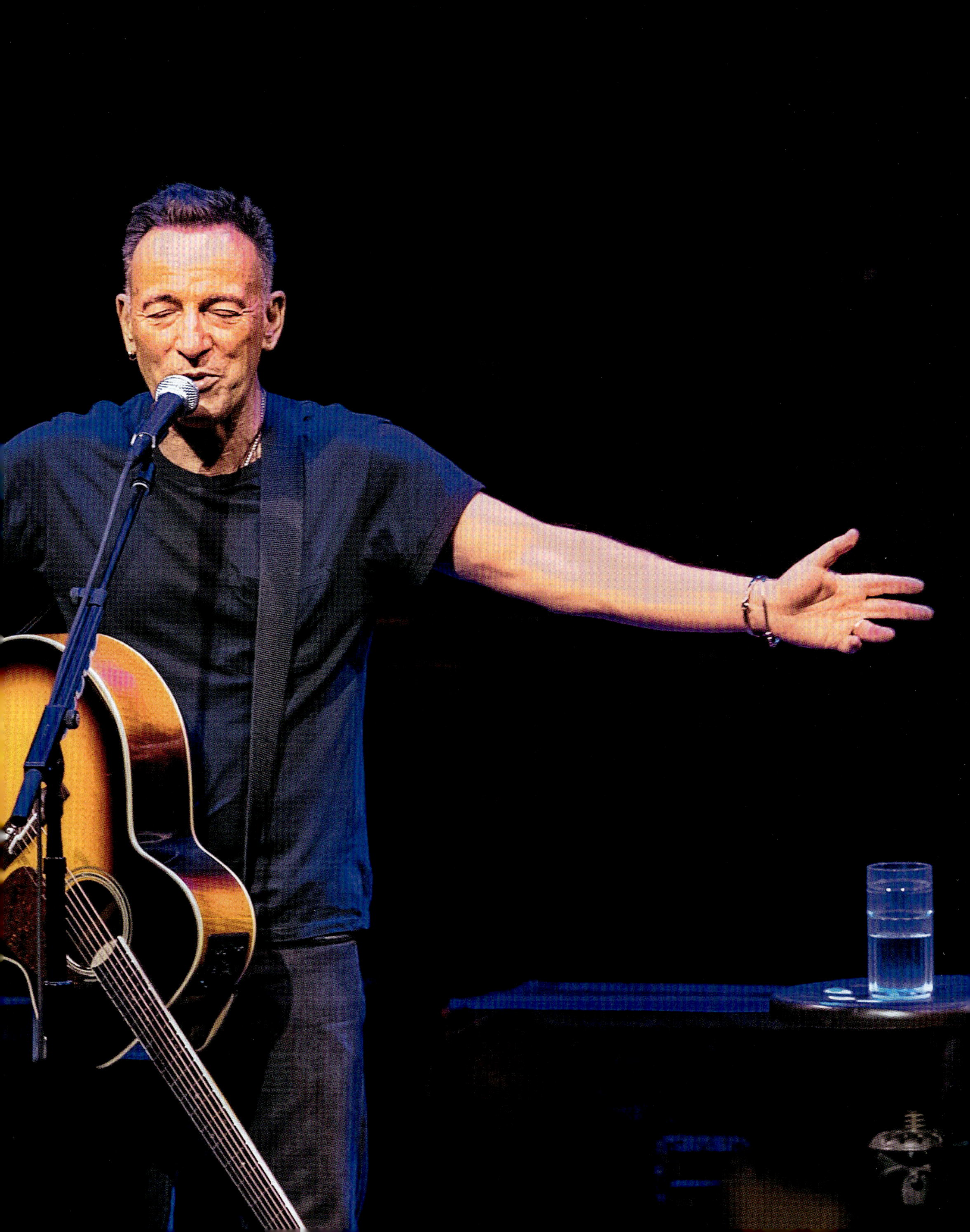

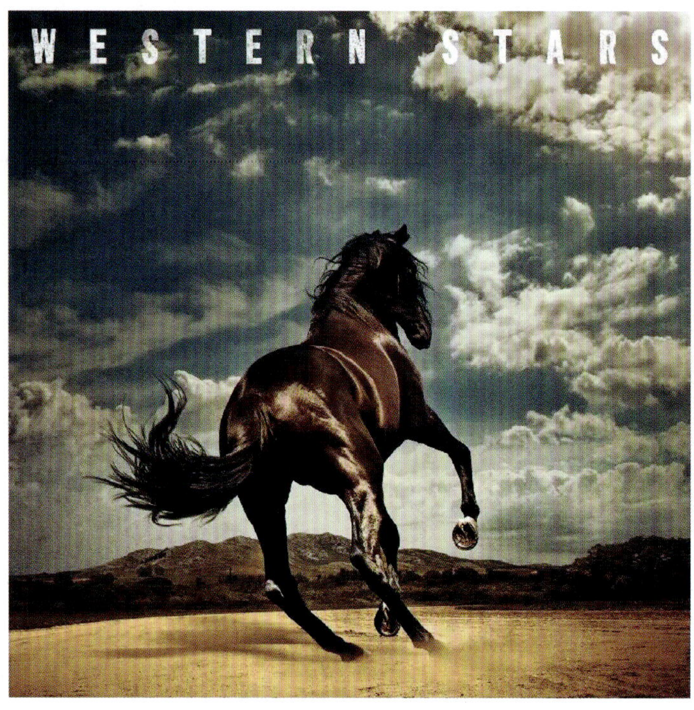

Ein neues Album mit unveröffentlichten Songs hingegen lässt bis 2019 auf sich warten. *Western Stars* wird beim Festival von Toronto gemeinsam mit dem gleichnamigen Film präsentiert, bei dem Springsteen mit Thom Zimny zusammen Regie geführt hat. Es ist kein Spielfilm, sondern eine Aufnahme einer Show, bei der Springsteen mit seiner Band die Stücke des Albums vor einem Publikum spielt.

Bruce Springsteen hat viele Facetten. Der Prophet des Rock 'n' Roll, der urbane Songwriter, der Minnesänger aus der Provinz, der Hardrocker der Vorstädte, der makel- und furchtlose Bandleader, der melancholische Folksinger. Es gibt auch den Springsteen, der dem Bösen widersteht, der einen zum leisen Weinen bringt, der einen zum Schreien bringt und der mit unserer Melancholie spielt. Wer glaubt, Springsteen sei wie ein Monolith, kennt nicht wirklich sein Universum. Und wer glaubt, dass er darüber hinaus unfehlbar sei, ist sich nicht seiner Schwächen, Unsicherheiten und Ungewissheit bewusst, die seine gesamte Geschichte als Künstler geprägt haben und prägen. Wenn man Springsteen einmal mit der E Street Band auf der Bühne erlebt hat, kann man sich nur schwer vorstellen, dass hinter diesem Image des Rock 'n' Roll-Helden all das steckt. Aber die Wahrheit verbirgt sich tatsächlich zwischen den Tönen von *Western Stars*: Mit seinen beachtlichen siebzig Jahren ist Bruce Springsteen nach all dem Erfolg, dem Applaus, den Preisen, dem Ruhm immer noch auf der Suche nach sich selbst. Und der beste Springsteen ist genau der, der zum Laufen geboren wurde und in jede mögliche Richtung auf der Suche nach Rettung und Erlösung weiterläuft und uns antreibt, es ihm gleich zu tun. Wo seine Musik und seine Lieder schwächer sind, weniger interessant, oder offen gestanden hässlicher, ist der Punkt erreicht, an dem er glaubt, sich vorstellt, meint, ein Ziel erreicht zu haben und gestärkt mit dieser Gewissheit „daran glaubt". Das ist der Springsteen der vergessenen Alben wie *Human Touch* oder *Magic*, mit Songs, die auch ihre Vorzüge haben, aber keine Spuren in der Seele zurücklassen. *Western Stars* hingegen ist ein Album, das direkt ins Herz geht, in der Tradition der großen Platten Springsteens steht, und er nennt es zu Recht ein Juwel. Weil es etwas Handwerkliches hat, da ist (in der kompositorischen Arbeit von Springsteen wie auch in

176 *Das Cover des Albums „Western Stars".*

177 *Ein Bild aus dem Film „Western Stars", bei dem 2018 Bruce Springsteen selbst und Thom Zimny Regie führen.*

der Produktion des längst unzertrennlichen Ron Aniello) die Freude am besonderen Detail, die Liebe zu jedem einzelnen Ton, nie der Spezialeffekt um seiner selbst willen, nie die Überraschung, die aus dem Sessel schnellen lässt, nie das Feuerwerk, bei dem man wegen der Schönheit die Augen zum Himmel richtet oder der Schrei am Ende vor Aufregung. Nein, hier lautet die Devise „Harmonie". Das bedeutet aber nicht, dass es einfach ist, denn einfach ist bei *Western Stars* nur der endgültige Sinn der Kommunikation mit dem Gegenüber, die Verwendung der Melodie als emotionaler Riegel, um die Herzen der Zuhörer zu öffnen. Der Wille, der Wunsch oder vielmehr das klare Ziel, die Feuer des Zornes, der Trennung, der Spaltung, der Konfrontation zu löschen, um den Wunsch nach Gemeinschaft, Teilen, entschleunigter und aufmerksamer Ruhe aufzuzeigen, die wir alle brauchen oder brauchten.

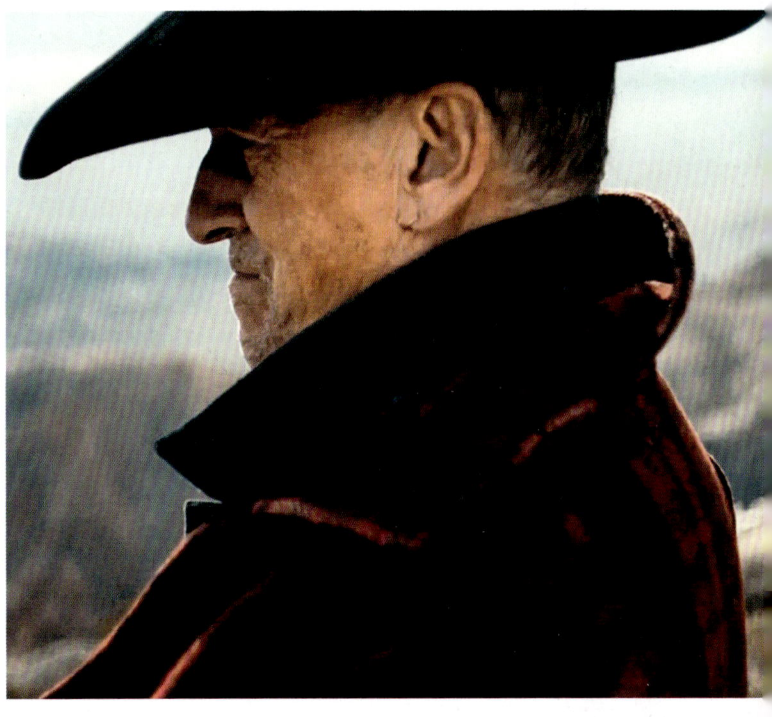

Der Springsteen von *Western Stars* ist wunderbar unvollständig und zweifelnd. Er bietet keine Gewissheit, sondern Hypothesen, mal heiter, mal melancholisch. Er will die Realität nicht fotografieren, wie sie ist, sondern mit „Macht" zeigen, wie sie sein könnte. Das filmische Bild ist offenkundig: Springsteen erzählt kleine und große Geschichten und will, dass man sie durch die Arrangements „sehen" kann und nicht nur hören. Die Arrangements sind die Krönung der meisten Stücke, weil in einigen Fällen der Stil der Komposition so sehr nach Springsteen klingt, dass es sich anhört, als würde die E Street Band irgendwo versteckt im Hintergrund spielen. Aber hier braucht man nicht Little Steven oder „The Professor" Roy Bittan, hier denkt man an Burt Bacharach; Streicher und Orchester kommen ins Spiel, es gibt CinemaScope, Technicolor und es fehlt nur noch der Surround-Effekt, um die Songs zu „sehen". Die Arrangements ermöglichen es, dass die Texte im Einklang sind mit der Idee der Wiederbelebung des „guten", empathischen, gewaltfreien Pops. Sie erwärmen das Herz und, wie eingangs erwähnt, hinterlassen eine Spur in der Seele.

Springsteen erzählt kurze Geschichten, die nicht nur gehört, sondern auch „gesehen" werden können.

Western Stars ist eine großartige Platte, ganz anders als alle bisherigen von Springsteen. Es gibt einige denkwürdige Songs, andere, die eine erwähnenswerte Atmosphäre und Worte haben, und sehr wenige, die dem Füllen der CD dienen. Es lohnt sich, im Auto zu sitzen, die Stereo aufzudrehen, das Album einzulegen und loszufahren. Die Platte unterstützt die Tour mit einer erneuerten E Street Band mit drei Gitarristen vom Kaliber eines Little Steven, Nils Lofgren und Tom Morello, generationsübergreifend mit drei Sounds und drei unterschiedlichen Träumen. Es ist die erfolgreichste Tour der Geschichte der Band.

Auch als ein Jahr später 2020 die Single *Letter To You* herauskommt, mit der ein neues Album mit demselben Titel angekündigt wird, erscheint das Stück bereits im Rahmen eines Dokumentarfilms, der ebenfalls *Letter To You* heißt und bei dem Thom Zimny allein Regie geführt hat. Es ist ein weiteres Album, das von einem Todesfall beeinflusst ist – dieses Mal der Tod von George Theiss, ein Freund und Wegbegleiter aus Zeiten der Castiles. Das gesamte Album *Letter To You* behandelt das Thema des Älterwerdens, des Bedauerns und das Sterben. Wie immer mangelt es nicht an Stücken aus der Vergangenheit. In diesem Fall sind es passend zum Tod von George Theiss einige der ältesten Stücke, aus einer Zeit, die den Castiles am nächsten kommt, das heißt, Stücke aus dem Jahr 1973 kurz vor Aufnahme von *Greetings From Asbury Park*.

Springsteen blickt zurück, um sich nicht zu verlieren. In vielerlei Verszeilen drückt er zu Recht seine Meinung aus, dass Amerika verloren ist. 2016 wurde Donald Trump den Mechanismen des US-Wahlgesetzes nach zum Präsidenten gewählt, obwohl Hillary Clinton 48 % aller Stimmen holte und Trump 46 %. Es beginnt eine schwierige Zeit für die USA und die Welt und Springsteen kämpft immer wieder sehr mit Depressionen. Als 2020 *Letter To You* veröffentlicht wird, kehren die Amerikaner an die Wahlurnen zurück: „Trump wird nicht gewinnen", sagt Springsteen vorher, der Biden unterstützt, während er mit seinem Album versucht, die „beunruhigenden Zeiten", die Amerika erlebt, zu beschreiben. *Letter To you* kommt am 23. Oktober heraus, begleitet von einem Film von Thom Zimny. Es ist eine Sammlung an Erinnerungen und Hoffnungen, die er in neuen oder noch nie aufgenommenen Songs ausdrückt. Seit 2009 hatte er kein Album mehr mit der E Street Band gemacht und auf jener letzten Platte, *Working On A Dream*, waren noch Clarence Clemons und Danny Federici zu hören, die inzwischen verstorben sind.

Nach elf Jahren vereint er 2020 wieder die E Street Band für ein neues Album, das erste ohne Clemons und Federici.

Elf Jahre sind vergangen, in denen sich alles verändert hat. Allem voran er selbst. Aber auch und vor allem die Welt um ihn herum und insbesondere die USA. „Das Land, das leuchtendes Vorbild der Demokratie war, ist von dieser Regierung zerstört worden", sagt er. „Wir haben Freunde im Stich gelassen, uns mit Diktatoren angefreundet und die Klimawissenschaft geleugnet." Auch wenn die Platte keine „zornige" oder politische Platte ist, war es unmöglich, dass die Realität nicht die Songs des klardenkendsten und aufmerksamsten Songwriters der amerikanischen Musik durchdringen würde. Tatsächlich spiegelt das Stück *Rainmaker* die „beunruhigenden Zeiten", wie sie Springsteen nennt, genau wider. „Ich glaube, ich habe *Rainmaker* geschrieben, als Bush Präsident war", sagt er. „Ich habe in der Zeit angefangen, ihn zu schreiben, aber er passt viel besser zu Trump. Ich denke das, weil der Song von einem Demagogen erzählt. Es ist ein Song, in dem ich versuche zu verstehen, was gerade passiert, welche Verbindung zwischen dem Demagogen und seinen Anhängern besteht, welche Dynamik der Macht zwischen ihnen besteht. Das ist ein sehr interessantes Thema und ein sehr guter Rock-Song. Deswegen habe ich ihn ins Album mit aufgenommen. Ich hatte ihn schon eine ganze Weile in der Schublade und ich habe ihn wiederaufgenommen, weil ich denke, dass er in direkter Beziehung zu unserer aktuellen Situation steht."

Trump verliert die Wahlen, aber die USA erleben mit dem Sturm auf das Kapitol ihre größte demokratische Krise. Und dann kommt noch die Pandemie, die große kollektive Angst, das unsichtbare Virus, das alle wie in den Fantasyfilmen tötet, leere Straßen, ausgestorbene Städte – das genaue Gegenteil dessen, was Springsteen seit jeher besungen hat. Aber trotz allem gibt er nicht auf.

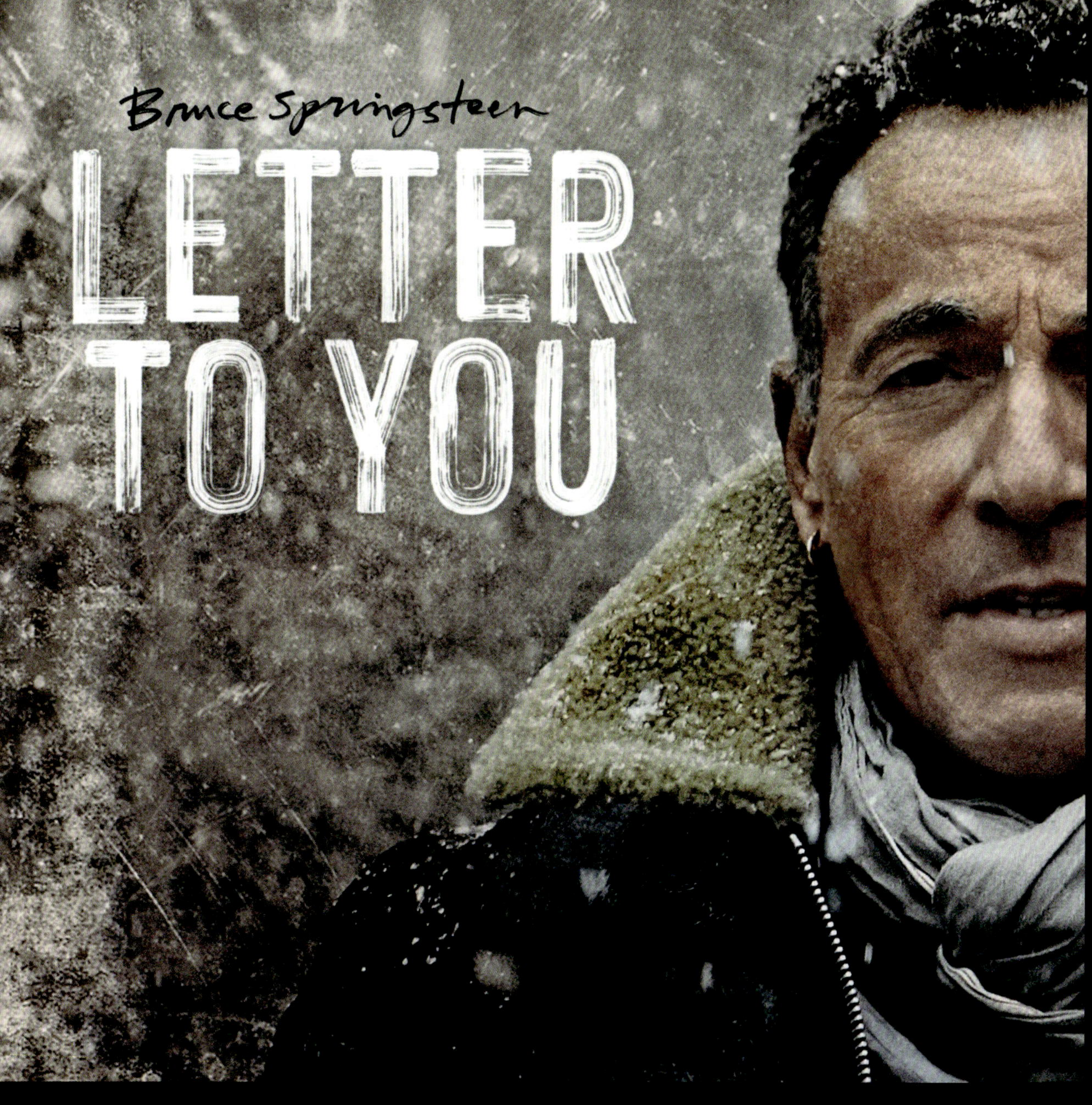
Bruce Springsteen
LETTER
TO YOU

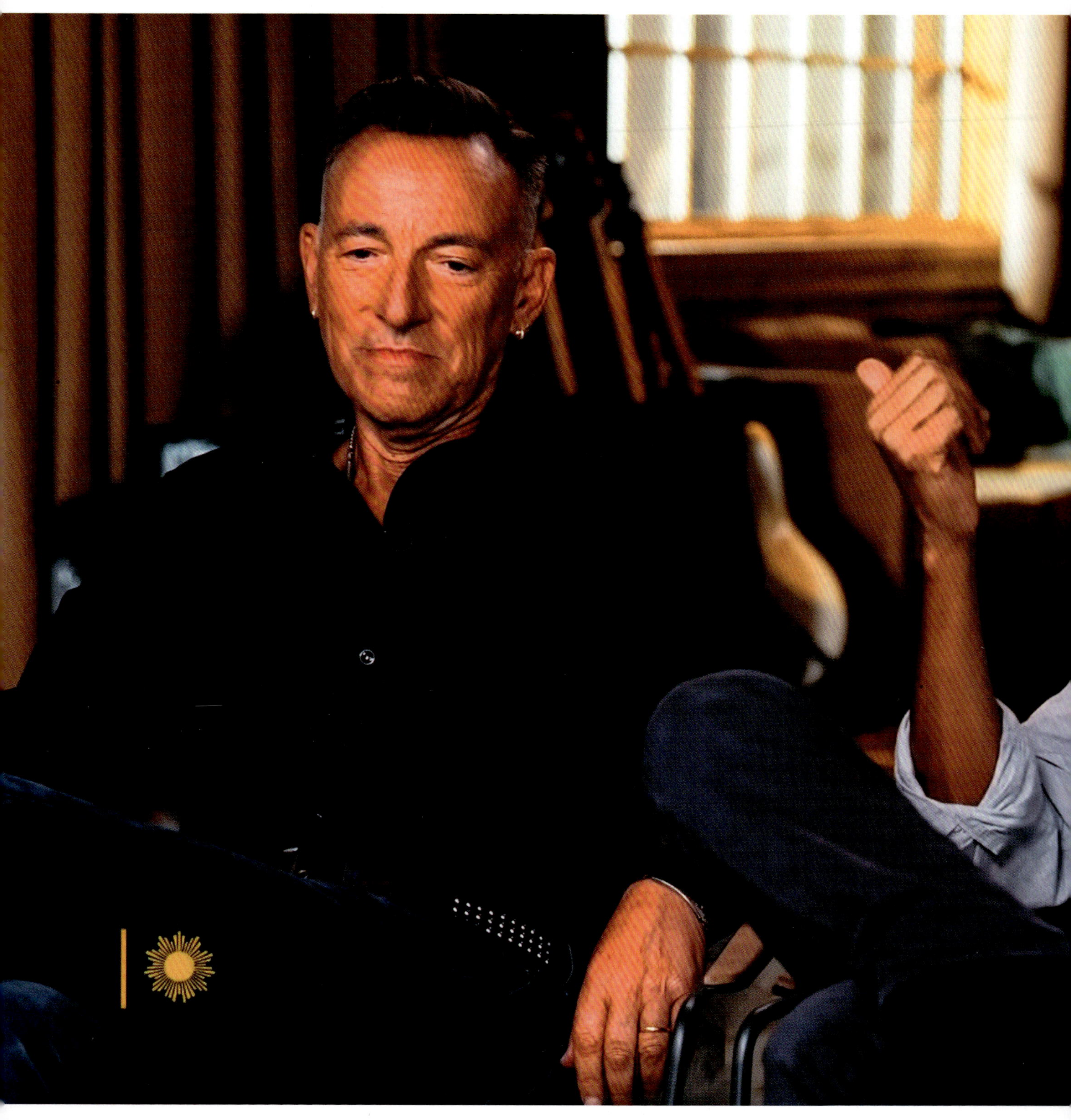

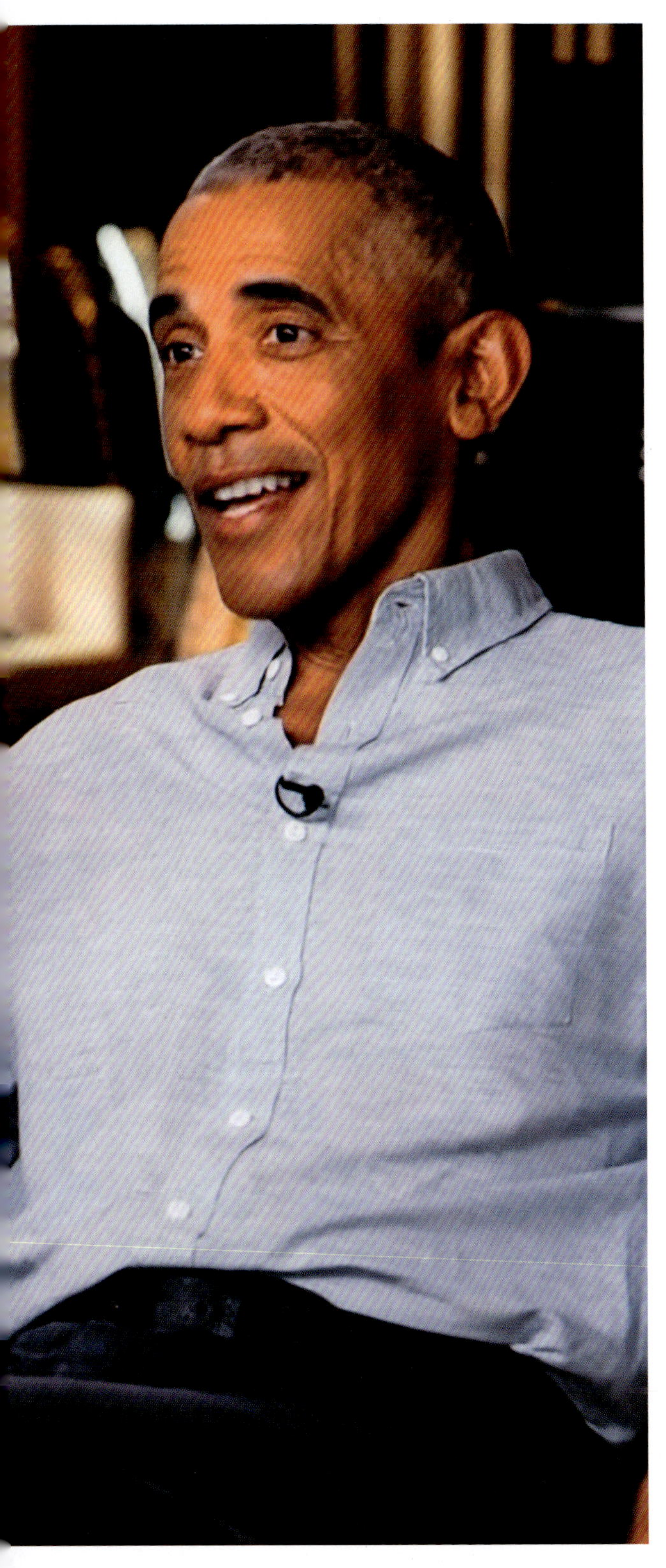

OBAMA UND SPRINGSTEEN ERZÄHLEN 2021 IN EINEM PODCAST UND EINEM BUCH GESCHICHTEN VON SICH UND VON AMERIKA.

2021 nimmt Springsteen an einer Produktion von Higher Ground teil, dem Medienunternehmen von Michelle und Barack Obama, der längst nicht mehr Präsident ist und einen milliardenschweren Vertrag mit Spotify abgeschlossen hat. Eine seiner Produktionen wird *Renegades: Born In The USA*, ein Podcast mit acht knapp einstündigen Folgen, in denen sich Barack und Bruce über unterschiedliche Themen unterhalten. Die Idee dazu war nach einem Konzert im Weißen Haus kurz vor Ende von Obamas Präsidentschaft entstanden. Die beiden hatten ein Gespräch vor Publikum gehalten und Michelle kam die Idee, daraus eine Show zu machen. Das sagt ohne Zweifel etwas über Springsteens Status aus, vor allem aber über das in Amerika herrschende Gleichgewicht zwischen Persönlichkeiten aus der Politik und dem Showbusiness: die Tatsache, dass die acht Folgen zu Hause bei Springsteen aufgenommen werden, besser gesagt, dass der Ex-Präsident zu ihm gehen muss und nicht umgekehrt.

180-181 *Beim Interview mit Anthony Mason von CBS mit Springsteen und Obama anlässlich der Veröffentlichung von „Renegades: Born in the USA" im Oktober 2021.*

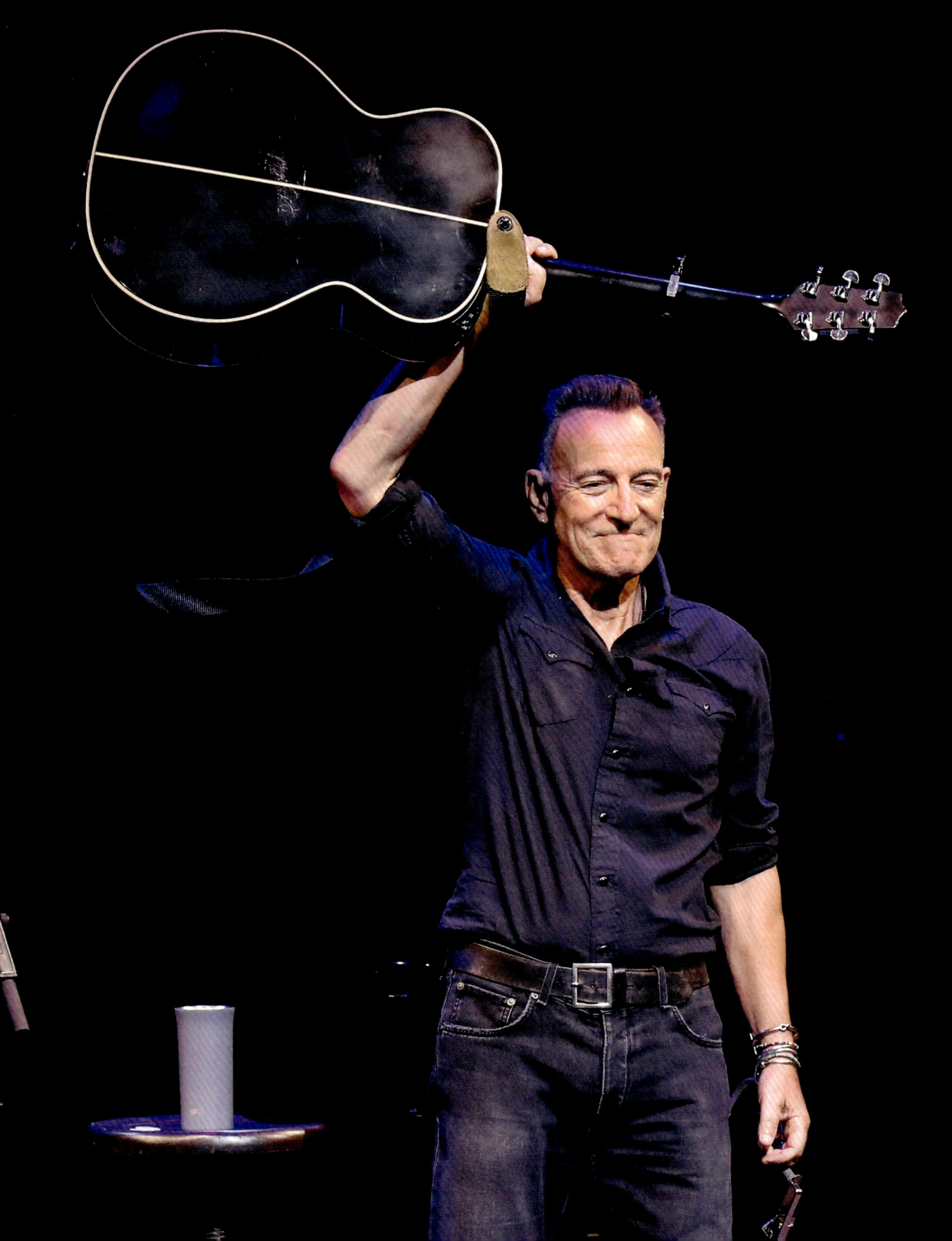

2021 endet mit einem nicht unbedeutenden und sehr symbolischen Akt. Bruce Springsteen verkauft die Rechte an seinem gesamten Werk für 500 Millionen Dollar an Sony. Er ist nicht mehr der Eigentümer seiner Musik.

Er ist auch nicht der einzige Solomusiker, der sich zu diesem Schritt entschieden hat. Im Gegenteil, er ist der Letzte einer langen Reihe an Stars, die ihr eigenes Werk verkaufen. Aber seines hat den höchsten Preis (Bob Dylan hatte alles für circa 400 Millionen Dollar verkauft, Genesis für 300). Die großen Konzerne interessieren sich für das Werk der Musiker, weil es sich um eine sehr renditestarke Anlage handelt, die nicht von Marktschwankungen oder politischen Entscheidungen beeinflusst wird, sondern im Gegenteil für konstanten Geldfluss sorgt. Für die Musiker hingegen war es zu der Zeit ein großer finanzieller Vorteil, ein bequemer Tausch zwischen zukünftigen Tantiemen und sofortigem Geld.

Es ist nicht gerade die edelste Motivation, die es gibt, aber für einen Musiker, für den es eine tiefe Identifikation zwischen seinem Handeln und seinem Sein gibt, der Jahrzehnte gebraucht hat, mit einem Teil seines Werkes Frieden zu schließen, der seine Musik mehrfach geändert hat und sich am Ende, erst auf dem letzten Lebensabschnitt, mit seiner Herkunft ausgesöhnt hat und ein langes und großes Werk in seiner Gesamtheit akzeptiert hat, kommt die Befreiung davon und die Tatsache, die Rechte daran nicht mehr zu besitzen, vielleicht einer Vorwegnahme seines Todes gleich. Aber von Aufgeben ist keine Rede, und sobald die Konzerte wieder starten, beginnt auch die E Street Band mit einer neuen Konzertreise, die im Februar 2023 losgeht.

2021 verkauft Springsteen für eine Rekordsumme von 500 Millionen Dollar seinen gesamten Musikkatalog an Sony.

Die Welt hat sich verändert, die Musikwelt hat sich verändert, und zwar auf überraschende und drastische Art und Weise. Als Springsteen anfing, gab es E-Gitarren und hölzerne Bühnenbretter. Heute gibt es Plug-ins und das Metaversum. Aber auch wenn sich alles verändert hat, gelten für ihn, für uns, für alle noch immer seine Worte aus dem Jahr 2012 beim South by Southwest in Austin: „Denkt daran, dass in Jahrzehnten von Musik das einzig beständige Element die Kraft der Kreativität, die Reinheit des Ausdrucks bleibt: Das gilt für Punk und Dance. Die Instrumente, die wir nutzen, sind nicht relevant. Wir leben in einer postauthentischen Welt, in der am Ende des Tages nur das zählt, was übrig bleibt, wenn man das Licht ausschaltet, um ins Bett zu gehen."

182 *Ein Moment der großen Rückkehr auf die Bühne nach der Pandemie: am 26. Juni 2021 mit „Springsteen on Broadway" im St. James Theatre in New York.*

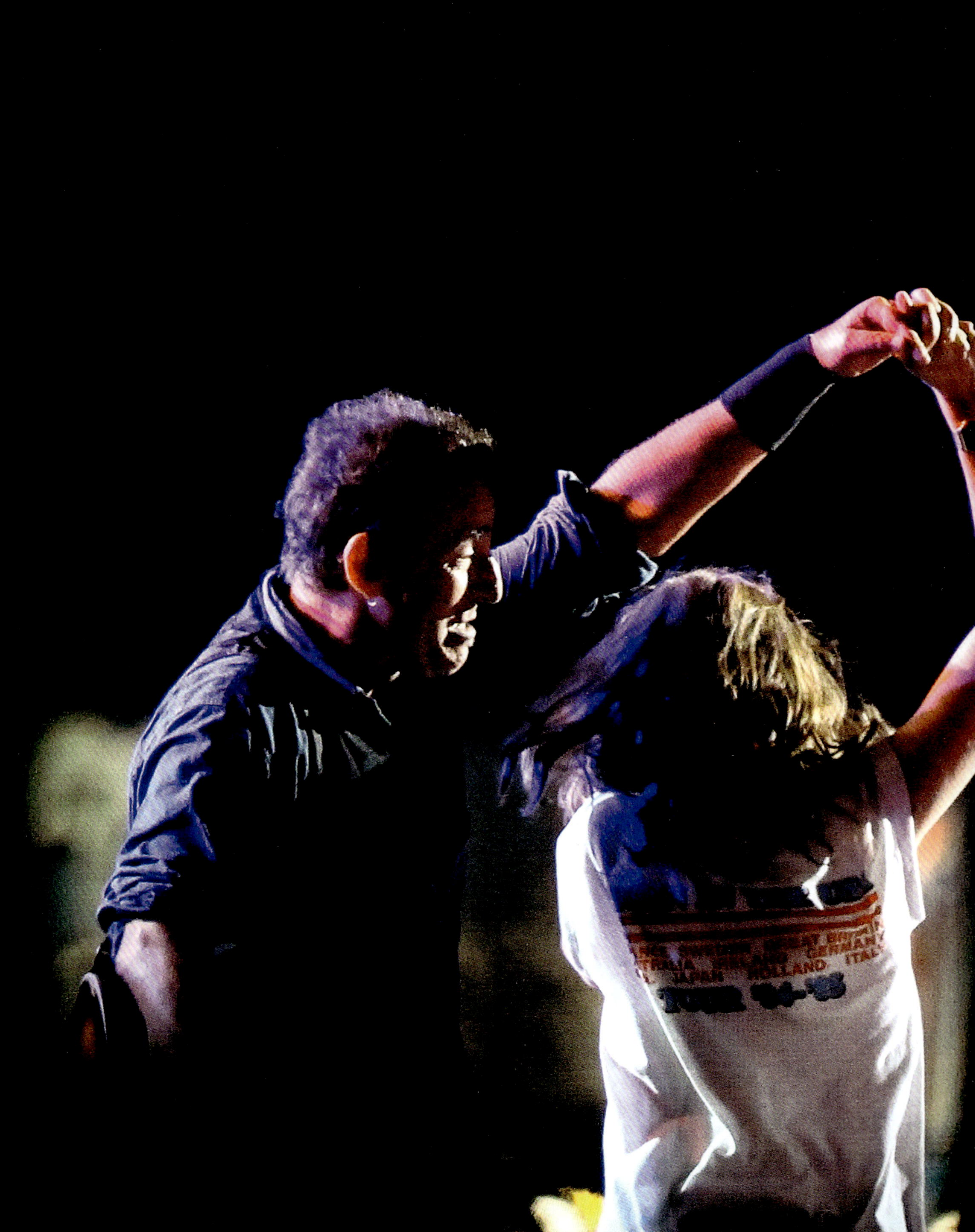
JAPAN HOLLAND

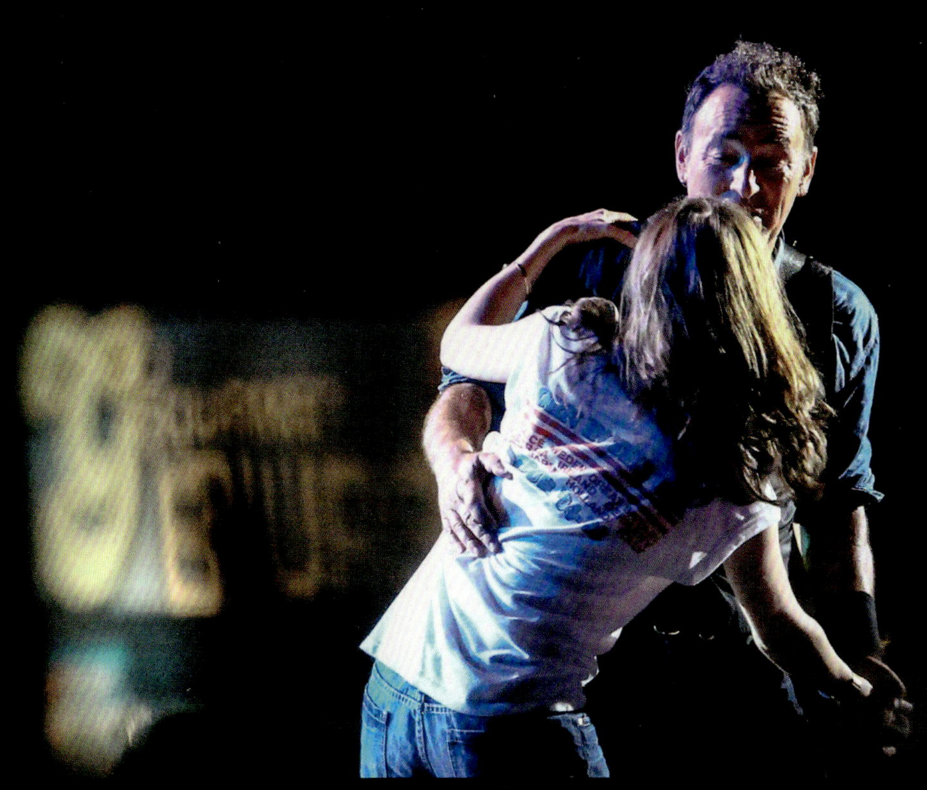

SPRINGSTEEN IST „GEBOREN, UM ZU LAUFEN" UND WIR ALLE „LAUFEN" WEITER MIT IHM MIT.

184 und 185 *Zwei „klassische" Momente der Show von Springsteen, als er für „Dancing In The Dark" eine Frau aus dem Publikum auf die Bühne holt, wie im berühmten Videoclip unter der Regie von Brian De Palma.*

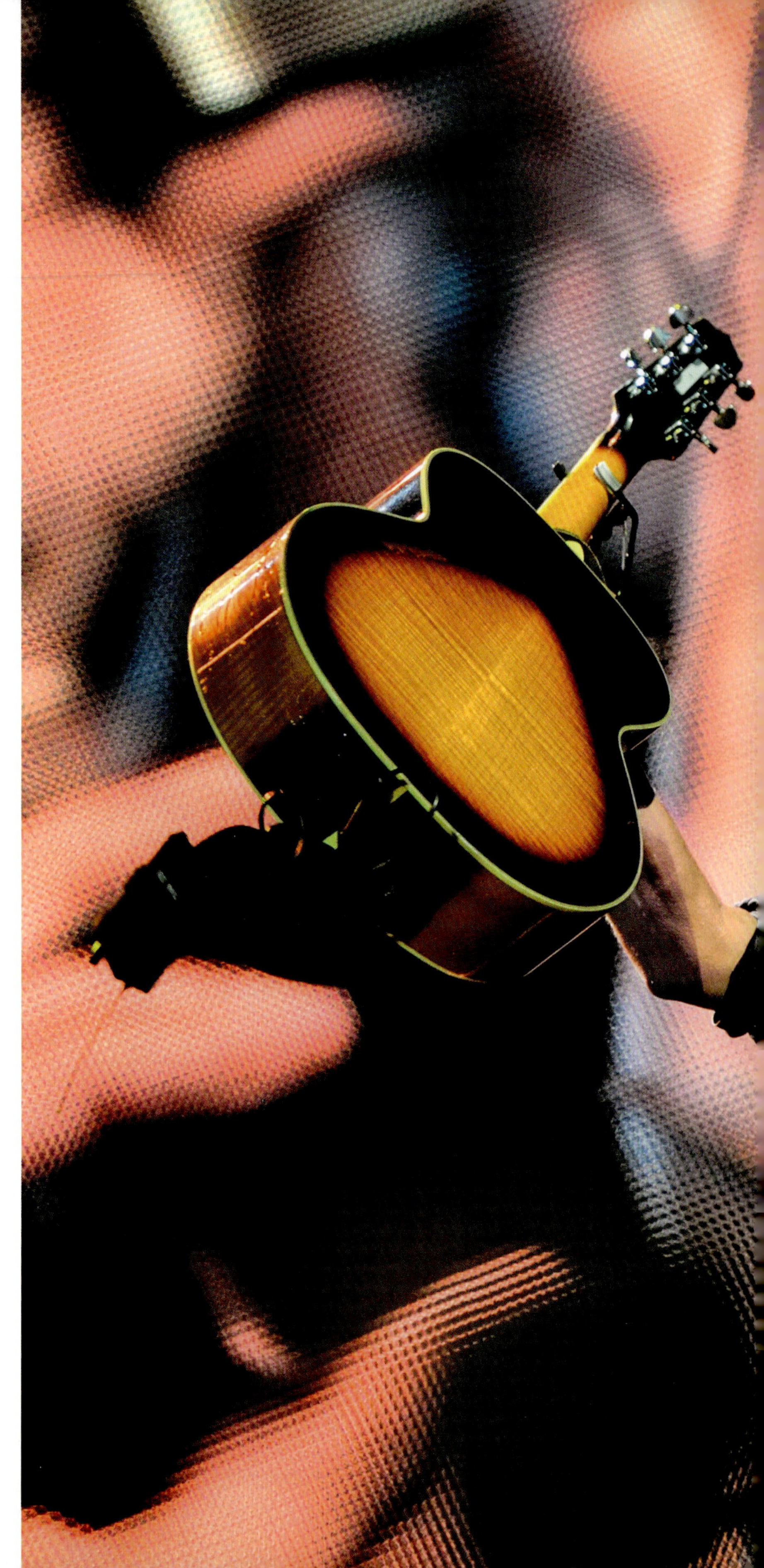

186-187 *Eine Momentaufnahme beim Konzert von Springsteen und der E Street Band in Capannelle in Rom am 7. Juli 2013.*

188-189 *Der Boss auf der Rock-Bühne in Rio De Janeiro 2013.*

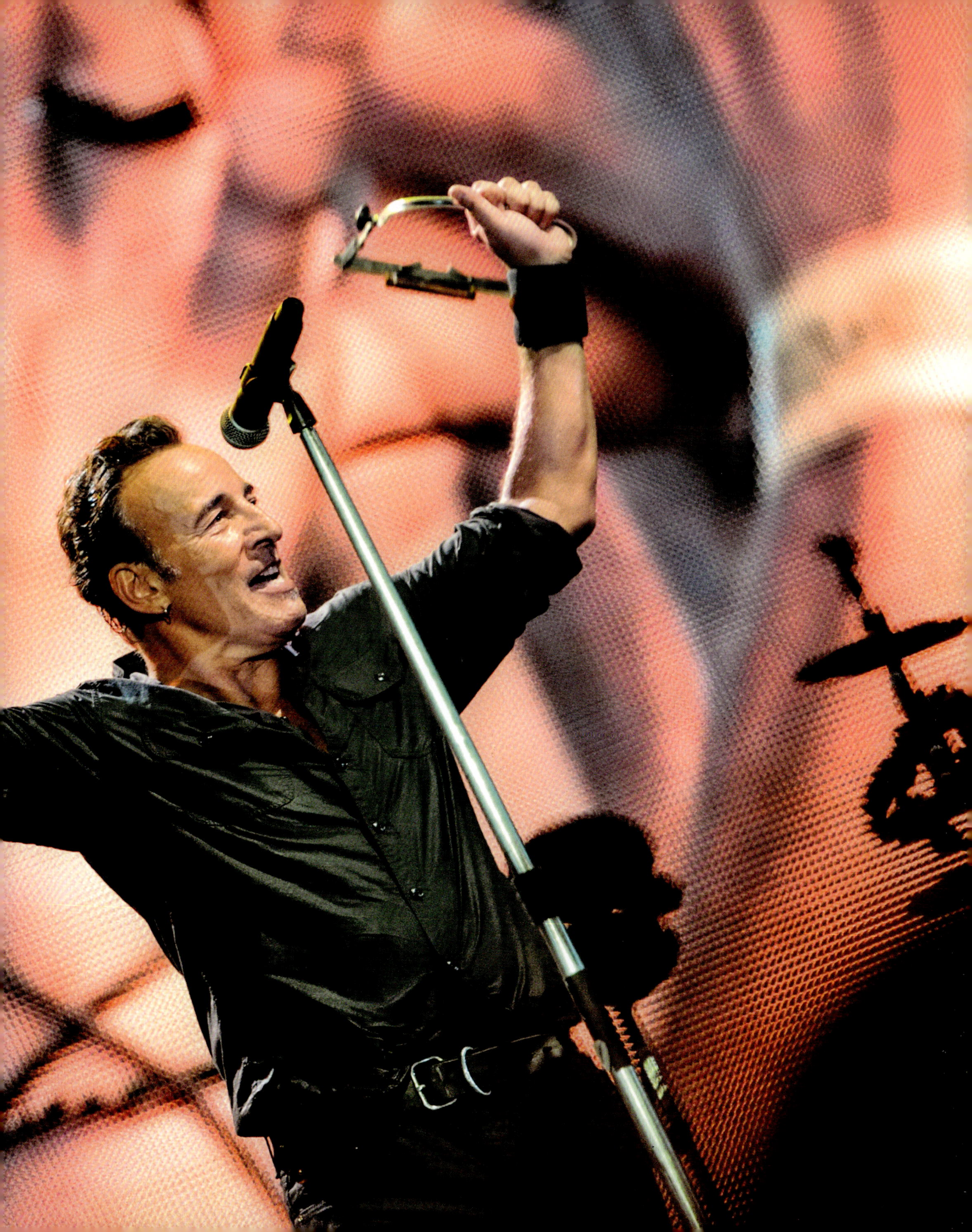

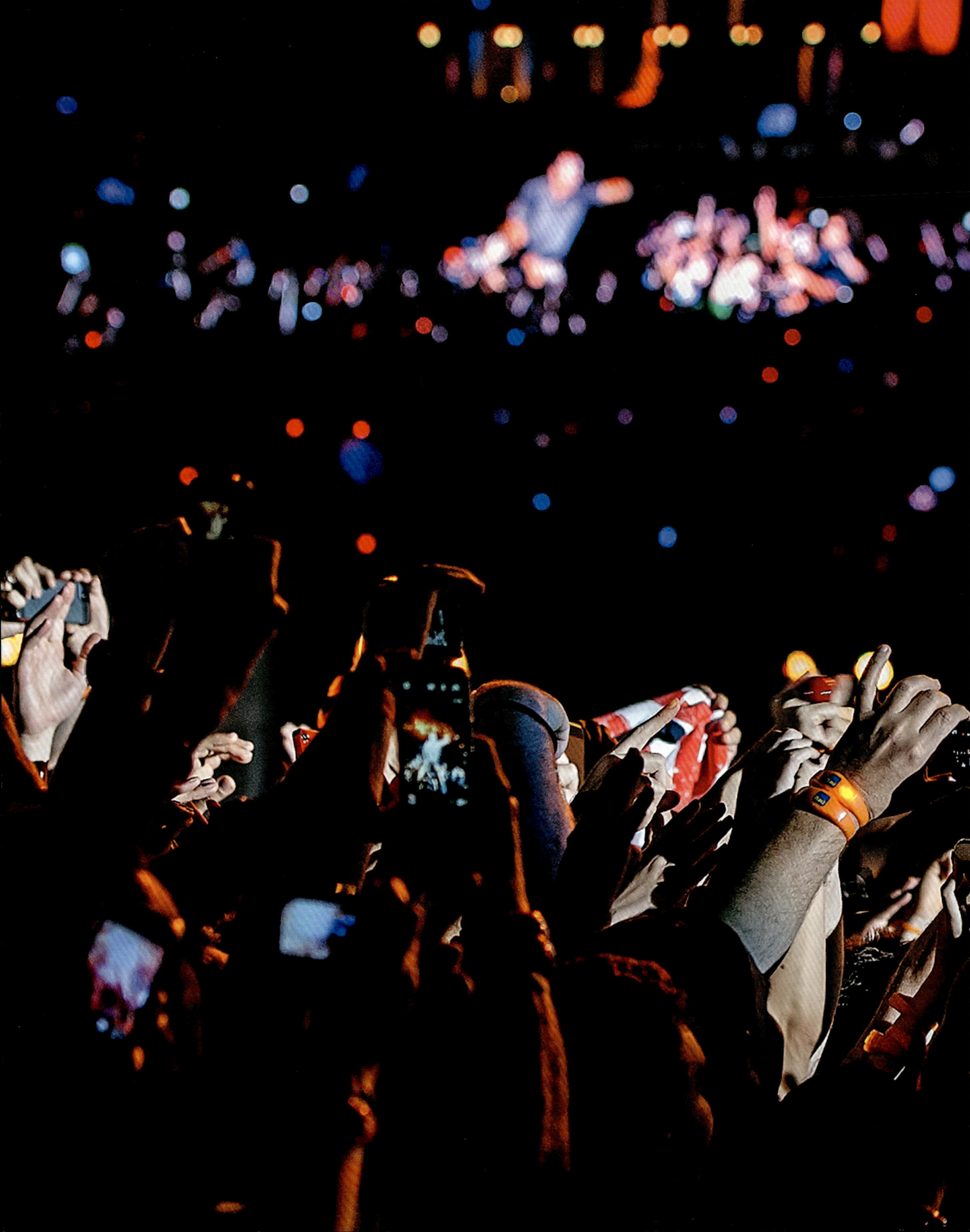

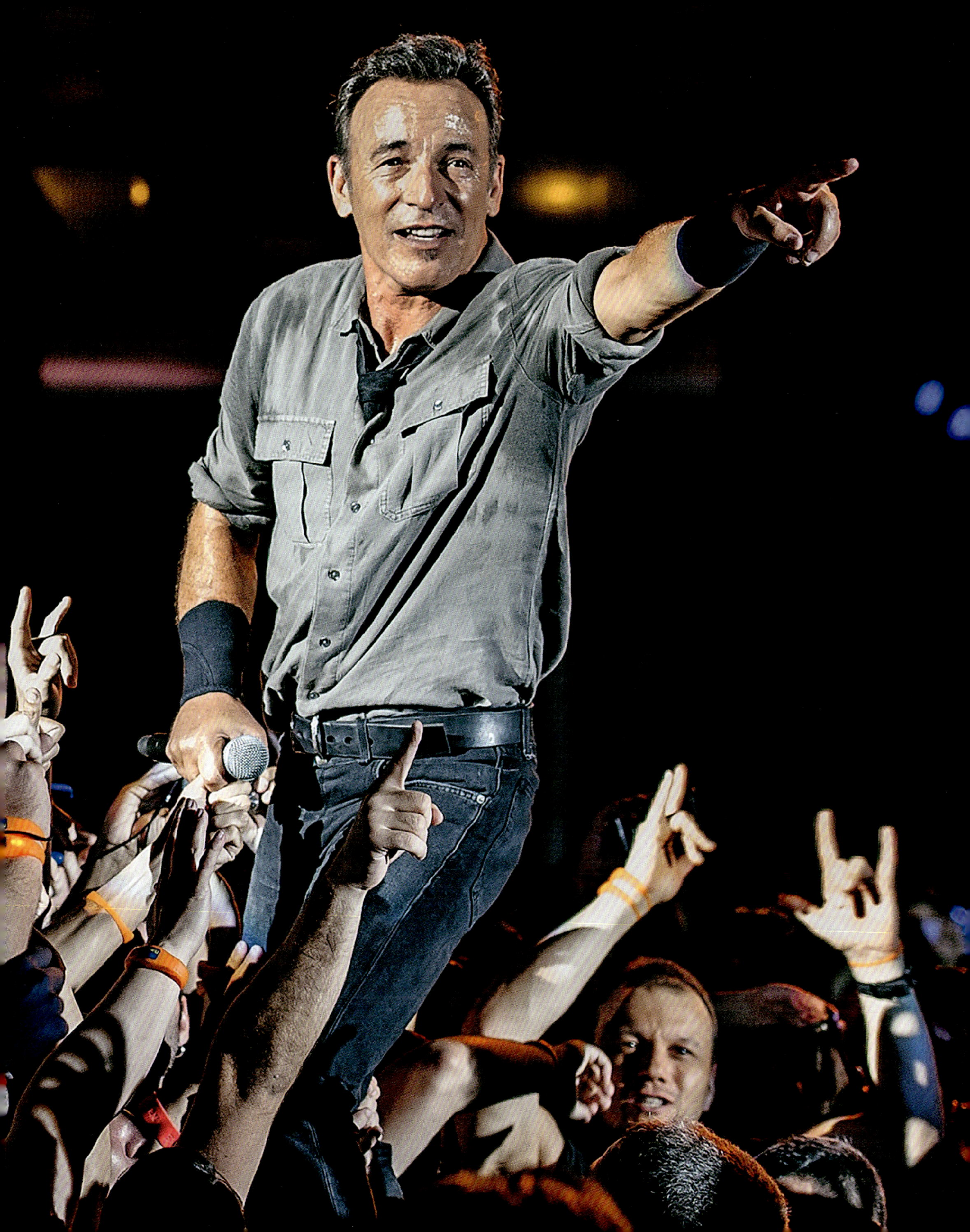

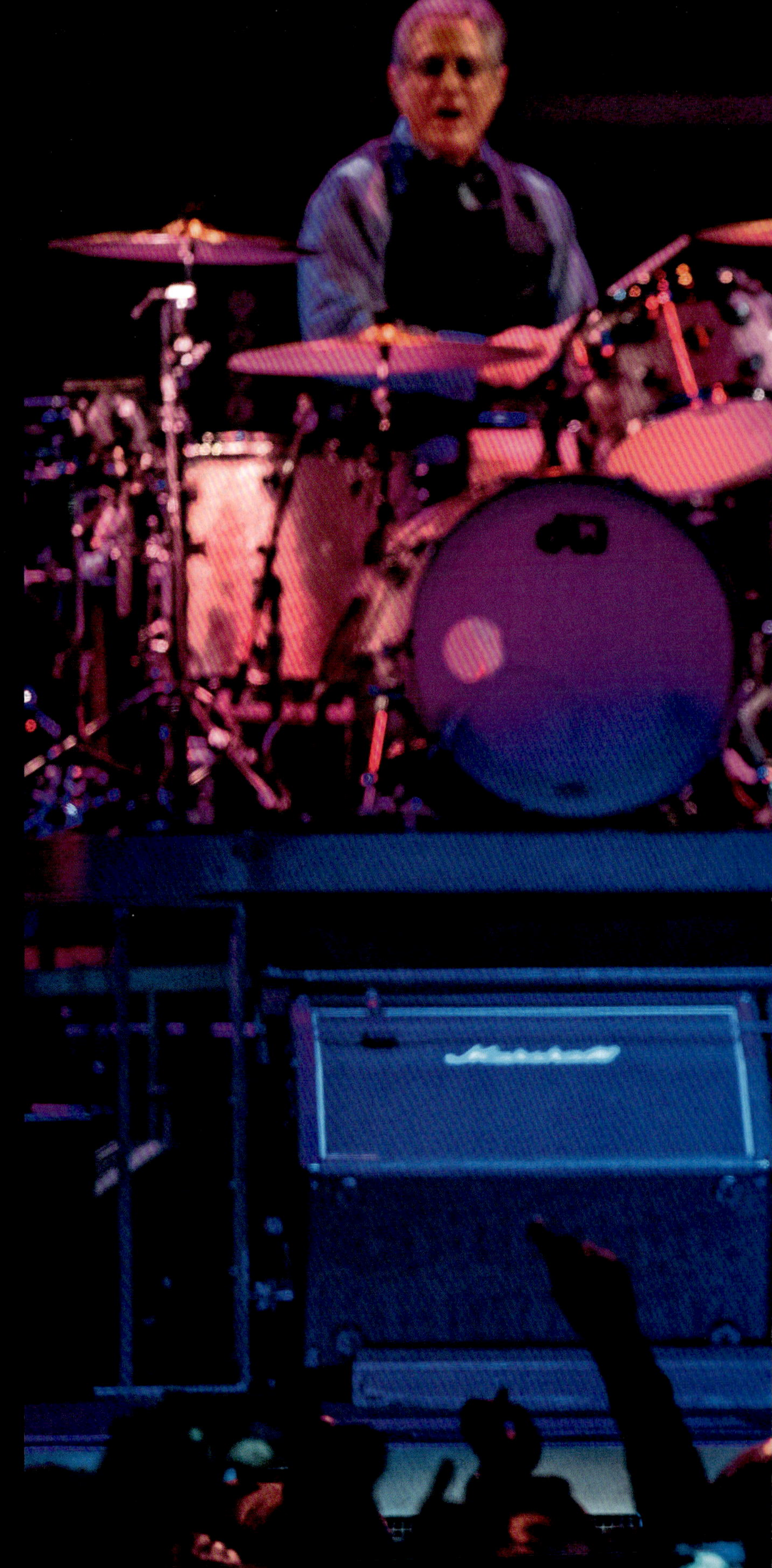

190-191 *Der Schlagzeuger Max Weinberg begleitet Little Steven, Bruce Springsteen und Patti Scialfa während der Tour The River in Washington.*

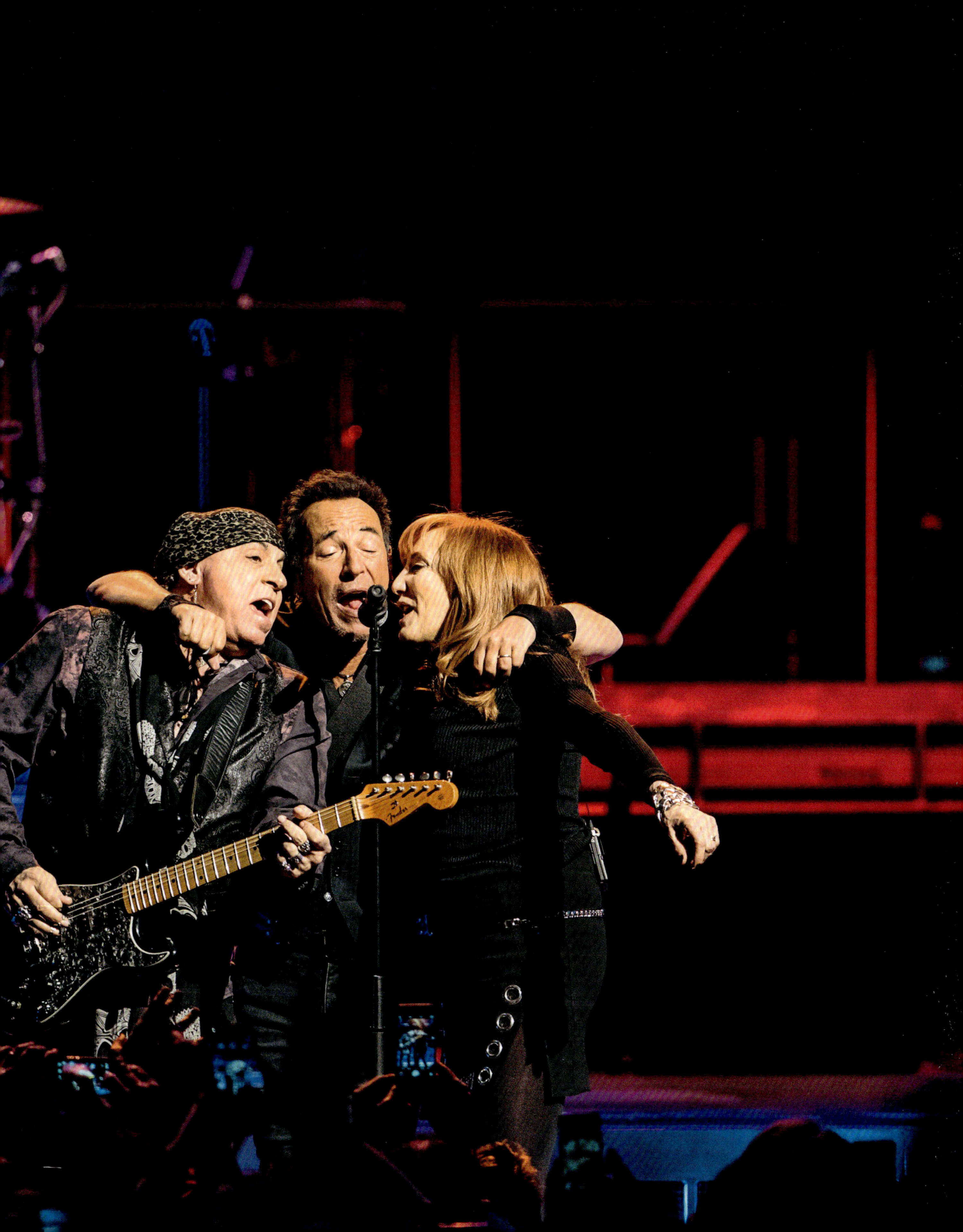
Fender

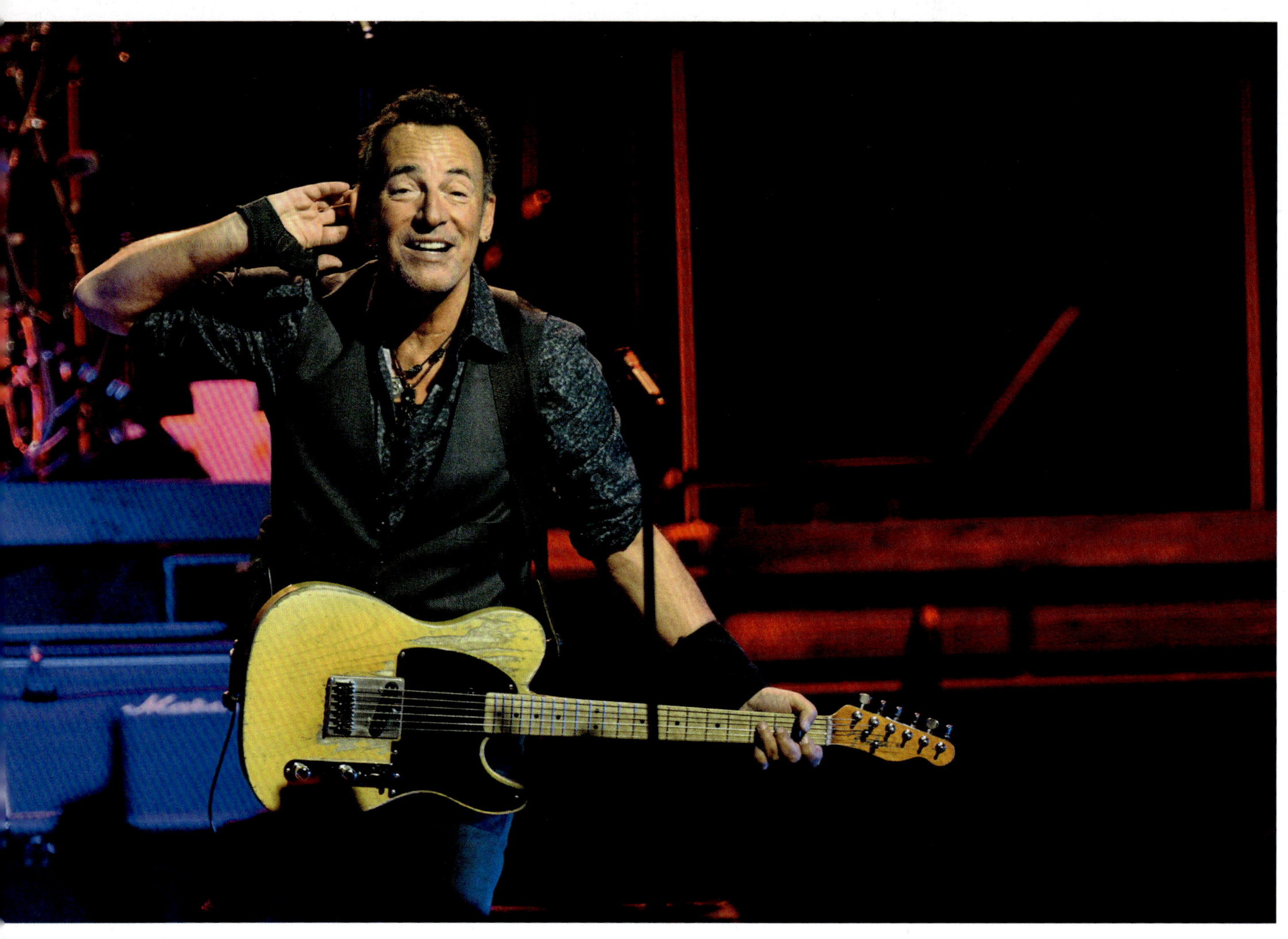

192 und 193 Zwei Bilder von *Springsteens Show in der Oracle Arena in Oakland am 13. März 2016.*

194-195 *Bruce Springsteen auf der Bühne des Festivals Rock in Rio in der portugiesischen Hauptstadt Lissabon 2016.*

196-197 *Bruce Springsteen und die E Street Band treten im Stadion San Siro in Mailand im Juli 2016 auf.*

198-199 *Bruce Springsteen während eines Konzerts 2016 in Paris.*

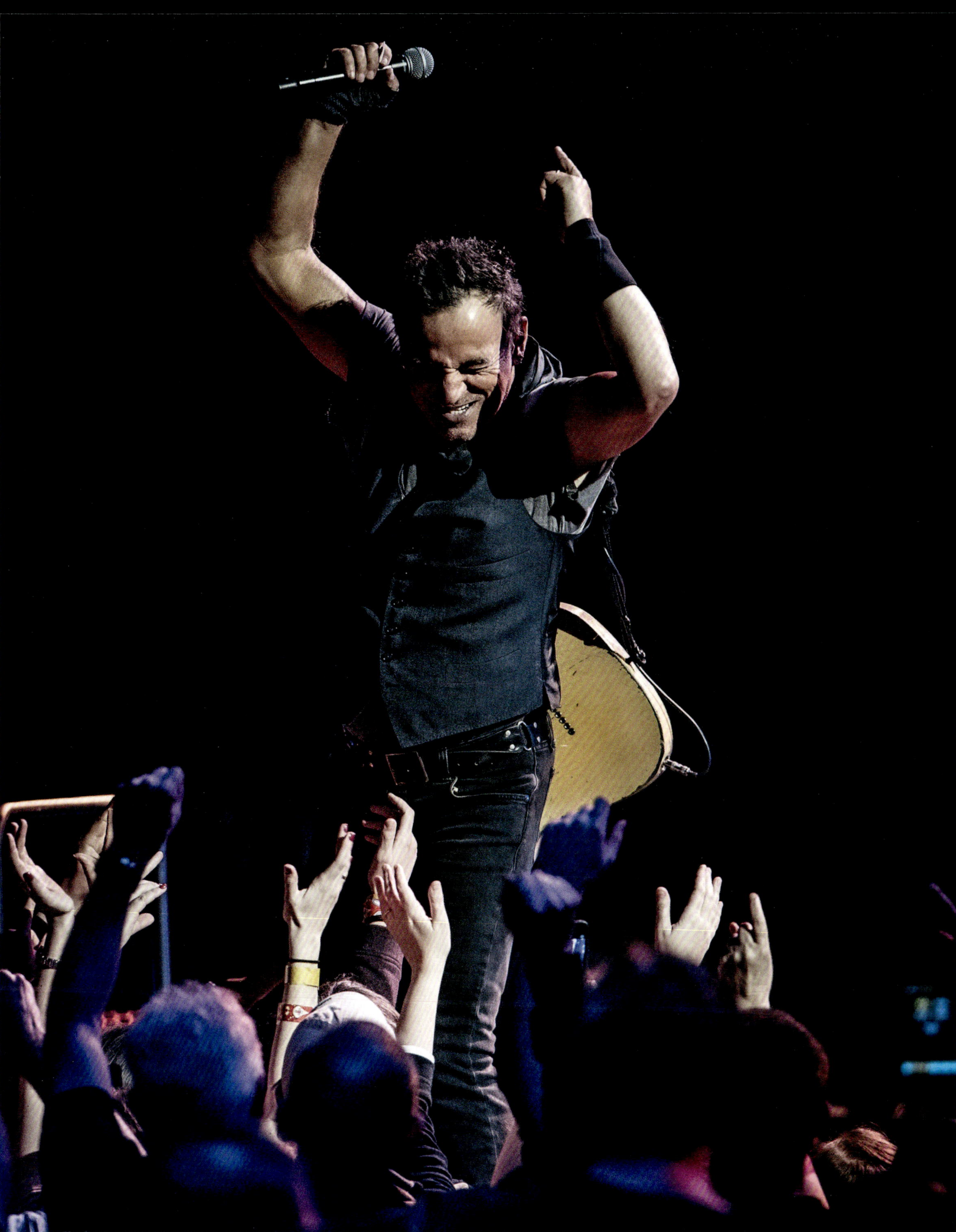

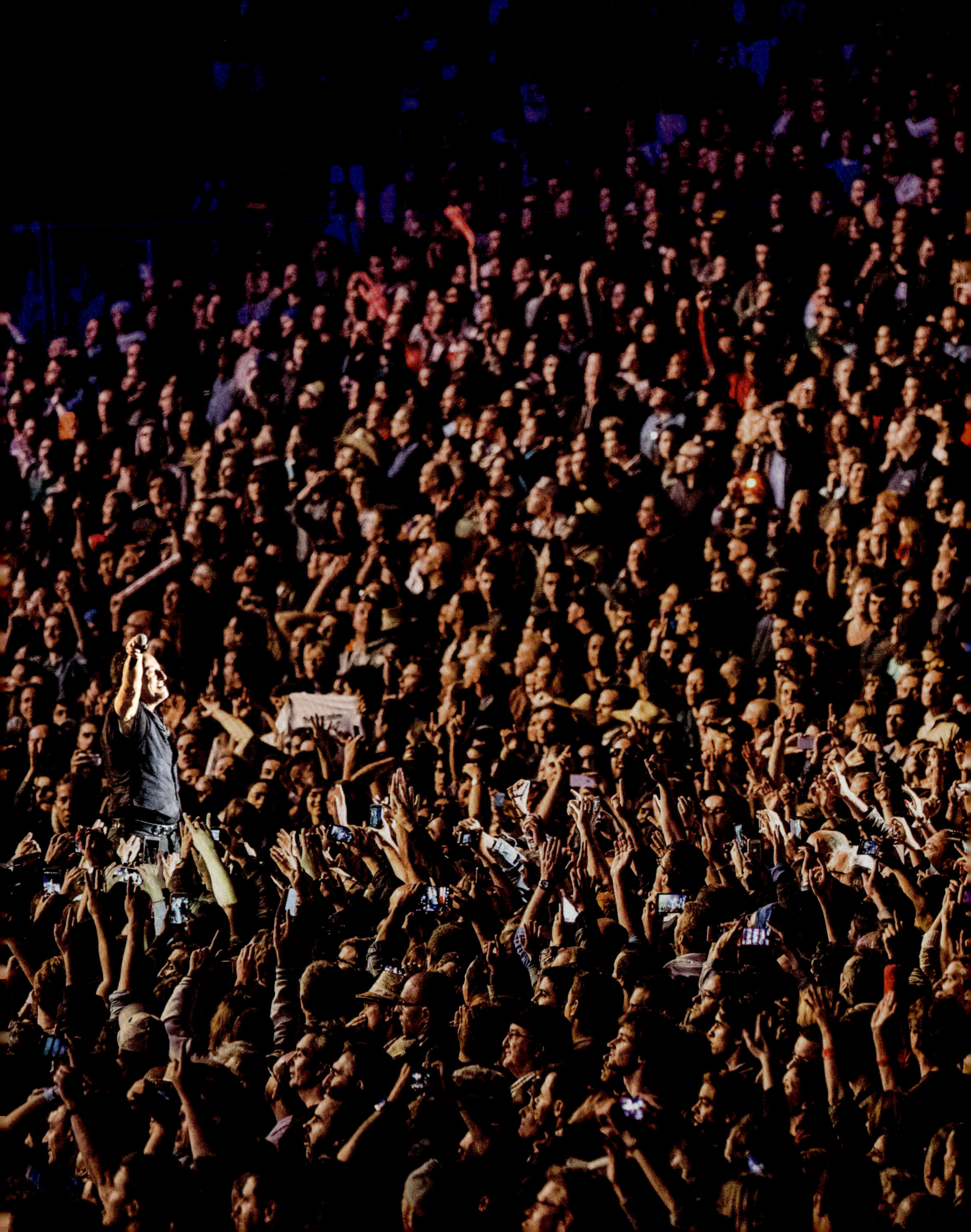

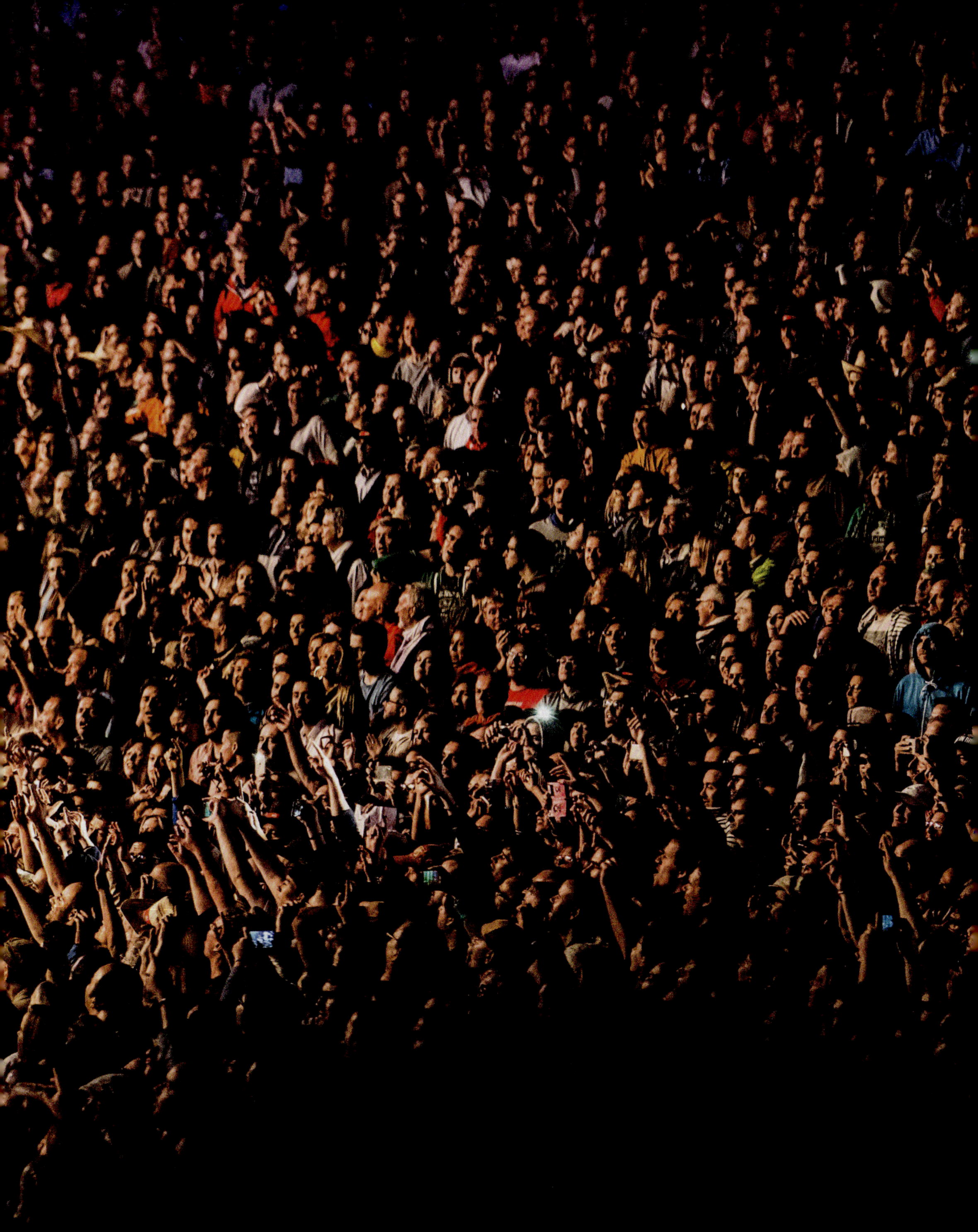

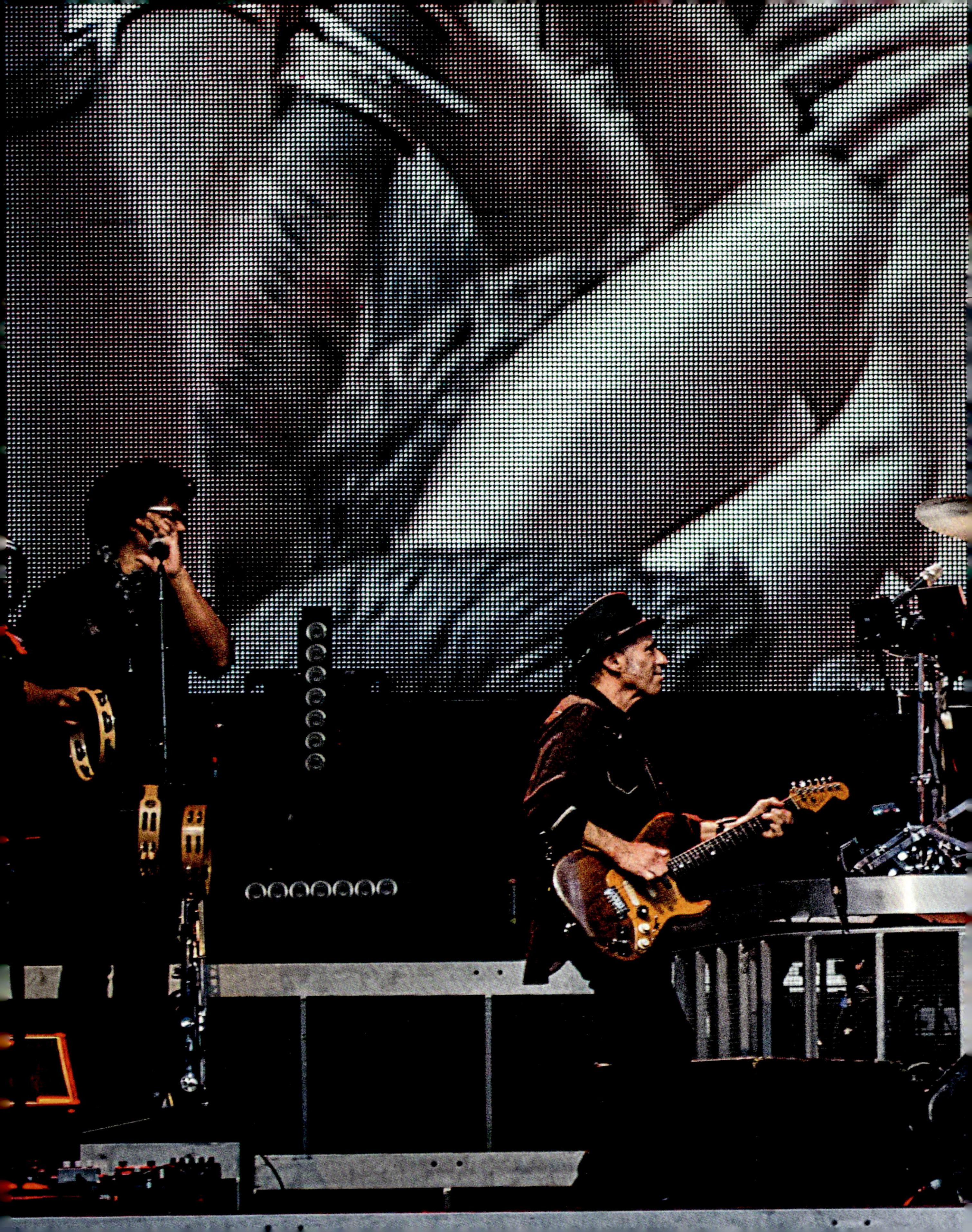

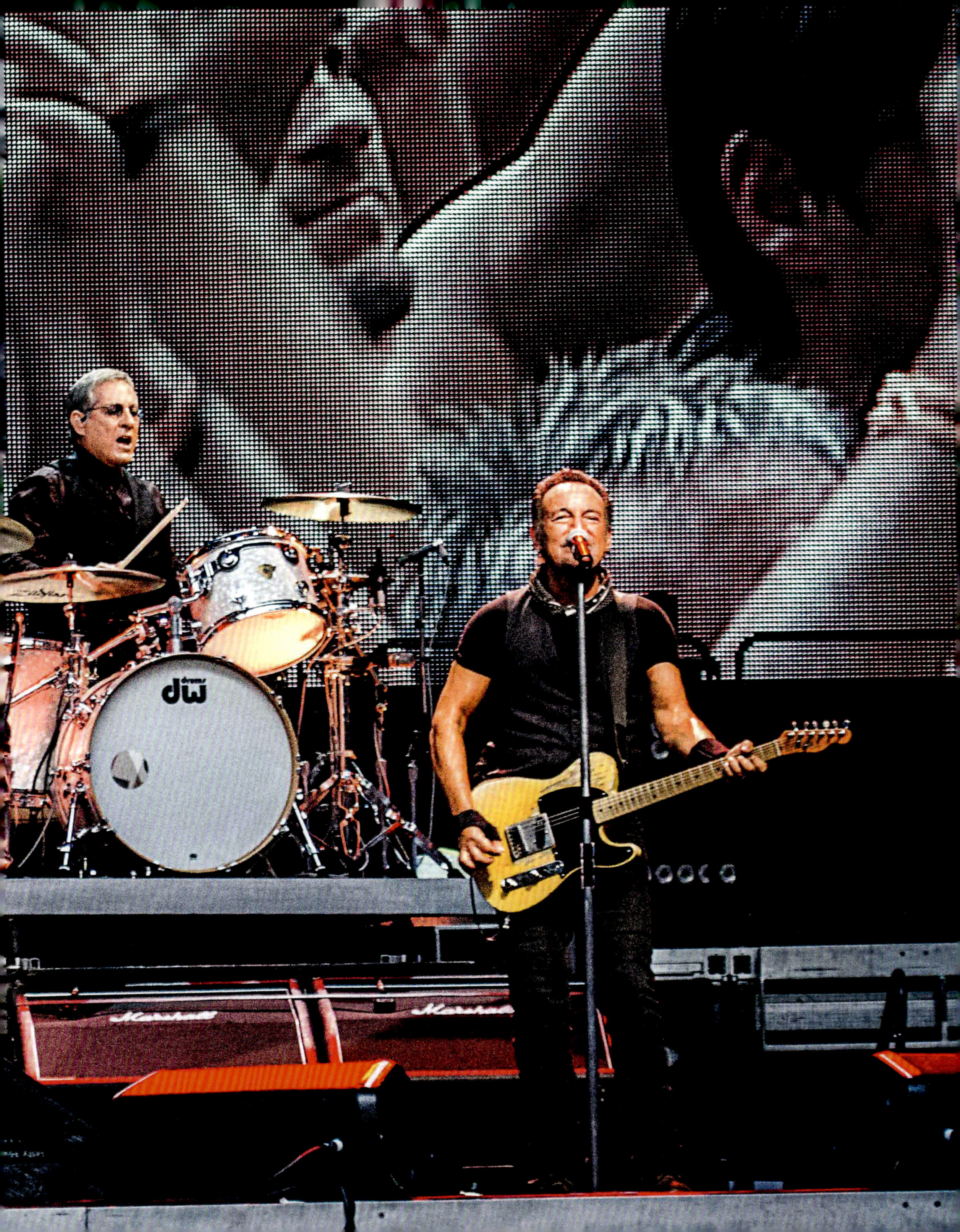
dw

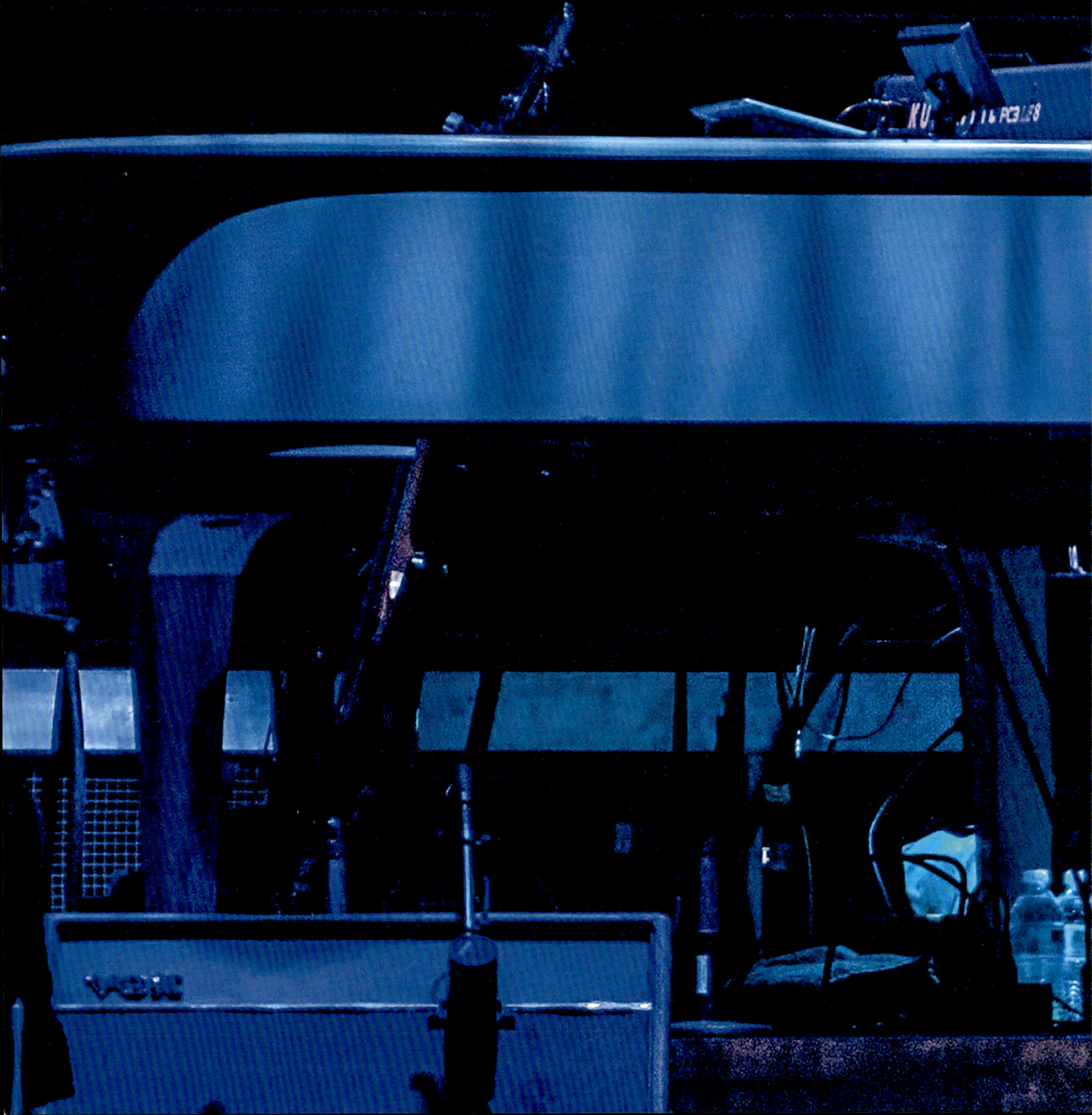

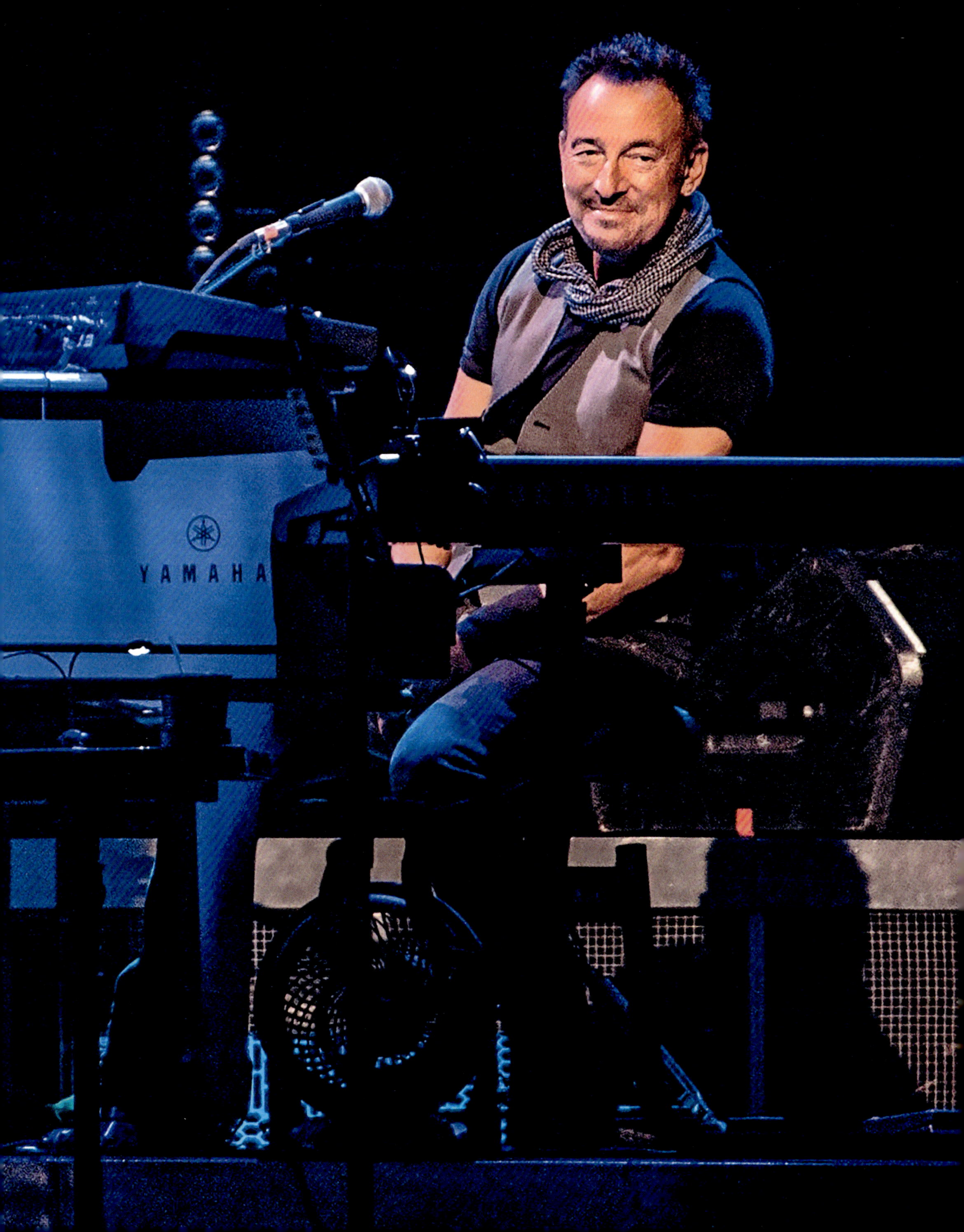
YAMAHA

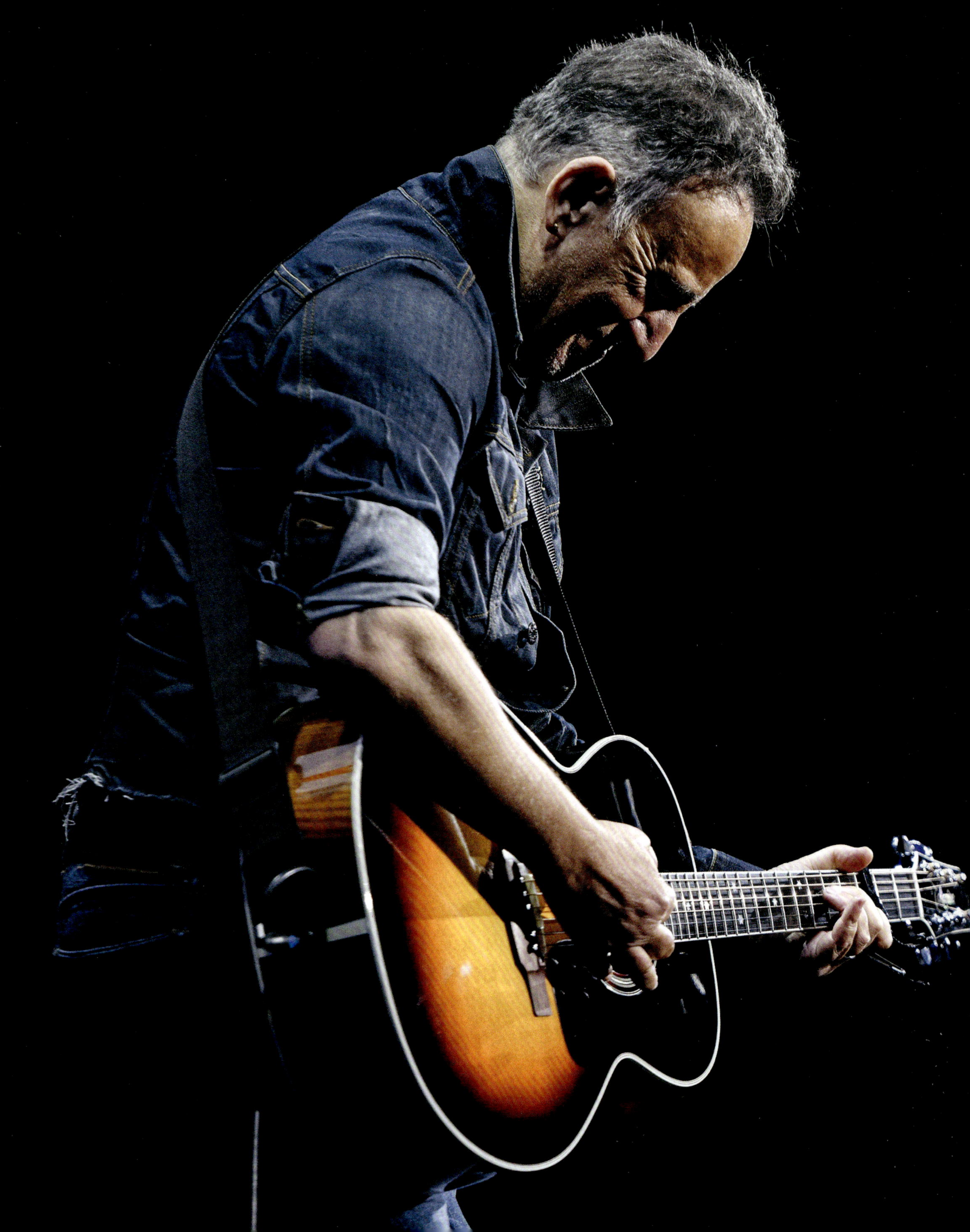

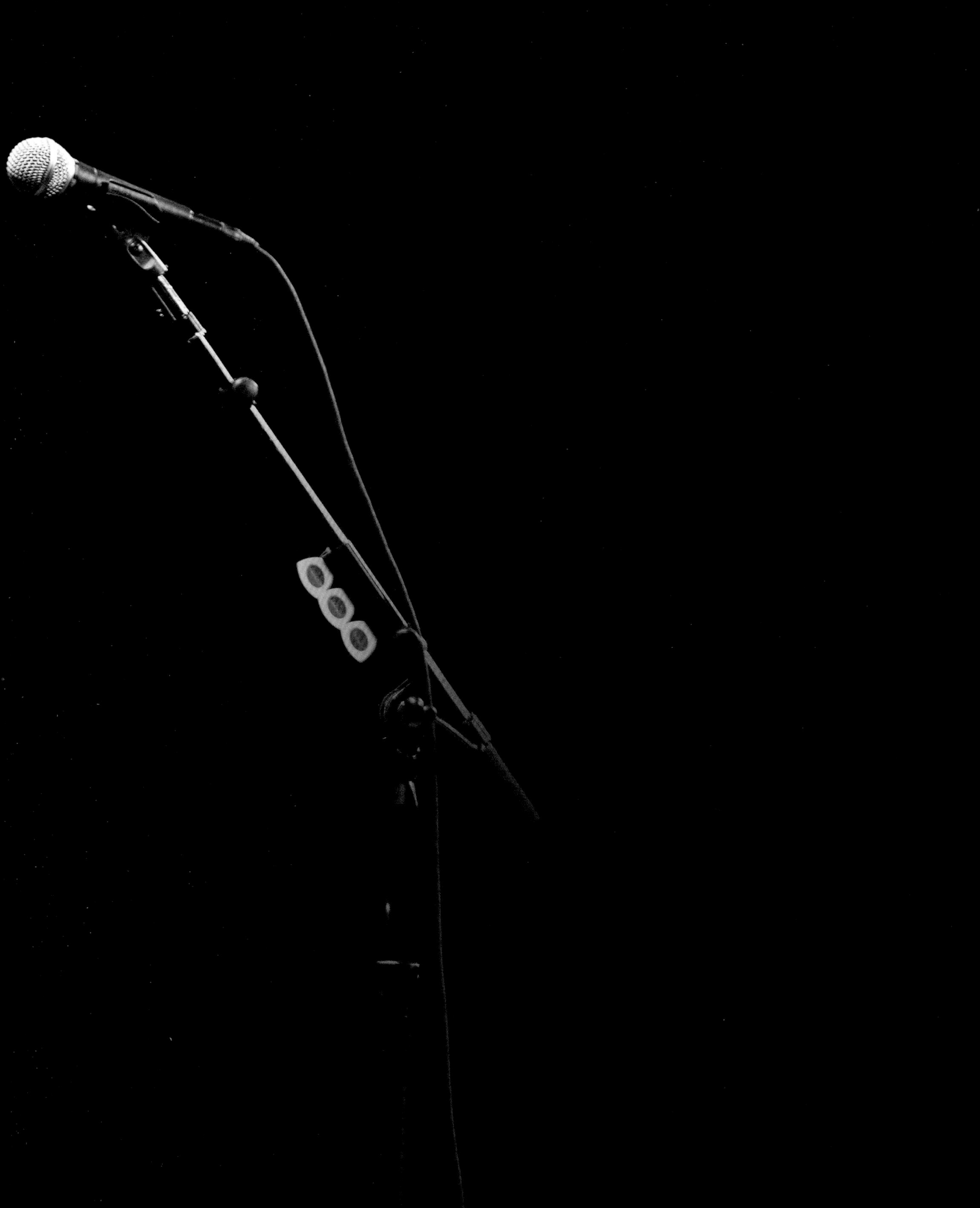

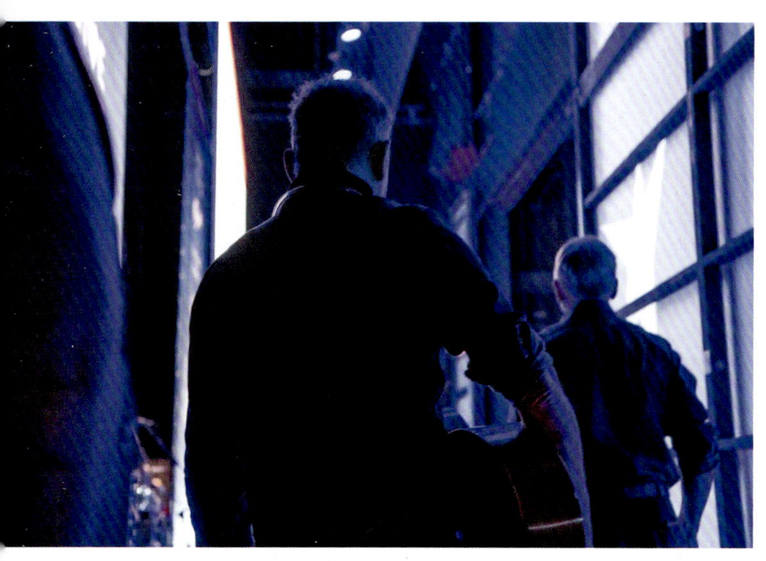

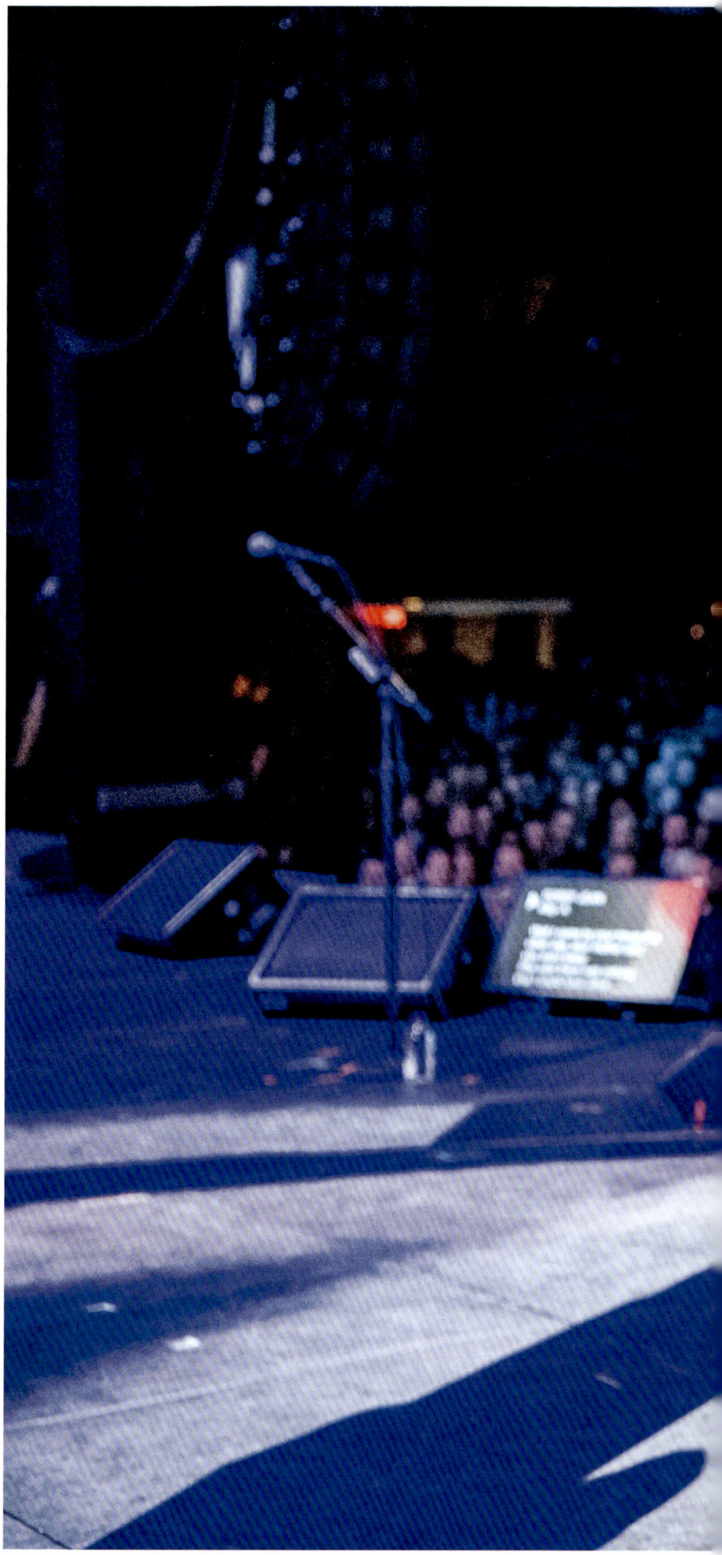

200-201, 202, 202-203 und 204-205 *Bilder von Springsteen auf und hinter der Bühne für „Stand Up For Heroes" im Madison Square Garden in New York im November 2019, beim jährlichen Fundraising-Event für die Veteranen.*

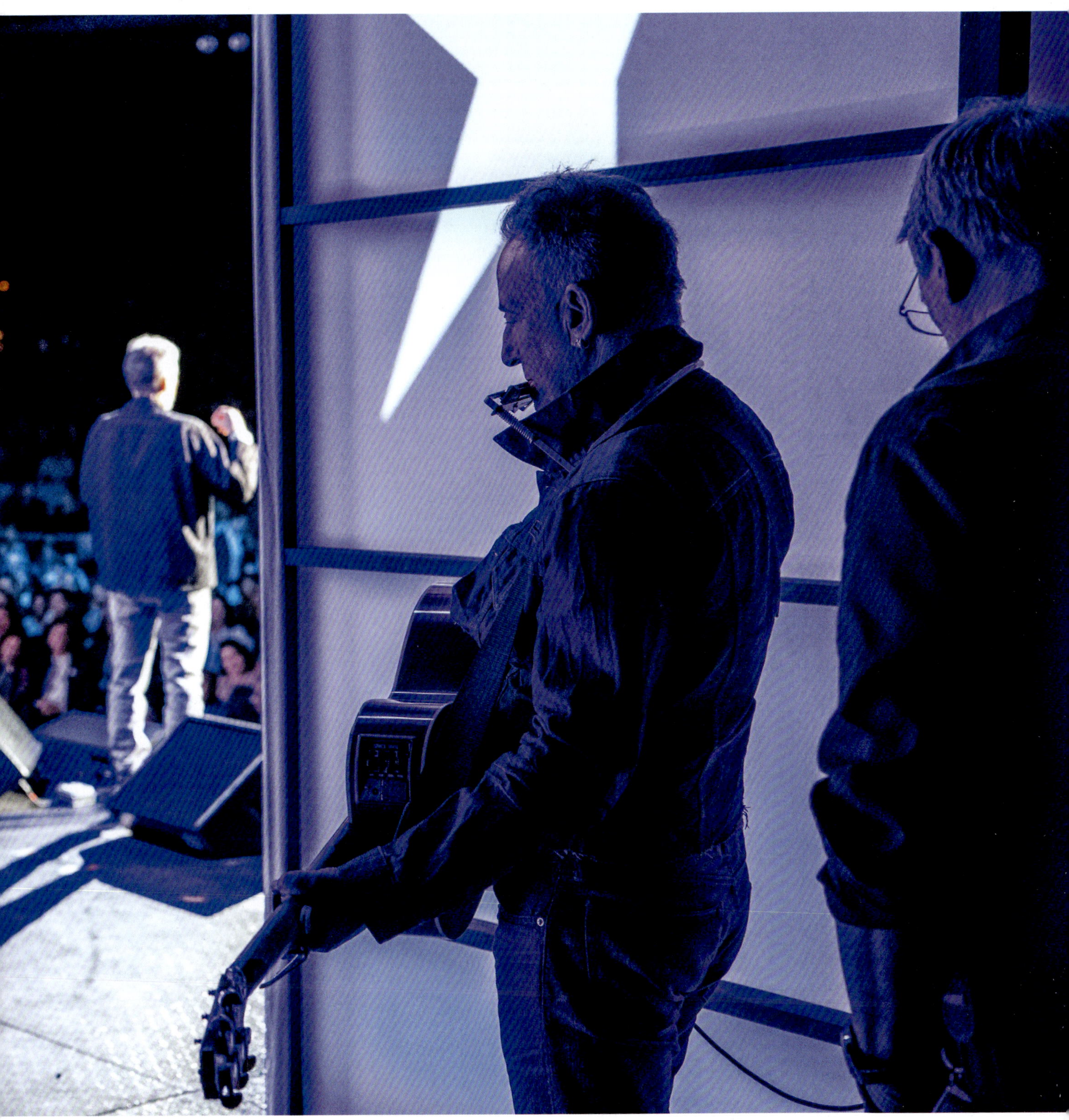

„ALLES, WAS ICH FÜR WAHR BEFUNDEN HABE, SCHICKTE ICH DIR IN MEINEM BRIEF AN DICH."

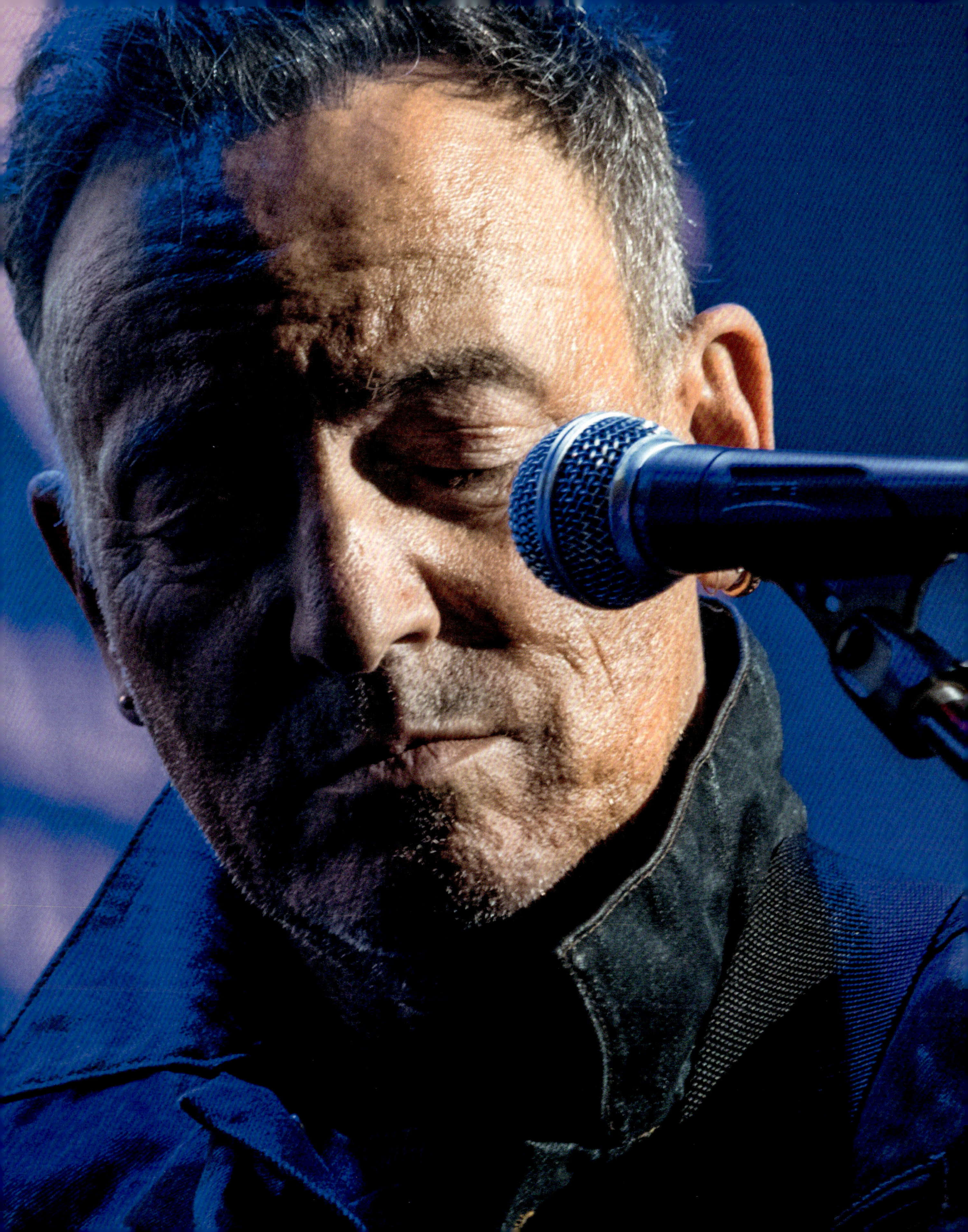

AUTORENBIOGRAFIE

ERNESTO ASSANTE begann seine journalistische Tätigkeit 1977. In den über 40 Jahren seiner Karriere hat er mit zahlreichen italienischen und ausländischen Wochen- und Monatszeitschriften zusammengearbeitet, darunter „Epoca", „L'Espresso", „Rolling Stone". Er entwarf und verantwortete die Sonderbeilagen „Musica", „Computer Valley" und „Computer, Internet e Altro" der italienischen Tageszeitung La Repubblica. Assante schrieb zahlreiche Bücher im Bereich der Musikkritik, darunter einige gemeinsam mit dem Kollegen Gino Castaldo, mit dem er seit 2005 unter dem Titel „Lezioni di rock. Viaggio al centro della musica." Vorträge über Rockmusik hält. Von 2003 bis 2009 unterrichtete er an der Fakultät für Kommunikationswissenschaften der Universität Sapienza in Rom „Theorie und Technik der neuen Medien", gefolgt von „Analyse der Sprachen der Musik". Derzeit lehrt er an der Musikhochschule Mailand „Geschichte der Populärmusik".
Für White Star schrieb er mehrere weltweit veröffentlichte Bücher im Bereich Musik.

Der Autor dankt ausdrücklich Gabriele Niola, ohne dessen wertvolle Arbeit dieses Buch nicht entstanden wäre.

Bildnachweis

Seite 5: Aaron Rapoport/Getty Images
Seite 8: Taylor Hill/Getty Images
Seite 11: Boston Globe/Getty Images
Seite 12: Richard McCaffrey/Getty Images
Seite 13: Richard McCaffrey/Getty Images
Seite 15: Robin Takami/Alamy stock photo
Seite 25: ARCHIVIO GBB/Alamy stock photo
Seite 27: Chris Walter/Getty Images
Seite 31: Michael Ochs Archives/Getty Images
Seiten 34-35: The Estate of David Gahr/Getty Images
Seite 36: Vinyls/Alamy stock photo
Seite 37: Xavi Torrent/Getty Images
Seite 38: The Estate of David Gahr/Getty Images
Seite 40: Privatsammlung
Seite 41: The Estate of David Gahr/Getty Images
Seiten 42-43: The Estate of David Gahr/Getty Images
Seiten 44-45: Michael Ochs Archives/Getty Images
Seite 48: Allan Tannenbaum/Getty Images
Seite 51: The Estate of David Gahr/Getty Images
Seiten 52-53: Brooks Kraft /Getty Images
Seite 55: TheCoverVersion/Alamy stock photo
Seite 56: Privatsammlung
Seite 56: Privatsammlung
Seite 57: ZUMA Press, Inc./Alamy stock photo
Seite 58: Gus Stewart/Getty Images
Seiten 60-61: Chalkie Davies /Getty Images
Seite 62: CBW/Alamy stock photo
Seite 64: Rick Diamond/Getty Images
Seite 67: Rob Verhorst/Getty Images
Seite 69: Tom Hill/Getty Images
Seite 72: Records/Alamy stock photo
Seite 73: The Estate of David Gahr/Getty Images
Seite 75: Records/Alamy stock photo
Seite 78: Gus Stewart/Getty Images
Seite 79: Gijsbert Hanekroot/Getty Images
Seite 81: Fin Costello/Getty Images

Seiten 82-83: Michael Putland/Getty Images
Seite 83: Michael Putland/Getty Images
Seite 84: Ed Perlstein/Getty Images
Seite 85: Michael Putland/Getty Images
Seite 86: Richard McCaffrey/Getty Images
Seite 87: George Rose/Getty Images
Seite 88: Rob Verhorst/Getty Images
Seite 89: Rob Verhorst/Getty Images
Seite 93: Records/Alamy stock photo
Seite 95: Rajko Simunovic/Alamy stock photo
Seite 97: Bettmann/Getty Images
Seiten 98-99: Tom Hill/Getty Images
Seite 100: David Parker/Alamy stock photo
Seite 102: Georges De Keerle/Getty Images
Seite 103: Records/Alamy stock photo
Seiten 104-105: Privatsammlung
Seite 107: Dave Hogan/Getty Images
Seiten 108-109: ullstein bild/Getty Images
Seite 110: MediaPunch Inc/Alamy stock photo
Seite 112: Privatsammlung
Seite 113: Privatsammlung
Seiten 114-115: Icon and Image/Getty Images
Seite 116: Richard E. Aaron/Getty Images
Seite 117: Robin Platzer/Getty Images
Seite 118: Paul Natkin/Getty Images
Seite 120: Gary Gershoff/Getty Images
Seite 121: L. Busacca/Getty Images
Seite 122: Bob Riha Jr/Getty Images
Seite 123: Brooks Kraft/Getty Images
Seite 126: Michael Ochs Archives/Getty Images
Seite 128: Michael Ochs Archives/Getty Images
Seite 129: Privatsammlung
Seite 131: Bob Riha Jr/Getty Images
Seite 133: Privatsammlung
Seite 134: ABC Photo Archives/Getty Images
Seite 135: Ernesto Ruscio/Getty Images
Seite 136: KMazur/Getty Images
Seite 138: Privatsammlung
Seite 141: Privatsammlung
Seiten 142-143: Alamy stock photo
Seite 144: Privatsammlung
Seite 145: BRU GARCIA/Getty Images
Seite 146: Privatsammlung
Seite 147: Kevin Mazur/Getty Images
Seite 148: Privatsammlung
Seite 149: Abaca Press/Alamy stock photo
Seite 150: Jamie Squire/Getty Images
Seite 153: Robert Noyes/Alamy stock photo
Seite 154: Gie Knaeps/Getty Images
Seite 155: Frederic GARCIA/Getty Images
Seiten 156-157: ABC Photo Archives/ Getty Images
Seite 158: Debra L Rothenberg/Getty Images
Seite 159: Francois Durand/Getty Images
Seite 160: Kevin Mazur/Getty Images
Seite 161: Abaca Press/Alamy stock photo
Seiten 162-163: PA Images/Alamy stock photo
Seite 166: Privatsammlung
Seite 168: Larry Hulst/Getty Images
Seite 172: Walter McBride/Collezione privata
Seite 173: Walter McBride/Getty Images
Seite 173: Privatsammlung
Seiten 174-175: Taylor Hill/Getty Images
Seite 176: Privatsammlung
Seite 177: LANDMARK MEDIA/Alamy stock photo
Seite 179: Privatsammlung
Seiten 180-181: ZUMA Press, Inc./Alamy stock photo
Seite 182: Taylor Hill/Getty Images
Seiten 184-185: WENN Rights Ltd/Alamy stock photo
Seite 185: WENN Rights Ltd/Alamy stock photo
Seiten 186-187: Claudia Candido/Alamy stock photo
Seiten 188-189: Buda Mendes/Getty Images
Seiten 190-191: ZUMA Press, Inc./Alamy stock photo
Seite 192: WENN Rights Ltd/Alamy stock photo
Seite 193: ZUMA Press, Inc./Alamy stock photo
Seiten 194-195: WENN Rights Ltd/Alamy stock photo
Seiten 196-197: Pacific Press Media Production Corp./Alamy stock photo
Seiten 198-199: Headlinephoto Limited/ Alamy stock photo
Seiten 200-201: Bryan Bedder/Getty Images
Seite 202: Robin Takami/Alamy stock photo
Seiten 202-203: Robin Takami/Alamy stock photo
Seiten 205: Robin Takami/Alamy stock photo

Titelfoto: Paul Natkin/Getty Images

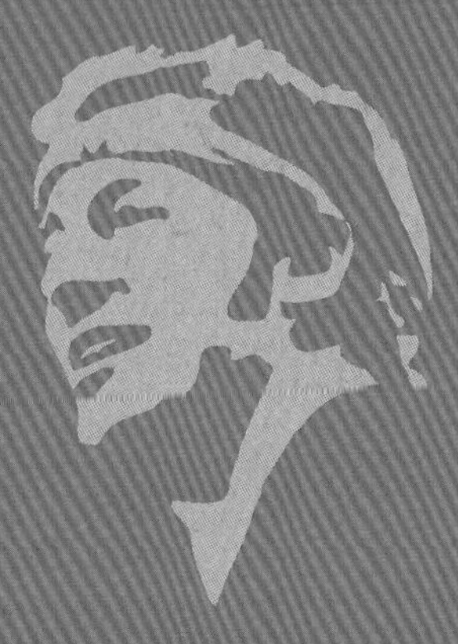

Redaktionelle Leitung:

Valeria Manferto De Fabianis

Grafische Gestaltung:

Paola Piacco

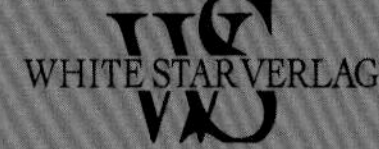

WS White Star Verlag® ist eine eingetragene Marke
von White Star S.r.l.

Piazzale Luigi Cadorna, 6
20123 Mailand, Italien
www.whitestar.it

Übersetzung: Leonie Gohl
Lektorat: Brigitta Kook

ISBN 978-88-6312-617-4
1 2 3 4 5 6   27 26 25 24 23

Gedruckt in China

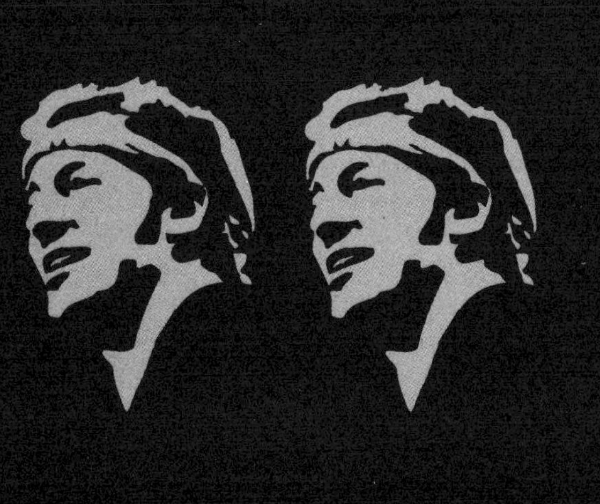